U0518084

本书由大连大学资助出版

This published book is sponsored by Dalian University

ZHU FANG JIA GE JUE DING JI ZHI
YU ZHU FANG GONG JI ZHI DU XUAN ZE

住房价格决定机制与住房供给制度选择

邢戬◎著

中国社会科学出版社

图书在版编目（CIP）数据

住房价格决定机制与住房供给制度选择／邢戬著．—北京：
中国社会科学出版社，2015.2
ISBN 978 - 7 - 5161 - 5566 - 0

Ⅰ.①住… Ⅱ.①邢… Ⅲ.①房价—研究②住宅—供给制—
研究 Ⅳ.①F293.35

中国版本图书馆 CIP 数据核字（2015）第 032597 号

出 版 人	赵剑英
责任编辑	张 林
特约编辑	吴连生
责任校对	周 昊
责任印制	戴 宽

出 版	中国社会科学出版社
社 址	北京鼓楼西大街甲 158 号（邮编 100720）
网 址	http://www.csspw.cn
	中文域名:中国社科网 010 - 64070619
发 行 部	010 - 84083685
门 市 部	010 - 84029450
经 销	新华书店及其他书店

印 刷	北京市大兴区新魏印刷厂
装 订	廊坊市广阳区广增装订厂
版 次	2015 年 2 月第 1 版
印 次	2015 年 2 月第 1 次印刷

开 本	710×1000 1/16
印 张	13.25
插 页	2
字 数	225 千字
定 价	46.00 元

凡购买中国社会科学出版社图书,如有质量问题请与本社联系调换
电话:010 - 84083683
版权所有 侵权必究

目　　录

图表目录

第 1 章

绪　　论

　　住房供给关系国计民生，住房价格波动影响经济全局，当今世界许多国家对房地产市场的重视程度都非常高。住房市场作为房地产市场最重要组成部分，同样受到社会各界广泛关注。我国住房市场在 1998 年住房商品化改革之后，一直在摸索中前进，在取得一定成绩的同时，也产生很多问题和矛盾。在我国，住房价格已成为考察经济景气态势的指标之一，稳定住房价格已成为我国宏观政策调控的主要目标。时至今日，由高房价引发的一系列经济和社会问题已到了不可调和的地步，解决住房市场问题已经迫在眉睫。尤其对于我国来说，房地产业在国民经济中的地位举足轻重，作为房地产市场最重要组成部分，住房市场的有序发展已经关乎到经济整体的健康稳定发展。

1.1　住房的本意

　　住房是人类生产和生存的庇护所，它反映了一个区域的社会、文化、气候、地理和技术条件。作为人类生存的必要条件和家庭的物质载体，住房是人类生活最基本的物质消费资料，它可以满足人们生存发展乃至享受等多层次需求。住宅建设作为城市建设的重要组成部分，不仅为居住者提供居住空间和场所，还可以创造良好的居住环境以满足居住者的社会和心理需求。同时，住宅也是精神生活的重要空间和场所，是一个精神意义的"家"。正如诺伯格舒尔茨所说："住宅的意义是和平地生存在一个有保护感和归属感的场所"①。随着经济迅猛发展与居民生活水平提高，对于越

①　刘延枫：《低层居住群空间环境规划设计》，天津大学出版社 2001 年版。

来越多人而言，住房已经不仅仅意味着遮风避雨的房子。简单的商品住房已无法满足那些对于未来怀有美好希冀的人们，满足居住需求已经从有房住、住得宽敞等这些基本生理需求向拥有良好自然环境和社会环境过渡。吉迪翁在 1967 年版的《空间时间和建筑》[①] 一书中指出，住房面对的主要任务是我们时代可取生活方式的诠释。

西方关于房子起源的传说里人们把大自然描绘成一个蛮荒之地，例如按维特鲁威[②]的说法，古人生下来时和野兽没有什么区别，他们栖息在树林里、洞穴里或树丛中茹毛饮血地活着。一个偶然的机会让原始人放弃了野兽般的生活，随着时间的推移某个地方茂密的树林被大风和暴雨折断后树枝由于互相摩擦而起火，住在此处的原始人由于害怕大火而四处逃散，但是后来好奇心战胜了恐惧，火变小后人们逐渐靠近火，发现站在温暖的火堆旁感觉很舒服，于是他们把圆木放到火堆上不让火熄灭，又把其他人领来感受在火旁多么舒适。此后，原始人先是聚集在火周围组成议事机构，然后逐渐开始社交活动。人们越聚越多，在一次议事时提出建造藏身之处。于是有人用宽大绿叶来藏身、有人在山斜坡处凿洞、有人仿照燕子垒窝的方法用泥和树枝搭起小棚。同时，人们不满足于大自然所赐的这种断断续续的舒适，他们一边感受着火的温暖一边派专人来照看火，建房的目的其一也是为了使火永不熄灭。在经历长期的游荡生活和追逐猎物的艰辛后，人们开始了依靠火的定居生活。至今，西方每个家庭生活的中心仍然是壁炉。赖特曾对家中不可或缺的火炉给予高度评价，他认为看到火在砖石结构的屋子里熊熊燃烧，强化了居家和温暖的感觉。我国北方农村火炕作为冬天居家生活的中心也是如此。

可见，住房不但可以满足人们的基本居住条件，还是"家"这个概念的物质依托。随着人类的发展，住房将被赋予更多的含义，人们对住房的要求也从最基本的"居住"上升为哲学和美学层面的思考，甚至是伦理学层面的思考。海德格尔指出人居住的地方和暂时的栖身之地有很大区别，尽管有些建筑设计得很好，日常保养很方便，价格低廉，通风和光线也不错，但仍不是适合居住的地方。他想表达的意思是，要想使人安定下

---

①　Siegfried Giedion, *Space Time and Architecture*, Cambridge: Harvard University Press, 1974.

②　Karsten Harries, *The Ethical Function of Architecture*, Cambridge, Mass.: MIT, 1997, p. 134.

来，房子必须有家的感觉。我们的住宅需要给人提供空间归属感，对一个小的居住空间来说，就是我们的居所既有可以遮风蔽雨的四壁和门窗，还有能透过阳光和新鲜空气的窗子，既给人以安全的庇护又要让心灵有舒展空间。随着住房功能的多元化和专业化，诞生了以建筑业为依托的职业化住房供给体系，这个体系的主体就是房地产业。

1.2　我国房地产业的历史变迁

房地产业主要从事房地产投资、开发、经营、服务和管理，包括房地产开发经营、房地产中介服务、物业管理和其他房地产活动。在国民经济产业分类中，房地产属于第三产业，是为生产和生活服务的部门。我们通常将房地产业和建筑业混为一谈，实则二者并非一个部类。建筑业是物质生产部门，属于第二产业；房地产业则兼有生产（开发）、经营、服务和管理等多种性质，属于第三产业。在房地产开发活动中，房地产业与建筑业往往是甲方与乙方的合作关系，房地产业是房地产开发建设的甲方，建筑业是乙方；房地产业是策划者、组织者和发包单位；建筑业则是承包单位，按照承包合同的要求完成基础设施建设，场地平整等土地开发和房屋建设的生产任务。我国房地产市场正式确立是以 1987 年 10 月 25 日中国共产党第十三次全国代表大会上提出《沿着有中国特色的社会主义道路前进》报告为标记。报告中正式提出："社会主义市场体系，不仅包括消费品和生产资料等商品市场，而且应当包括资金、劳务、技术、信息和房地产等生产要素市场；单一的商品市场不可能很好发挥市场机制的作用。"1978 年之前，我国住房分配以计划分配为主，严重阻碍了我国房地产市场的发展，造成了非常大的住房供给缺口。1978 年邓小平同志提出关于房改的问题，1980 年 4 月，他更明确地提出了住房制度改革的总体构想，提出要走住房商品化道路。同年 6 月，中共中央、国务院批转了《全国基本建设工作会议汇报提纲》，正式宣布将实行住宅商品化政策。1991 年 6 月，国务院颁发《关于继续积极稳妥地进行城镇住房制度改革的通知》，同年 11 月，国务院办公厅下发了《关于全面进行城镇住房制度改革的意见》，这是城镇住房制度改革的一个纲领性文件，标志着城镇住房制度改革已从探索和试点阶段进入全面推进和综合配套改革阶段。1994 年 7 月 18 日国务院下发了《关于深化城镇住房制度改革的决定》

（以下简称《决定》）。《决定》确定房改的根本目的是：建立与社会主义市场经济体制相适应的新的城镇住房制度，实现住房商品化、社会化；加快住房建设，改善居住条件，满足城镇居民不断增长的住房需求。房改的基本内容可以概括为"三改四建"，"三改"即改变计划经济体制下的福利性旧体制，包括：改变住房建设投资由国家、单位统包体制为国家、单位、个人三者合理负担体制；改变各单位建房、分房和维修、管理住房的体制为社会化、专业化运行体制；改变住房实物福利分配的方式为以按劳分配的货币工资分配为主的方式。"四建"即建立与社会主义市场经济体制相适应的新的住房制度，包括：建立以中低收入家庭为对象、具有社会保障性质的经济适用住房供应体系和以高收入家庭为对象的商品房供应体系；建立住房公积金制度；发展住房金融和住房保险，建立政策性和商业性并存的住房信贷体系；建立规范化的房地产交易市场和房屋维修、管理市场，从而逐步实现住房资金投入产出的良性循环、促进房地产业和相关产业的发展。《决定》要求全面推行住房公积金制度，积极推进租金改革，稳步出售公有住房，加快经济适用住房的开发建设，做好原有政策与《决定》的衔接工作，这标志着城镇住房制度改革已进入深化和全面实施阶段。2003 年 8 月 12 日，国务院印发的《国务院关于促进房地产市场持续健康发展的通知》中指出房地产业关联度高，带动力强，已经成为国民经济的支柱产业。至此，房地产业在我国国民经济中的地位大幅提高，并引发了一系列经济问题和社会问题。尤其是 2007 年由次贷危机引发的美国金融危机给我们带来了诸多思考，社会各界已经开始反思房地产业是否应该作为我国经济发展的支柱产业。如庞晓波、邢戬（2013）认为，房地产业确实可以拉动中国经济发展，但这种方式是以加剧产业结构失衡为代价的，这种饮鸩止渴的发展方式违背了科学发展观和可持续发展理念。

1.3　新兴学科——住宅经济学

住宅经济学是一门新兴学科，这是因为此方面问题直到二十世纪中期才逐渐被人们所重视。其实人们对于住宅的研究历史悠久，但早期的住房没有像在现代社会一样被赋予很多意义，所以研究对象为住宅的学科都没能受到足够的重视。然而在当今社会，住宅早已超越了仅为人们提供遮风挡雨的场所这一基本功能。现在社会的住宅是集居住、生活、享受、炫耀、投资、投机为一体的多层次立体化商品，甚至已经超越了商品的范畴成为一种金融产品和象征符号。功能的多样化与社会意义的提升导致了关于住房的研究层出不穷，包括社会伦理方面的研究、建筑美学方面的研究、经济学方面乃至心理学方面的研究。但是，此类研究基本都是以自己的学科体系为出发点，并没有以住房的特有性质出发，可以说其本质其实是以住房为载体的本学科方面的研究，这导致了对于住房的研究难以形成体系且缺乏规范化研究方法来支撑。这种混乱局面使得关于住宅经济与社会方面的研究前进缓慢，难以形成一个独立的学科进行深入研究。为打破这种混沌局面，Laura 撰写并于 1946 年出版了《住宅经济学》（The Economics of Housing）一书，这本书可以认为是住宅经济学的开山之作，书中的很多概念、研究方法以及研究理念为此后的研究提供了理论基础，也为住宅经济学成为一门独立学科奠定了基础。

　　住宅经济学具有交叉学科的性质，其研究方法与对象为多学科交汇。首先，住宅经济学与城市经济学存在交叉重叠，如城市土地利用与内部空间结构、城市住房、城市经营中的土地经营等都与住宅经济学有交叉；其次，住宅经济学与资源经济学存在交叉。资源经济学主要研究土地开发利用和土地资源合理配置，而这些同样也是住宅经济学的研究重点；再次，房地产金融有第二金融之称，从而使得住宅经济学天然与金融学存在联系；最后，住宅经济学与理论经济学的关系不仅表现在住宅经济学要受理论经济学的指导，同时还表现在土地制度、价值理论、地租理论等与理论经济学共同关注的研究主题。

　　由于住宅经济学是一门多领域交汇学科，加之自身房与地存在天然耦合性，其所涉及的理论不仅多而且复杂。如果将这些理论进行归类，则大致可分为三个层面：一是核心理论层面，如土地产权理论、地租地价理论、区位理论等；二是直接支配房地产市场运行的一般理论或内层理论，如房地产投资理论、房地产开发建设理论、房地产市场理论、房地产定价理论、房地产价格评估理论、房地产周期理论等；三是间接影响房地产经济运行的外延交叉理论，如外部性理论、宏观经济周期理论、泡沫经济理论、产业经济学理论、制度经济学理论等。此种分类方式不一定科学严谨，目的仅在于凸显不同理论在支配和影响房地产经济运行时地位和作用的差别，也就是说不同的理论在揭示和反映房地产经济运行特点和规律时会得出不同结论。

关于住宅经济学的研究对象，学术界也没有达成广泛共识，目前存在的主要观点有：城市住宅经济学的研究对象是城市房地产经济的运动及所体现的经济关系；住宅经济学的研究对象是整个社会房地产业经济运动的客观规律；住宅经济学主要研究社会主义市场经济条件下房地产经济的实践活动及其所体现的人与人之间的经济关系；住宅经济学是一门研究房地产运动规律及其表现形式的学科，是一门研究房地产资源配置效率的学科；前三种观点基本是沿袭了我国传统政治经济学的研究范式。不得不说的是，长期以来学术界普遍存在一种观点，认为马克思主义政治经济学的研究对象是生产关系或经济关系及其运动规律，而西方经济学的研究对象是资源配置，这两者经常被认为是完全对立的。其根据之一是马克思曾在著作中多处说过，"政治经济学，从最广的意义上说，是研究人类社会中支配物质生活资料的生产和交换的规律的科学"；"经济学所研究的不是物，而是人与人之间的关系"诸如此类。根据之二是西方学者认为"经济学是研究人和社会如何进行选择，来使用可以有其他用途的稀缺的资源以便生产各种商品，并在现在或将来把商品分配给社会的各个成员或集团以供消费之用"。其实只要我们不完全停留在马克思对政治经济学研究对象的表述上，而看他实际研究的内容，就会发现他对资源配置的研究也很有多，并且很精彩，比如他的两部类再生产理论模型，社会必要劳动理论和劳动资源配置理论等。他曾说："要想得到和各种不同需要量相适应的产品量，就要付出各种不同的和一定数量的社会总劳动量。这种按一定比例分配社会劳动的必要性，决不能被社会生产的一定形式所取消，而可能改变的只是它的表现形式。"对西方经济学同样不能只看它的某一流派，而应着眼于整个西方经济学体系，比如其中有的流派也研究资本主义经济关系，如制度经济学。所以，本书认为住宅经济学既研究经济关系，也研究资源配置。但是，仍有两点值得一提：一是资源配置与经济关系研究以谁为基础，本书认为应通过资源配置研究来揭示和反映经济关系和经济规律；二是相对于理论经济学，住宅经济学这样的部门经济学应更侧重资源配置研究，包括行业内外资源配置。比如，外部资源配置主要讲产业地位及其与国民经济的关系；内部资源配置一是研究住宅房地产与非住宅房地产之间的比例，二是研究非住宅房地产所涉及的不同行业的资源配置，三是住宅高档、中档、低档比例方面的研究。

前面提到，住房方面研究本身不是一个新领域，早期关于住房的政治经济议题并不鲜见。20 世纪至今，欧美学者关于住房所有权、住房政策与社区发展、住房的社会分割与歧视等领域的文献有很多，更早还可以追溯到以恩格斯为代表的社会研究者在 19 世纪中后期对英国工人阶级住房问题的研究。

在我国，住宅经济学多数情况下是以房地产经济学的面貌出现。相对于住宅经济学，房地产经济学研究领域较宽，不仅包括住房，还包括商业地产方面的研究。不仅如此，房地产经济学中还加入了一部分产业经济学的内容，但究其本质，房地产经济学的核心仍然是住宅经济学，因此单纯从学术研究角度来讲，房地产经济学应该是具有中国特色的住宅经济学。

1.4　投资品、消费品还是社会福利工具

古往今来，人类生活的一切活动几乎都与住房有关，住房也被赋予诸多象征含义，既象征"家"，又象征"安全"，也象征着"财富"。住房与每个人生活息息相关，很少有一样物品能受到人们如此重视，这一切都源于住房所具有的 6 个基本功能[①]：居住功能、庇护功能、生活功能、社交功能、财富储备功能和经营辅助功能。居住功能指的是住房为人类提供栖身之所；庇护功能指的是住房为人类提供安全和隐私的活动空间；生活功能指的是住房作为维系家庭感情的载体；社交功能为人类提供交流信息、联络感情的场所；财富储备功能是指住房本身作为昂贵商品具有的增值和保值特性；经营辅助功能指的是为人类提供经营活动场所，这 6 个方面共同组成住房的基本功能属性。从经济学角度对这 6 个方面功能进行划分，可以将住房基本功能属性分为消费、投资和社会福利三方面基本功能属性。依据是：消费（Consumption）本意是指为满足生产和生活需求而消耗物质财富。住房满足生产和生活需求则依托于住房的居住功能、庇护功能、生活功能和社交功能；投资（Investment）指的是投资者当期投入一定数额的资金而期望在未来获得回报，是财富增值的获得过程。而住房实现财富增值依托于财富储备功能和经营辅助功能；社会福利（Welfare）泛指广大社会成员的生活水平和幸福感。作为保障人类生存的住房居住功

① 此种划分源自 Laura 撰写并于 1946 年出版的《住房经济学》（*The Economics of Housing*），书中对于住房功能的划分目前已成为各类住房研究的基本依据。

能和庇护功能是社会福利存在的最基本条件。住房同时拥有三方面功能属性要得益于其天然所具有的四个基本特征：物质特征、技术特征、经济特征和社会特征。住房的物质特征指的是住房耐久性、不可移动性、环境性和地域性；技术特征指的是住房安全性、美观性和适用性；住房的经济特征指的是昂贵性、异质性、溢出性和投资收益性；社会特征指的是其作为人类生存的基本条件，是人权的重要组成部分，也是体现社会公平和维护社会安定的载体。这四个方面基本特征决定了住房消费、投资和社会福利基本功能属性相互之间不可替代，共同组成住房的全部基本功能，也进一步证明将住房按功能划分为消费、投资和社会福利功能属性的正确性和必要性。基于住房三重功能属性，我们可以发现住房既是商品，也是一种福利品。关于住房属性问题，曾经存在过一定争论，此问题直接影响一个国家住房制度总体方针。从当今世界各国的实践来看，住房是一种福利品的问题已经没有争论的必要，很多国家都将住房视为社会福利工具，甚至被写进该国宪法。住房的商品属性也早已被市场所认可，当住房作为一种商品时，购房者买房的根本目的无外乎两种，自用或者投资。自用指的是享受住房所带来的居住功能、庇护功能、生活功能和社交功能，投资指的是为增值保值或者规避风险的目的购买住房。因此我们可以将住房需求分为消费性需求和投资性需求，消费性需求对应的是住房的消费功能，投资需求对应的是住房的投资功能。当然，对应住房的社会福利功能也可以有住房的福利需求，但是住房的福利需求已经包含在消费需求中，所以没有必要再单独进行分类。

至此，我们可以发现，从经济学角度来讲，住房区别于其他商品或投资品的最基本特征是住房拥有三重基本功能属性和两种需求类型。市场上很难再找到类似于住房的其他商品。住房的这种特殊性质也决定住房价格决定机制的复杂性，以及住房价格涨跌所牵扯范围的广泛性。这也是本书研究的理论和现实基础，同时也是本书的研究意义所在。

1.5　相关研究回顾与本书研究视角

1.5.1　相关研究回顾

金德尔伯格（2000）的研究发现，从 17 世纪至 20 世纪 90 年代初期，全球范围内 42 次重要的经济与金融危机中与房价有关的达 21 次之多，后来发生的东亚金融危机与美国金融危机都与房价的暴涨或暴跌有重要关系。从这个角度来看，房价与经济的发展和稳定运行有着密切联系。从宏观层面来说，房地产业无论在投资、消费，还是在就业方面都做出巨大贡献，Green（1997）运用格兰杰（Granger）因果检验，发现房地产投资与经济增长存在因果关系，房地产投资的变化可以有效的预测产出变化；Gauger（2003）的研究也表明房地产投资对产出具有显著影响。从微观层面来看，房屋既可作为家庭的重要资产和生活必需品，也可以作为企业的生产资料，房价的变动会引起微观主体行为的改变。Skinner（1989）发现住房价格波动所引起的家庭财富变化对消费的影响显著；Engelhard（1996）利用 PSID 数据研究住房价格上涨与住房所有者的消费支出的关系，结果显示：房价上涨导致家庭财富增加，进而使得拥有住房的家庭消费增加；但是当住房价格下降时，家庭一般不会降低消费。鉴于房价的重要性，很多学者从多种角度展开对房价的研究。早期的研究主要围绕房价本身的波动和趋势特征来展开，研究发现房价具有一定的长周期性特征，如 Kuznets（1952）认为，房地产价格存在 15—25 年的长周期，这种长周期主要由人口增长所决定。Maisel（1960）等也认为，房地产价格长周期形成的原因是人口和家庭结构的变动。随着问题认识的深入，此后的研究开始重视房价的影响因素及导致房价波动的原因。Abraham（1996）认为，住房均衡价格的变化与短期内实际房价，向均衡价格的动态收敛是房价波动的最主要决定因素。Maisel（1963）认为，开发商根据住房市场预期来调整供给量，当人口等外部宏观因素改变时，开发商会据此调整最终供给，供给量的变化引起住房价格的波动。

随着人们对住房商品认识的深入，发现住房不但可以为家庭提供居住空间，还可以在其价格上涨时为家庭带来财富升值，因此，从投资品角度来研究住房价格波动性和周期性特征的文献开始出现。当住房作为一项投资品时，其价格在一定程度上会像股票等投资品一样受预期和投机行为的影响。Clayton（1996）利用温哥华的数据检验住房基础价值和理性预期对房价的影响，发现住房基础价值对房价波动解释力很强，而理性预期对房价波动的解释力很弱。从中可以看出，住房市场的投机多数情况下表现为非理性投机，投机者往往根据住房价格的历史变化来推测将来的变化。Case（1989）和 Gunter Mann（1991）都发现过去房价的变化可以预测房价将来的变化。这种根据价格历史变化情况来做出投资决策的行为被称为适应性预期，我国学者况伟大（2010）对预期与投机对住房价格的影响进行考察，认为理性预期与适应性预期对房价的波动都有较强的解释力。

住房的物理属性决定其位置的固定性，也决定住房价格是一种区域性价格，反映的是地区内住房的供求情况和住房的区位价值。因此，对某一个城市或地区内住房价格变化情况的研究开始出现。Mayer（1993）的研究表明，在1970—1980年间美国四个城市高档住房的价格波动性特征具有相似性。因为高档住房的价格一般较高，且一般情况下家庭将其视为一项资产，因此高档住房价格的波动性较低档住房要高。Smith（1991）证明，休斯顿地区高档房屋相对于低档房屋来说，其价格在经济高潮期上涨速度更快，在经济衰落期下跌得也更快。但也有学者从实证研究的角度发现事实并非如此：Case（1994）发现，低档房屋的价格在经济高潮期上涨的更快，而在经济衰落期下跌幅度更大，但是，在波士顿地区低档房屋在经济衰退中价格反而上涨。Poterba（1993）的研究显示，美国20世纪80年代高价住房的价格上涨速度低于低价住房。

上面讨论中提到，房地产业是国民经济的重要组成部分，对于全世界各国都如此，梁云芳（2006）在对我国产出、利率与房地产投资的关系研究中发现，房地产投资冲击对经济增长具有长期影响。而产出的增长也反过来影响着房地产业的发展，沈悦和刘洪玉（2004）通过广义脉冲响应分析和方差分解分析，研究当前中国房地产开发投资和GDP之间的脉冲响应特性，发现GDP对房地产开发投资有着显著的单向作用，当前GDP的走势对于房地产业的发展有着决定性的影响。在此基础上，开始研究关于房地产业的繁荣和发展，以及房价的上涨是通过何种途径来促进经济增长的。Coulson（2000）利用美国的数据考察房地产投资与产出增长的关系，发现房地产投资通过作用于消费而影响产出；Miles（2009）使用VAR模型考察美国的房地产投资和经济增长的长期关系，认为房地产投资通过促进消费和投资增长，从而促进产出增长；庞晓波和邢戬（2012）发现，住房价格上涨对中国总产出的促进是通过作用于财政收入实现的，这种促进作用会损害经济发展质量。

住房及其房地产业的发展在对宏观经济产生影响的同时，也会改变家庭的财富水平，进而对家庭的消费和投资决策做出影响。由于住房资产可以通过出售或出租的形式来获得收益，当住房价格上涨时，根据永久收入理论，家庭的财富与可支配收入增加，导致家庭增加对其他消费品的支出，这个过程被称为住房的财富效应。Quigley（2001）对股票市场和住房市场的财富效应进行对比，发现住房价格上涨的财富效应要强于股票。但是，也有一部分学者认为，住房价格的上涨并不会带来实质性的财富增长，对于整个社会来说，只不过是一种财富转移，这种财富的转移会使得社会贫富差距加大。陈彦斌、邱哲圣（2011）建立一个包含房价高速增长、住房需求内生和生命周期特征的 Bewley 模型，发现房价的快速上涨通过引致富裕家庭投资性住房需求的增加而进一步推高房价，年轻家庭为追赶房价不得不提高储蓄率，高房价对居民储蓄、投资行为的扭曲作用，使得城镇居民的福利水平普遍下降，中低收入阶层下降最多。李德智、李启明（2010）选择商品房平均销售价格与城镇家庭欧希玛指数来表征我国的房价和城镇家庭贫富差距水平，认为房价上涨和城镇家庭贫富差距加大之间存在恶性循环。但是，如果将住房仅考虑为一项耐用消费品时，由房价上涨所引起的不平等现象会减轻。Diaz 和 Luengo（2010）构建财产不平等模型，认为住房作为一种耐用消费品，随着净资产水平的增加，家庭将减少住房资产在净资产中所占份额，因而住房资产不平等程度应小于财产不平等程度。

　　住房既可作为耐用消费品也可作为投资品的客观属性决定其价格受多方面因素影响，既包括影响其供求关系的收入、成本等因素，也包括影响投机者预期的各类经济变量。近年来，对住房价格影响因素的研究逐渐增多，研究更倾向于找出并比较影响住房价格的各个经济变量，因为住房一直以来都区别于一般商品，也不同于股票等常规投资品，与土地的天然联系又决定其供给的特殊性。因此住房价格的影响因素非常广泛，宏观经济中任何一个变量改变都可能对住房价格产生影响。在此背景下，研究首先从住房价格的主要决定因素入手。对现有研究进行归纳，发现可以主要从土地供给和利率两个变量的角度来展开，这种角度是合乎逻辑而又有根可循的。因为住房作为地上物，与土地有着天然的联系，因此土地供给量直接决定住房供给，也决定住房的价格。Peng（1994）认为，对土地买卖的限制会导致整个土地市场形成供给缩减的预期，这种预期会使得当前房价立刻上涨，但是如果此时出现土地供给突然增加的情况，最终房价会回落。由于房价波动性较强，开发商在依据房价做出投资决策时，房价的不确定性会被考虑其中。Titman（1985）认为，未来房价的不确定性会使得开发商相对的减少土地开发量，但是，Neutze（1987）认为，良好的规划和布局能减少不确定性，可以增加住房供给和降低土地开发成本。因此要降低土地市场的不确定性，就需要政府在规划时充分考虑到未来的不确定性风险，这样可以达到稳定房价的目的。Barlow（1993）认为，在良好的规划布局下，土地供给不会对房价产生太大影响。作为可影响融资成本的价格型调控手段，利率影响着住房的开发成本与购房成本，这种影响贯穿于住房的供给与需求两端。Khandani（2009）等学者认为，包括低利率、低首付率等的宽松信贷条件会使得很多家庭迅速做出反应进而导致住房市场波动。然而，很多学者对此并不赞同，如Glaeser（2008）和Greenspan（2010）等学者对利率在房价决定过程中所起到的作用就持怀疑态度。到目前为止学术界对住房价格波动的主要原因一直没有达成共识，也有的学者从心理学角度开始研究房价的主要影响因素，如Shiller（2003）认为，在影响房价的各项因素与房价的决定机制中，大众心理是最重要的因素。

1.5.2　本书的研究视角

通过综合分析和整理，发现以上研究可以达成如下共识：第一，住房价格存在较强的波动性；第二，住房价格既受土地、收入水平、产出等作用于供求关系的经济变量影响，也受利率、预期、历史价格变动等影响投机的因素的影响；第三，由于房地产投资对产出的贡献较大，房地产业在国民经济中具有重要地位，这导致住房价格的波动会对宏观经济变量造成影响；第四，住房价格上涨会导致社会财富再分配，加大贫富差距，降低社会福利水平。

但有一点值得注意的是，几乎所有的研究都将房价存在波动性视为理所当然的事实，但却鲜有研究来讨论房价为何会波动。我们发现，在大多数研究中房价一直作为一个"黑箱"出现，没有人将此"黑箱"打开，从住房本身及其内部矛盾出发来探讨房价的决定机制。当然，关于此方面也不乏学者进行讨论，但一直没有形成系统的思考。本书试图将关于此方面零散的讨论与观点进行归纳和整理，并从中发现有价值的线索，以此来对房价的决定机制进行尝试性探讨。以上说法并不是作者臆想独断，诸多的研究中都表露出此种观点，如杨建荣（2012）。本书研究的出发点与论证过程，都是在已有成熟的理论框架和思想基础上综合得出，本书的工作是将此类研究路线尽量系统化与规范化地展现出来，这是一个既熟悉又陌生的研究思路，熟悉在于本书的观点和研究内容见诸各类形式的讨论中，陌生在于本书的研究视角，在对住房功能属性与社会特征的考量中，本书将研究视角从外部影响转向住房内部，试图将住房价格的"黑箱"打开。当然，由于此方面的研究没有被经过系统整理，很多概念的界定存在可讨论空间，如住房需求类型概念的界定、住房功能属性的界定等，但这种讨论只是称谓上的界定，问题本身却并不存在争议，这一点是可以稍稍令人感到欣慰的。下面，本书就住房这种特殊商品本身的矛盾与统一关系展开讨论，从一个"新"视角来观察住房价格的决定机制。

在讨论之前，有必要对当前有关房价决定过程的研究方法和理论模型作一个简要介绍。在对有关于此方面的研究文献进行综合整理后，本书认为主要有四种类型的研究方法：第一类是从住房的供给与需求角度进行分析，将住房的需求方程和供给方程联立，当市场出清时推导出各种影响因素的表达式，然后采用实证分析方法进行论证。采用此方法的典型研究有Muelbauer（1997）和Kenny（1999）等。第二类是基于存量调整模型（Stock Adjustment）的分析，Hanushek和Quigley（1979）以耐用消费品的存量—流量模型为基础，提出住房市场的存量调整模型。该模型将住房市场视为一个独立的市场，分析外生宏观经济变量对住房市场和房价的影响。Malpezzi和Wachter（2005）在存量调整模型和适应性预期理论的基础上建立一个住房投机模型，该模型通过分析需求和供给弹性的变动及其相互作用得出，供给、需求和投机对房价波动有重大影响，当房价较低时，其主要受供求规律影响；当供不应求时，房价主要受投机影响。况伟大（2010）通过在住房存量调整模型中引入预期，构造一个房价均衡模型，模型表明：当投机性需求占主导时，本期房价波动与上一期正相关；当消费性需求占主导时，本期房价波动与上一期负相关。第三类是从泡沫形成的角度研究房价，包括理性预期房价泡沫和正反馈泡沫。理性预期泡沫包括基础价值和泡沫两部分。基础价值定义为未来收益的贴现，泡沫为一个鞅过程。正反馈泡沫被认为是由正反馈投机行为所导致的，是由追涨杀跌而引起的泡沫。此类研究主要有袁志刚（2003）和张晓蓉（2007）等。第四类是基于资产定价方法进行分析，主要有三种方法。一是基于无套利原则的定价模型，假设投资于住房资产与其他资产获得的收益相等。二是基于消费的资产定价模型，将住房视为资产，由住房资产与消费品的跨期均衡来决定住房价格。三是利用实物期权定价模型，将住房资产视为一项实物期权来进行研究。Okumura（1997）和Campbell（2006）等曾利用此类资产定价方法来研究日本和美国的住房价格波动。

　　上文所述的研究方法主要有两个切入点：一是基于住房的实物形态，将住房视为耐用消费品，第一类和第二类方法就是如此；另一个是基于住房的投资获利性，将住房视为投资品，如第三类和第四类方法。但需要注意的是，住房既不是单纯的耐用消费品也不是单纯的投资品，而是两者的统一，也就是说住房既是必需的耐用消费品，也是有型的投资品，这一点是其他任何商品都不具备的。还有一点不能忽视的是，住房是保障人类生存的基本生活资料，因此享有居住权应该是公民的基本权利①，这决定住房的分配应该体现出公平性原则，这是住房体现出来的社会福利性。当全体公民的居住权都得到满足时，社会的整体福利水平才能得到改进，才能体现出社会的优越性。关于此点，从很多国家的宪法明文规定住房应作为社会福利工具②这一点中可见端倪。因此，我们有充足的理由认为，社会福利性也是住房的一个基本功能属性。可见，对住房价格的决定机制进行研究，就必须同时考虑住房所具有的消费、投资和社会福利三重基本功能属性③，忽略其中任何一项都无法正确阐明住房价格的波动特征和泡沫形成机制，实证研究也往往难以得出理想的结果。如 Quigley（1999）使用1986—1994 年美国 41 个大城市的数据，根据居民收入、家庭数量、人口数量、就业、年房屋建造许可、开工数量和空置率等实际经济变量及房价滞后变量对住房价格进行回归分析，结论是"这些解释变量对住房价格虽然具有一定的解释能力，但是难以预测价格变动的拐点，即使是预测最准确的模型，错误率也高达 52.73%"。出现这种结果的根本原因就是在研究中没有考虑到住房的投资属性。

　　基于以上分析，本书的宗旨就是将住房的三重功能属性纳入同一个研究框架中。经初步研究发现，三重基本功能属性导致住房价格由供求规律、投资者行为和政府行为共同决定，因而住房价格会表现出不同于其他商品的独特特征。当房价较低时，住房市场以消费性需求为主，此时房价主要由供求规律决定；随着投资性需求逐渐加入住房市场，房价开始上涨，此时住房市场中消费性需求与投资性需求并存，政府会相机抉择出台

---

①　详见《世界人权宣言》第 25 条。

②　如新加坡、德国等。

③　根据邓卫（2008）《住宅经济学》中关于住宅的功能属性与特征的讨论，本书认为，可以用消费、投资和社会福利三方面功能属性来对住房的主要功能进行概括。

调控政策，此时房价由供求规律、预期和政府决策共同决定；当房价过高时，消费性需求被完全挤出，投资性需求主导住房市场，政府会抑制住房投资，这时的房价由投资者预期和调控政策力度决定。可见，影响房价的主要决定因素是随着房价变化而改变的。

更为复杂的是，住房的消费、投资和社会福利三重功能属性中，每一个功能属性的充分发挥都对住房价格提出不同的要求，而且房价的每一次变动都对住房三重功能各自对应的需求群体产生不同的影响效应。这也是住房价格波动的影响范围涵盖经济与社会生活领域的根本原因，因为每一次的价格波动都会在两个领域同时产生影响。

1.5.3　研究目标、技术路线、创新与不足

1.5.3.1　本书的研究目标

（1）基于住房具有消费性需求和投资性需求两种需求类型，且此两种需求随住房价格变化而相互转化这一特点，从理论层面考察住房价格的内生决定机制。

（2）联系我国住房市场实际情况，考察包括住房市场相关制度、外生经济变量和住房市场关联主体之间的博弈行为等住房价格的外部影响因素对住房价格的作用途径和影响程度。

（3）结合住房价格的内生决定机制和我国住房市场的外部影响因素，解释目前我国住房价格较易迅速上涨而较难下跌的原因。

（4）从经济和社会福利角度研究住房价格的溢出效应，并进一步研究住房价格变化对家庭、企业和政府行为的影响，同时从微观和宏观层面考察由住房价格上涨导致的贫富差距加大及由此引起的社会福利损失。

（5）从住房的消费、投资和社会福利三重基本功能属性出发，研究住房价格波动必然存在负面溢出效应的原因及解决方法。

（6）对我国目前的住房市场相关制度与政策进行归纳和整理，对这些政策与制度间的相互影响和相互作用进行分析，找出我国住房价格高涨的制度根源。

（7）讨论双轨制住房供给制度的可行性，考察在双轨制供给制度下商品房与保障房各自的价格动态特征。

1.5.3.2 **本书的研究思路**

本书将围绕住房具有两种需求类型、三重功能属性这一特点展开研究。将基础经济理论与数量经济学方法应用到问题研究中。用理论提出观点，用事实检验理论。

本书的研究按照如下思路展开：第2、3章对目前住房市场的现实问题进行梳理，总结得出几乎所有住房相关问题或由住房价格变化所引起，或本身就是住房价格问题；第4章研究住房价格的内部决定机制与外部影响因素，并结合我国实际解释我国住房价格较易快速上涨但较难下跌的原因；第5章对住房价格的溢出效应进行深入分析，并结合我国住房市场实际情况，分析我国住房价格迅速上涨的经济溢出效应与福利溢出效应，发现我国已经存在住房市场失灵，我国住房市场需要政府调节；第6、7章找出推动我国住房价格上涨的制度根源，结合国际经验提出实行双轨制供给制度为解决我国住房市场失灵的有效方法。第8章证明实行双轨制供给制度可以有效解决住房价格溢出效应带来的负面影响，也可有效抑制住房价格上涨速度，使住房价格回归理性。最后，本书结合我国住房市场特征对双轨制供给制度进行初步框架设计。总体来说本书围绕住房价格展开研究，从探讨住房价格的决定机制和影响因素入手，分析住房价格的运动特征。在此基础上研究住房价格的溢出效应，发现市场失灵现象必然存在于住房市场中。在探寻解决住房市场失灵方法的过程中，发现双轨制住房供给制度可以将住房的两种需求分离，使两者分别存在于不同的市场中，可以有效抑制由两种需求动态转化而引起的住房价格迅速上涨。同时，双轨制供给还可以用两套供给系统和两种价格，解决住房价格所面临的三难选择及由此引起的溢出效应。

1.5.3.3 **本书的创新部分**

（1）将住房的消费性需求与投资性需求纳入同一框架分析住房价格的内生决定机制，并证明住房价格天然具备易于形成泡沫的特征，并且其泡沫不易破裂。

（2）发现当消费性需求主导住房需求时，住房价格向其均衡价格收敛；当消费性需求和投资性需求共存时，住房价格迅速上涨并形成泡沫；当投资性需求主导住房需求时，住房价格上涨速度减缓，但住房价格较难下跌而导致泡沫破裂；即使住房价格下跌幅度较大，也会重新回归其均衡价格，不会出现泡沫骤然破裂的情况。

（3）通过住房所具有的消费、投资和社会福利三重基本功能属性研究住房价格的溢出效应，并证明住房价格溢出效应必然会产生负面影响。

（4）提出住房三种属性间存在矛盾观点，并以此证明住房价格无论如何变化都会损害其一部分消费群体的利益。

（5）利用混合理性正反馈模型描述住房市场投机泡沫的形成过程，发现住房市场中的正反馈投机行为是导致住房价格迅速上涨的主要原因。

（6）发现我国现行的商品房预售制度会使开发商更具信息优势，并会巩固开发商的垄断地位。

1.5.3.4 本书的不足与展望

由于时间稍显紧迫，成文仓促，有很多可以深入细致研究的地方没有来得及展开，如住房价格金融溢出效应方面的研究，作者只进行了约2/3。所幸文章中所讨论的经济溢出效应和福利溢出效应，尚可较好概括住房价格的溢出效应。同时本书中诸多实证部分由于篇幅限制没有把详细结果全部列出，所列部分皆为可以直接说明问题的检验结果。这两点是作者感到稍许遗憾的地方。

讨论 1 住房财富的本质

从宏观层面来讲，住房财富衡量的是一个地区内所有住房资产的市场价值。基于这个定义，粗略计算可得到 2008 年末，美国居民住房财富约为 25.4 万亿美元，平均约占家庭净财富的 52.9%，远大于同年美国 14.4 万亿的总产出。自有产权住房约占美国总住房财富的 80%，余下的 20% 为出租性房屋。并且，由于金融资产在家庭财富分配中不平衡，住房资产大约占美国中产家庭净财富的 2/3，如图表 1 − 1 所示。

表 1 − 1　　　　　　　　　美国家庭资产负债表　　　　　（单位：十亿美元）

资产				负债	家庭净财富	
有房家庭不动产	租房家庭不动产	其他有形资产	其他金融资产	平均负债	住房财富	非住房财富
20398	4964	4779	36992	14216	25362	27555

中国家庭资产构成中，房产占比为 62.72%，其他现金、活期存款和定期存款占比约为 15%。根据清华大学 2012 年发布的《中国居住小康指数》，中国自有住房比例达到平均 85%，虽然我国特殊的二元经济结构使得此数据基本不具有科研价值，但我国近年来飞速上涨的房价与缓慢增长的居民收入确实造成了家庭穷其所有购买住房的现实，因此有理由认为住房财富是普通中国家庭唯一且最主要的财富形式。我们可以用房价收入数据比间接观察一个普通家庭需要投入多少年的收入来购买一套住房，假定一人一生平均工作时长为 30 年，以此可以判断住房占一个家庭终身收入的比例，具体讨论见正文 3.1 节。

住房财富与消费的同向变化给宏观经济学研究者提出了一个挑战，那就是消费的波动是否可以真实反映住房财富的波动，亦或二者同时被其他某种宏观经济因素所决定，比如技术进步、利率或其他影响经济周期的变量。

消费理论与消费函数是宏观经济学最基本的组成部分，这一论断基本已经达成共识。在标准的消费函数中，决定消费的基本变量是家庭财富 W 以及家庭收入 Y，其函数形式如下：

$$C = \alpha W + \beta Y \tag{1}$$

式中 α 和 β 分别代表家庭财富 W 和家庭收入 Y 的边际消费倾向，此函数可以理解为个人或家庭在给定一系列跨期交易成本和收入流约束下，最大化其终身效用的解。形如（1）式这种形式的消费函数最早由凯恩斯所提出，后经弗里德曼（Friedman）和莫迪利亚尼（Modigliani）发展而成为经典模型。

本书考虑将家庭总财富划分为住房财富 W_h 和非住房财富 W_n，可以在式（1）一般形式的基础上建立一个同时包括住房财富和非住房财富边际消费倾向的模型：

$$C = \alpha_h W_h + \alpha_n W_n + \beta Y \tag{2}$$

式中 α_h 被解释为住房财富对消费的影响，表示住房财富每变化一美元，消费变化 α_h 美元。式（2）为住房财富与消费建立联系打下了基础，然而，它却无法解释住房财富为何会发生变化。在对这个方程进行解释时，必须注意一个问题，那就是在微观层面上我们可以将右边两个变量的变化当作外生，比如彩票中奖、失业、居住环境的改变等，这些都是个人和家庭所不能控制的。然而如果从宏观层面上看，这个问题会变得更复杂，也就是说，式（2）中所有变量在宏观层面都会相互影响和相互决定。

　　而非住房财富的变化，可能源于家庭偶然获得一个新的未来收入流，也有可能是市场参与者对未来收入采用了新的包括无风险利率和资产红利的贴现率。单从理论层面上讲，此种收入变化对家庭支出确实会产生不可忽视的影响。同样，我们认为住房财富的变化也有可能反映了家庭对消费品和住房的偏好发生了变化，抑或是不动产使用条件发生了变化，或者是技术进步导致了家庭住房财富在某些方面发生了改变。我们有理由认为这些因素的变化都可以对消费产生影响，但影响效果却不尽相同。

第 2 章

住房概念的外延

2.1　住房的资产属性

住房是一种集消费和投资功能于一身的特殊商品，因此我们可以将住房需求分解为消费性需求和投资性需求。这两种需求形式既独立又统一，任何一个家庭的住房需求都由这两方面组成。这两种需求在住房需求中的比例不是一成不变的，而是随着房价波动、心理因素、经济形势等变量变化而改变的。具体来说当住房价格较低且房价波动较小时，社会上大部分家庭都有能力购买住房，但因为房价波动幅度较小，投资者对住房的投资热情并不高，此时家庭购买住房以满足基本居住性需求与改善性居住需求为主，只要供给不非常短缺，住房价格就不会因为需求变化而大幅波动。而当房价因为经济环境改变或投资环境改变而大幅波动时，住房市场会吸引一部分投资人注意，投资者会利用住房来进行套利或保值性投资，导致住房市场需求量放大，房价缓慢上升。但此时消费性需求依然稳定，家庭会根据自己的收入水平和消费习惯调整消费结构，增加住房支出。住房市场因此进入繁荣阶段，住房供给开始增加。当房价开始加速上涨时，因为超出支付能力，一部分低收入家庭和改善性需求家庭会被挤出住房市场，住房的投资性需求逐渐主导住房需求，大量资金开始进入住房市场。当投资者和银行认识到住房相比于股票等其他金融产品，其风险更小、保值性更强且泡沫难于破裂时，资金会加快进入住房市场。同时，银行也乐于同时为住房的需求和供给方提供资金支持，导致住房市场出现供需双方同时井喷的繁荣局面，此时房价快速上涨，甚至出现住房需求曲线斜率为正的现象。当消费性需求随着房价上涨而逐渐被压制和完全挤出住房市场，也就是当房价上涨到将改善性住房需求和一般消费性住房需求全部挤出时，住房需求由投资性需求主导，同时还伴随着一部分所谓的刚性需求。这部分刚性需求主要是由年轻人和老人构成，他们由于结婚生子和养老的需要，不得不委曲求全，耗尽家中几乎所有人力、物力、财力来购买一套住房供自己居住，年轻人沦为房奴。这种由社会相对弱势群体来支撑住房市场的消费性需求的局面会严重损害社会安定团结和民生发展。并且，即使是刚性需求，其支付能力也是有限的，虽然国家不断推出各种目的为稳定房价的调控政策，但结果却不尽如人意，随着房价的进一步快速上涨，不论是投资性需求还是刚性消费性需求者都趋于冷静，刚性需求开始选择观望和等待，这等于消费性需求进一步被挤出。当住房需求全部由投资性需求组成时，投资者发现市场中没有真实需求的支撑，市场中每个投资者都希望能在房价高位将住房资产卖出获利，但却难以找到高位接盘者，市场进入僵持期。消费性需求者渴望房价下降，但是投资者、开发商、银行和地方政府不希望看到也难以承受房价下跌，这几方面主导力量维持了住房价格只涨不跌的局面，现实也确实如此。当房价上涨进入稳步波动期，由于住房价格的稳定以及前期房价上涨过程中所带动的全社会消费品价格水平的增长而导致的名义收入水平增长，住房的实际价格开始下降，消费性需求逐渐回到住房市场，从而进入下一轮的上涨周期。从上面的粗略讨论中可以看出，房价泡沫是随着投资性需求增加而逐渐产生的，而当泡沫生长到一定程度时，房价会趋于稳定，市场会趋于理智，但是房价泡沫并不会像股票等其他投资品一样骤然破裂，而是通过其他形式来稀释泡沫。因此住房这种特殊金融产品的本质属性和价格变动规律性不同于普通商品，可以认为住房是一种带有资产性质的耐用消费品，且风险低、增值保值功能强、潜在需求大等特性都使得住房超越了传统的投资品成为一种具有优良性质的金融产品，也决定了这种特殊商品必然会在国民经济中占有重要一席，由此也导致了直接与住房有关的房地产业地位的提高，我国学者甚至一度被认为房地产业是我国的支柱性产业。

房地产行业是我国国民经济中一个重要产业，长期以来，房地产信贷都是银行金融业务的一项重要内容。由于资金需求和沉淀量巨大，中国房地产行业在其产生和发展的二十多年时间里，"房地产金融风险"始终如影随形。房地产行业过分依赖银行贷款，且金融机构很大程度受房地产行业影响，导致房地产金融风险很容易积聚和转移。一旦市场出现波动，市场过量供应或房地产泡沫破灭导致房价大幅度下滑，房地产开发商由于资金链的断裂而还款困难，商业银行房地产抵押贷款的不良贷款比率就会迅速增加。房地产市场的投资风险和融资信用风险都转变成了商业银行的信贷风险，最后损失的将是商业银行的利益，这就是房地产行业的风险转移过程。20 世纪 80 年代美国银行业危机中，房地产信贷损失及其诱发的风险是银行倒闭的重要原因。20 世纪 90 年代以来，特别是日本泡沫经济破灭及亚洲金融危机，房地产都扮演着非常重要的角色。进入 21 世纪，普遍低利率与流动性过剩使得西方主要发达国家房价不断攀升，导致住房抵押贷款成为银行等金融部门的主要业务，如果房价出现急剧变化，这些国家的整个银行体系资产质量会迅速下降，金融市场和整个经济发展将会受到严重冲击。在这种情况下，关于全球地产泡沫的危言不绝于耳，中国也置身其中。显然，我们不能按一般产业问题来研究中国房地产问题，而要从全局来审视它对经济和金融稳定的影响，尤其应该从金融学角度来研究住房的资产属性，以及由此对金融市场和实体经济所带来的影响。

2.2　房地产金融

　　房地产业曾经是我国国民经济的重要支柱产业，是一种资金密集型产业，与金融体系关系密切。作为房地产市场最重要组成部分，住房市场与金融市场存在天然联系。住房市场发展与宏观经济发展一样，并不是一直稳定有序，甚至具有较强波动性。国内外理论与实证研究均表明，住房市场的波动是客观存在的。因此住房市场波动必然会冲击金融体系，产生金融风险，甚至形成金融、经济危机。住房市场波动分为周期波动和异常波动。在周期波动方面，不同国家或地区住房市场周期波动的时间长短是不同的。根据以往的研究，美国住房市场的一个周期为 18—20 年，英国、日本为 10—12 年，澳大利亚约为 6 年，韩国的房地产周期平均为 4 年。根据国内学者孟晓苏（2005）的研究，我国香港的房地产周期为 7—8 年，台湾地区为 5—6 年，大陆为 7 年。

　　住房市场与金融市场的联系纽带中最重要的环节是开发贷款与购房贷款，通过这一环节，住房市场风险可以很容易转嫁给银行等金融机构。Minsky 将借款人分为三类：一类是抵补性企业，它只根据自己未来的现金流量作抵补性的融资，是最安全的借款人；第二类是投机性的借款人，它们根据预测的未来资金丰缺程度和时间来确定借款；第三类是高风险的借款企业，借款用于投资回收期很长的项目，在较长时期它们都无法用投资的收益还本付息，而需要滚动融资用于支付本息。在房地产经济扩张时期，房价与股票价格持续上涨，后两类借款人的比例越来越大。原因一是逐利动机战胜恐惧，价格上涨推动更多的购买；原因二是出于竞争压力金融机构会做出许多不审慎贷款决策；原因三是信息不对称。于是，各类企业和家庭的债务收入比例越来越高。在房地产经济的收缩期，房价与股票价格大幅下跌，借款人的资金链断裂，引起大规模违约和破产浪潮，金融风险集中暴露，最终很有可能酿成金融危机。

住房价格波动与金融风险的相关关系在 20 世纪 80 年代的美国表现得很典型，当时，由于美国税法对住房贷款利息给予课税扣除，住房市场逐步成为热门投资场所。随着新一轮经济周期的启动，1983 年住房投资开始扩张。到 1989 年美国商业银行的住房抵押贷款已达 7330 亿美元，占贷款总额的 39.3%。而这一构成比例 1980 年底为 31.3%，1985 年底为 30.2%。这说明商业银行在 1985—1989 年这四年间贷款净增加额中的 71.2% 用于住房市场。1986 年，石油价格下跌导致房住房价格下降。截止到 1990 年底美国 35 家主要商业银行与住房市场相关的坏账累计额占银行坏账的比例急剧上升。这一比率由 1989 年底 31.29% 上升到 1990 年底的 43.41%。1990 年底坏账累计额比上年增加 12104 亿美元，而与住房市场相关的坏账比上年增加 10400 亿美元，占坏账累计增长额的 85.9%。由于住房抵押贷款和抵押证券占当时美国储贷协会（S&L）70-80% 的资产，随着住房价格的急剧下跌，S&L 的经营出现恶化，最终倒闭。

在日本 20 世纪 80—90 年代的金融危机中，也可以看出这种关系。1984 年时，全日本银行的不动产抵押贷款占全国银行贷款总额的 17%，1987 年为 20%，1992 年 3 月达到 150 万亿日元，占全国银行贷款余额的 35.5%。在不动产贷款金融机构中，甚为典型的情况是城市银行，其对个人的住宅贷款随地价上涨，在 1987 年以后的 4 年间翻了一倍。1991 年时占到总贷款的 16.4% 和对个人贷款总额的 70%。1994 年，地价已较 1991 年的高峰期平均下降 50%，土地资产总额也逐年下跌。随着房地产经济的收缩和房价的下跌，银行等金融机构不动产抵押贷款和证券贷款的风险逐步暴露和释放出来，由此导致了 90 年代日本众多金融机构的破产。

目前国内外房地产金融实践活动都远走在了房地产金融研究之前。美国的房地产金融研究集中于房地产信用工具、房地产抵押利率和房地产金融市场等领域，其研究居于世界领先地位。William B. Brueggeman 和 Jeffrey D. Fisher 长期以来对住宅房地产金融、收益型房地产金融、项目融资以及房地产资本市场所做的一系列研究，最后成为经典教科书，到 2001 年已出到第 11 版。Terrence M. Clauretie 和 G. Stacy Sirmans 对房地产金融的研究则涵盖了房地产金融市场的各个领域。

西方发达国家的住房与房地产相关金融产品非常发达，并且已经出现规模化、体系化特征，如美国，欧洲等。美国的房地产抵押贷款业务开展最早也最典型，其房地产抵押贷款是两级市场模式，在一级抵押市场上主要是商业银行、互助储蓄银行、储蓄贷款协会等；二级市场有联邦国民抵押协会，政府国民抵押协会和联邦房地产抵押公司，这些机构买进一级市场的抵押贷款然后发行抵押贷款债券。德国则实行住房储蓄制度，政府对住房储蓄实行奖励、免税的政策鼓励。住房储蓄由专业的房地产储蓄银行运作，参加储蓄的储户都要同房地产储蓄银行签定一定数额的"购建房储蓄合同"，储户每月进行储蓄存款，存满 50% 左右时，即可取得全部契约金额的贷款权。这种贷款要求以所要购买的住房为抵押担保。我国的房地产金融发展与发达国家相比，虽发展速度较快，但依然存在较大差距。新中国成立后，房地产金融几乎空白，1990 年 4 月，广东省江门市建设银行经过试点后推出"供楼"方案；佛山市建行 1991 年 2 月也开始"供楼"；1991 年 11 月广东省建设银行推出《房地产信贷部购房借款分期还款试行办法》；1992 年 9 月，中国建设银行总行颁布了《职工住房抵押贷款暂行办法》，并在全国推行；1994 年底和 1995 年 8 月，中国人民银行的 313 号和 220 号文件分别对政策性职工个人住房抵押贷款和经营性个人住房抵押贷款作了规定，标志着个人住房抵押贷款的全面开展。

2.3 房价与通胀——基于货币传导渠道的认识

本节我们研究住房融资结构如何影响货币政策冲击传导，我们列出了三个主要事实：第一，住房抵押市场的特征在各个工业化国家之间相差很大；第二，一系列指标显示，货币政策冲击对住房投资和房价的传导能力在那些抵押市场发展更好，或者政策更灵活的国家要更强；第三，对消费的传导只有在按揭股票发行很正常，以及抵押合同主要是浮动利率型国家更强烈。为此，作者建立了一个考虑到价格黏性和抵押品约束的两部门

DSGE 模型，以此研究消费和住房投资对货币政策冲击的反应，以及这种反应是如何被首付率和利率抵押贷款结构这两个体制特征所影响的。同时考查两个变量对货币政策冲击的敏感程度与首付率的关系，以及在何种抵押贷款结构下哪种影响更强烈。

2.3.1　模型

一个经济由在时间段（0，1）内连续的家庭组成，这种假定参考了 Iacoviello（2005）和 Campbell & Hercowitz（2004）的经典假设。有两组家庭，分别为借款者和存款者，分别用 W 和 $1-W$ 来表示。每一组家庭被赋予一个单位时间，因此个人借款者和存款者就被赋予 $1/W$ 和 $1/1-W$。同时有两个部门，分别生产耐用消费品和新住房。每一个部门都有生产最终消费品的竞争企业和生产中间产品的垄断性企业，后者从借款者和存款者中雇佣劳动力。两种不同类型的家庭具备不同的偏好，借款者比存款者更缺乏耐性，意味着他们消费的边际效用超出了储蓄的边际效用[①]。借款者和存款者都从消费非耐用最终消费品和住房服务中获得效用。同时要注意，债务的累积反应两种代理人交易的跨期均衡，借款者受抵押品约束，也就是借款极限与现有住房存量的价值有关。

2.3.1.1　最终产品生产者

在每一个部门（$j=c$，h）完全竞争的最终产品生产者购买 $Y_{j,t}(i)$ 单位的中间产品 i，j 部门的最终产品生产者的生产函数为：

$$Y_{j,t} = \left(\int_0^1 Y_{j,t}(i)^{\frac{\varepsilon_j-1}{\varepsilon_j}} di \right)^{\frac{\varepsilon_j}{\varepsilon_j-1}} \qquad (2-1)$$

式中：$Y_{j,t}(i)$ 是最终产品生产者 j 对中间产品 i 的数量需求，ε_j 是 j 部门内不同产品之间的替代弹性。需要注意到，在住房部门，$Y_{h,t}(i)$ 表示对新住宅产品 i 的支出（此处不包括服务）。j 部门对中间产品 i 的利润在最大化产量需求函数为：

$$(j=c，h) \left(\frac{P_{j,t}(i)}{P_{j,t}} \right)^{-\varepsilon_j} (j=c，h) tj=c，h \qquad (2-2)$$

对所有的 i，$P_{j,t} = \left(\int_0^1 P_{j,t}(i)^{1-\varepsilon_j} di \right)^{\frac{1}{1-\varepsilon_j}}$ 是 j 部门的最终产品生产者零

---

① 详见 Becker（1980），Becker and Foias（1987），Kruselland Smith（1998），Kiyotaki and Moore（1997）。

利润时的价格指数。

2.3.1.2　借款者

一个典型的借款者对住房消费服务和非耐用最终产品的消费可以定义为：

$$X_i = ((1 - \alpha)^{\frac{1}{\eta}} C_t^{\frac{\eta-1}{\eta}} + a^{\frac{1}{\eta}} H_t^{\frac{\eta-1}{\eta}})^{\frac{\eta}{\eta-1}} \qquad (2-3)$$

式中：C_t 为非耐用品消费；H_t 为 t 期末的住房存量；$\alpha > 0$ 表示住房在综合消费指数中的份额；$\eta > 0$ 表示消费和住房之间的替代弹性。为了定义一个以效用为基础的综合价格指数，我们需要假定存在另外一个最终产品生产商，他的工作就是通过式（2-3）组合住房和消费服务，这时生产者利润最大化的价格指数为：$P_t = ((1 - \alpha) (P_{c,t})^{1-\eta} + \alpha (P_{h,t})^{1-\eta})^{\frac{1}{1-\eta}}$。

借款者最大化下面的效用：

$$E_0 (\sum_{t=0}^{\infty} \beta^t U (X_t , N_{c,t} , N_{h,t})) \qquad (2-4)$$

受下面的约束条件约束：

$$P_{c,t} C_t + P_{h,t} I_{h,t} + R_{t-1}^m = B_t + W_{c,t} N_{c,t} + W_{h,t} N_{h,t} + T_t \qquad (2-5)$$

式中：$I_{h,t} = H_t - (1 - \delta) H_{t-1}$，代表住宅投资；$B_t$ 代表 t 期末的名义负债，R_{t-1}^m 是从 $t-1$ 期到到期日 m 的债务合同的贷款利率；$W_{j,t}$ 是借款者在 j 部门工作的名义工资（$j = c, h$），$N_{j,t}$ 是 j 部门的工作时间，T_t 是净名义政府转移支付，以实际值来计算（非耐用品的单位消费）。式（2-5）可表示为：

$$C_t + q_t [H_t - (1 - \delta) H_{t-1}] + \frac{R_{t-1}^m b_{t-1}}{\pi_{c,t}} = b_t + \frac{W_t}{P_{c,t}} N_t + \frac{T_t}{P_{c,t}} \qquad (2-6)$$

式中：$q_t = P_{h,t} / P_{c,t}$ 为住房的相对价格；$b_t = B_t / P_{c,t}$ 为真实负债，作为债务被名义上提前决定的后果。通货膨胀的变化影响真实的事后债务成本和借款者的净价值。

后文我们要用到规范化的效用函数：

$$U (X_t , N_t) = \log (X_t) - \frac{v_c}{1+\varphi} N_{c,t}^{1+\varphi} - \frac{v_h}{1+\varphi} N_{h,t}^{1+\varphi} \qquad (2-7)$$

式中：φ 是工资对劳动供给的弹性的逆；v_j 为规模参数。每个家庭都会从任一个部门的工作中获得独立的负效用，这导致了名义工资在部门间不相等。这种劳动市场分割形式对抚平跨部门之间对相对价格变化的反映为替代效应，这会趋向于产生一个与现实不符的负向跨部门联动来作为总货币冲击的一个反映。

2.3.1.3 可变与固定利率

到期日为 m 的抵押合同利率 R_t^m 通过期限结构方程与政策利率 R_{t+k}（$k = 0$，1，2，$\cdots$）相关：

$$R_t^m = \left(\sum_{k=0}^{m-1} \tau^k \right)^{-1} \sum_{k=0}^{m-1} \tau^k E_t \{ R_{t+k} \} \qquad (2-8)$$

式中 $\tau \in [0, 1]$。

当 $m = 1$ 时抵押利率与政策利率相等。抵押合约是典型的多期，多期的贷款合同可以被认为采用可变利率（因为合约使用短期政策利率），也可以认为是固定利率（与长期利率挂钩），这取决于 τ 的值。如果 $\tau = 0$ 则抵押贷款利率完全与政策利率相同，当 $\tau = 1$ 时与长期利率绑定。我们假定由制度性因素决定谁来承担风险（借款者或储蓄者），但这些制度性因素超出了本模型的视野，在此不做详细讨论。

2.3.1.4 抵押品约束

民间借贷一般受制于抵押品约束，在任何时刻 t，借款者同意在下期偿还的数量 $R_t B_t$ 与住房的期望未来价值（折旧之后）相关：

$$R_t B_t \leq (1 - \chi)(1 - \delta) E_t \{ H_t P_{h, t+1} \} \qquad (2-9)$$

这里 χ 表示住房价值的一部分是不能作为抵押品的，这种形式的约束在有限决定的情况下是合理的。因为借款者被默认为带着资产潜逃，因此需要事前的约束行为来抵制这种诱惑。偿还贷款时的期望实现价值越大，贷款者越愿意在当期发放贷款。原因在于在默认情况下 $t+1$ 期时的贷款者会得到一项随时间增值了的资产。在这样的脉络下，一项期望未来会增值的房产会增加当期的借款能力。

可以认为参数 χ 是贷款合约初期的首付率（LTV），代表了一个直接度量抵押市场灵活性的参数（Jappelli & Pagano，1989）。参数 χ 反映了全国范围内法律或者规则上约束的变化。注意到，贷款合约在我们的环境中延长了一期。因此数 χ 可以更广泛地被解释为度量在抵押期间从房屋价值中提取股权的能力，换句话说，也可以解释为度量抵押股权赎回的参数（MEW），也可以是度量借款者扩张房屋净值信用的意愿。这里的 MEW 应该是基于房屋现值与仍存在的债务本金之间的现实差异，而不是基于预期的房屋市场价值，如果我们采用之前的规范，则此一结果在我们的设定中为不变。

给定初始价值 $\{b_{-1}, H_{-1}\}$，借款者选择 $\{N_{j,i}, b_t, H_t, C_t\}$ 来最大化式（2-4），在式（2-5）和式（2-6）的约束下，通过定义 $\lambda_t, \lambda_t\psi_t$ 来分别作为式（2-6）和式（2-9）的乘数，$U_{x,t}$ 作为变量 $x = C, N, H$ 的边际效用，上述公式的效率条件为：

$$\frac{-U_{nj,t}}{U_{c,t}} = \frac{W_{j,t}}{P_{c,t}} \qquad j = c, h \qquad (2-10)$$

$$U_{c,t} = \lambda_t \qquad (2-11)$$

$$q_t U_{c,t} = U_{h,t} + \beta (1-\delta) E_t\{U_{c,t+1}, q_{t+1}\} + (1-x)(1-\delta)$$
$$q_t U_{c,t}\psi_t E_t\{\pi_{h,t+1}\} \qquad (2-12)$$

$$R_t\psi_t = 1 - \beta E_t\left\{\frac{U_{c,t+1}}{U_{c,t}} \cdot \frac{R_t}{\pi_{c,t+1}}\right\} \qquad (2-13)$$

2.3.1.5 模型解释

方程（2-10）定义了每一个部门的消费/休闲边界，方程（2-11）说明消费的边际效用等于流动性预算约束的影子价值方程（2-5），方程（2-12）是一个在住房和消费之间选择期间的跨期条件。需要借款者将当前消费的边际效用相等。后者由三个成分决定，第一是增加一单位住房直接获得的效用；第二是以现实的销售价值的形式对前期购买的新增一单位住房的期望效用；第三是住房作为抵押品的可能性所产生的边际效用。后面的成分与借款 ψ_t 的影子价值成比例，当这个成分消失 $\psi_t = 0$ 时，即当抵押品约束不具有约束力时。方程（2-13）是欧拉方程的变形，当 $\psi_t = 0$ 时对所有的 t 变为标准的欧拉方程，当抵押约束具有约束力时（$\psi_t > 0$）这个条件都适用，借款者消费的边际效用超出了存款者的边际效用（在每期改变消费）。组合方程（2-12）与方程（2-13），我们可以表示出消费和住房之间更紧凑的边界：

$$q_t U_{c,t} = V_t + \Omega_t \qquad (2-14)$$

式中 $V_t = E_t\{\sum_{j=0}^{\infty}[\beta (1-\delta)]^j U_{h,t+j}\}$

$\Omega_t = (1-x)(1-\delta) E_t\{\sum_{j=0}^{\infty}[\beta (1-\delta)]^j U_{c,t+j} q_{t+j}\psi_{t+j} E_t(\pi_{h,t+j+1})\}$

上面的方程显示了住房抵押和消费的关联渠道，式（2-14）右边的两项 V_t 和 Ω_t，第一个是对当前和未来住房边际效用的折现率，考虑到住房的存留量比非常高，因此 V_t 对冲击的表现非常平滑，尤其是当这些冲击是短期的。从直观上看，一单位新住房的效用的边际增量相对于既有存量来说很小。还要注意，在完美的资本市场中 V_t 是唯一的住房边际效用的组成成分。右边的第二项 Ω_t 取决于当前和未来借贷 ψ_t 的影子价值，货币政策通过改变还债成本对 Ω_t 具有直接的效果，由此对影子价值产生影响。

考虑到式（2 - 14）如果 V_t 是准常数，即使是在两个部门都是完全的灵活价格的情况下，任何的对借贷影子价值的影响都会影响消费的边际效用。假如货币政策收紧了，这会增加 ψ_t 的现在和未来价值，因此也会增加 Ω_t。反过来，通过式（2 - 14）会提高消费的边际效用，为了达到均衡，会降低消费。而且，住房相对价格的变化对这个渠道有促进作用：比如，如果住房的当前或未来价值下降了，抵押品价值相应的成比例缩水，从而影响当期的借贷和消费。

2.3.1.6　存款者

我们假定存款者是每个部门的垄断性厂商，一个典型的存款者会最大化效用：

$$E_0\left(\sum_{t=0}^{\infty}\gamma^t U\left(\tilde{X}_t,\ \tilde{N}_{c,t},\ \tilde{N}_{h,t}\right)\right) \tag{2-15}$$

这里：

$$\tilde{X}_t = \left((1-a)^{\frac{1}{n}}\tilde{C}_t^{\frac{n-1}{n}} + a^{\frac{1}{n}}\tilde{H}_t^{\frac{n-1}{n}}\right)^{\frac{n}{n-1}} \tag{2-16}$$

这里贴现率 $\gamma > \beta$，存款者预算约束序列名义上可以表示为：

$$P_{c,t}\tilde{C}_t + P_{h,t}\left(\tilde{H}_t - (1-\delta)\ \tilde{H}_{t-1}\right) + R_{t-1}^m \tilde{B}_{t-1}$$
$$= \tilde{W}_{c,t}\tilde{N}_{c,t} + \tilde{W}_{h,t}\tilde{N}_{h,t} + \tilde{B}_t + \tilde{T}_t + \sum_j \tilde{\Gamma}_{j,t} \tag{2-17}$$

式中：$\tilde{W}_{j,t}$ 是部门 j 付给存款者的工资率；$\tilde{\Gamma}_{j,t}$ 是部门 j 持有垄断竞争企业所获得的名义利润。则存款者的效率条件为：

$$\frac{-\tilde{U}_{nj,t}}{\tilde{U}_{c,t}} = \frac{\tilde{W}_{j,t}}{P_{c,t}} \qquad\qquad j = c,\ h \tag{2-18}$$

$$\tilde{U}_{c,t} = \gamma E_t\left\{\frac{\tilde{U}_{c,t+1}}{\pi_{c,t+1}}R_t^m\right\} \tag{2-19}$$

$$q_t = \frac{\tilde{U}_{h,t}}{\tilde{U}_{c,t}} + \gamma\ (1-\delta)\ E_t\left\{\frac{\tilde{U}_{c,t+1}}{\tilde{U}_{c,t}}q_{t+1}\right\} \tag{2-20}$$

上式可以认为是式（2 - 10）、式（2 - 11）、式（2 - 12）对所有 t 都有 $\psi_t = 0$ 或者 $\gamma = \beta$ 的特殊情况。

2.3.1.7 中间产品的生产和定价

部门 j 中的中间产品厂商 i 租用劳动力生产的生产函数：

$$Y_{j,t}(i) = L_{j,t}(i) \qquad (2-21)$$

其中 $L_{j,t}(i)$ 是被部门 j 中的中间产品厂商 i 租用的总劳动力。

每一个公司 i 在自己的产品上都拥有一定的垄断力量，因此在设定价格时具有杠杆，这样就会产生一个与产出成比例的二次成本：

$$\frac{v_j}{2}\left(\frac{P_{j,t}(i)}{P_{j,t-1}(i)} - 1\right)^2 Y_{j,t} \qquad (2-22)$$

参数 v_j 度量了部门的名义价格刚性，v_j 越高，部门 j 的名义价格调整越迟缓，$v_j = 0$ 时价格是最灵活的。每一个垄断公司面临的问题是选择 $\{N_{j,t}(i), P_{j,t}(i)\}_{t=0}^{\infty}$ 来最大化期名义贴现利润：

$$E_0\left\{\sum_{j=0}^{\infty}\Lambda_{j,t}(P_{j,t}(i))Y_{j,t}(i) - W_{j,t}L_{j,t}(i) - \frac{v_j}{2}\left(\frac{P_{j,t}(i)}{P_{j,t-1}(i)} - 1\right)^2 P_{j,t}Y_{j,t}\right\}$$

$$(2-23)$$

受式（2-21）的约束，在式（2-23）中 $\Lambda_{j,t} = \gamma E_t\{\tilde{\lambda}_{t+1}/\tilde{\lambda}_t\}$ 是存款者的随即贴现因子；$\tilde{\lambda}_t$ 是存款者名义收入的边际效用。定义 $P_{j,t}(i)/P_{j,t-1}(i)$ 为部门 j 中变量 i 的相对价格，在一个对称的系统中，对所有的 i 和 j 都有 $P_{j,t}(i)/P_{j,t-1}(i) = 1$，每一个部门的厂商雇佣相同数量的劳动力，上述问题的一阶条件为：

$$((1 - \varepsilon_j) + \varepsilon_j mc_{i,j}) = v_j(\pi_{j,t} - 1)\pi_{j,t}$$

$$-v_j E_t\left\{\frac{\Lambda_{j,t+1}}{\Lambda_{j,t}}\frac{P_{j,t+1}}{P_{j,t}}\frac{Y_{j,t+1}}{Y_{j,t}}(\pi_{j,t+1} - 1)\pi_{j,t+1}\right\} \qquad (j=c, h) \qquad (2-24)$$

式中：$\pi_{j,t} = P_{j,t}/P_{j,t-1}$ 是部门 j 的总通胀率；$mc_{i,j}$ 是部门 j 的真实边际成本。劳动力最优选择意味着部门 j 的真实边际成本：

$$mc_{i,j} = \frac{W_{j,t}}{P_{j,t}} \qquad (2-25)$$

最后，部门的通胀和相对价格的关系为：

$$\frac{\pi_{h,t}}{\pi_{c,t}} = \frac{q_t}{q_{t-1}} \qquad (2-26)$$

2.3.1.8 市场出清

部门 $j = c, h$ 在商品市场上的均衡需要最终产品的生产分配到家庭全部收入和源自价格调整的资源成本：

$$Y_{c,t} = \omega C_t + (1-\omega) \tilde{C}_t + \frac{\upsilon_c}{2}(\pi_{c,t}-1)^2 Y_{c,t} \qquad (2-27)$$

$$Y_{h,t} = \omega \left(H_t - (1-\delta) H_{t-1} \right) + (1-\omega) \left(\tilde{H}_t - (1-\delta) \tilde{H}_{t-1} \right) + \frac{\upsilon_c}{2}$$

$$(\pi_{c,t}-1)^2 Y_{d,t} \qquad (2-28)$$

其中：
$$Y_{j,t} = \int_0^1 Y_{j,t}(i) \, di \ (j=c, \ h) \qquad (2-29)$$

借债和劳动力市场均衡分别需要：

$$\omega B_t + (1-\omega) \tilde{B}_t = 0 \qquad (2-30)$$

$$L_{j,t} = \omega N_{j,t}(i) + (1-\omega) \tilde{N}_{j,t}(i) \qquad (2-31)$$

2.3.1.9 货币政策

假定货币政策是利率的函数，受下面的对数线性相关参数约束：

$$\ln\left(\frac{R_t}{R}\right) = (1-\phi_r) \ \phi_\pi \ln\left(\frac{\pi_{j,t}}{\bar{\pi}}\right) + \phi_r \ln\left(\frac{R_{t-1}}{R}\right) + \zeta_t \qquad (2-32)$$

式中：R_t 是短期政策利率；ζ_t 是政策冲击演变为：$\zeta_t = \rho_r \zeta_{t-1} + u_t$；$u_t$ 为均值为 0 方差为 σ_u^2 的扰动项。我们的基本假设是式 (2-32) 中 $\pi_{j,t} = \pi_{c,t}$，虽然结果对用 CPI 代表通胀率的特定规则不会很敏感。

2.3.2　货币政策传导渠道

完善的金融市场，货币政策有三个渠道，我们把这些渠道命名为：名义债务影响渠道、抵押品约束影响渠道和资产价格影响渠道。虽然这些渠道在一般均衡中相互间存在着影响，但是为了阐明问题，这里认为，他们之间相互独立。考虑一个收缩的货币政策，我们看一下利率的路径：首先造成了通胀率下降，同时产生了真实债务成本的上升，这在名义上已经在 t 期时预先决定了。这个影响和通过借款者的预算约束产生的负面的收入效应类似，我们认为这是一个独立的渠道，因为原则上，它在没有抵押品约束时起作用。

紧缩政策通过抵押约束起效，名义利率的升高导致借贷的影子价值升高，直接表现为通过一个机制在方程 (2-9) 中下降债务 B_t，间接表现为提高未来债务的服务成本。借贷的影子价值升高反过来导致消费的降低。

住房真实价格 q_t 的变化也会影响货币政策冲击传导，通过影响可以作为抵押品的住房存量的期望价值。这个价值的波动影响着抵押品约束的收紧。在我们的两部门模型中，只有在对称的价格黏性情况下才会有这种效果。在两部门价格灵活或者都存在价格黏性的情况，真实的住房价格在受到货币政策冲击后仍然会保持不变，我们这里假定住房价格是灵活的，而消费品价格是存在黏性的，然而政策收紧会导致真实房价下跌，因此同时也会导致抵押品贬值和未来抵押约束的收紧。反过来，这会导致借贷需求减少，也就会导致住房需求的减少，这就会更进一步压缩它的相对价格，这是一个自我强化的过程。在这种情况下，资产价格渠道的实现是通过强化抵押品渠道。体现在方程（2－14）中，为了匹配方程（2－14）右边所代表的抵押品约束收紧所导致的各种变动，q_t 下降会导致消费边际效用的一个更大增加。

对这个渠道工作原理的梳理，澄清了抵押贷款市场的体质特征所扮演的角色。第一，较低的 χ 值意味更加灵活/发展的抵押市场，也意味着式（2－14）中 ψ_t 的任何波动需要消费更大的波动来满足。在政策紧缩时，更灵活的抵押市场会使得住房信贷迅速减小，这个效应会成比例的传导到消费波动。第二，如果抵押贷款合同是浮动利率的，任何短期利率波动都会更迅速的传导到抵押贷款利率。这个传导效应反过来在低 χ 抵押贷款合同的经济中会更大。

2.3.3　动态模拟

本小节要评估货币政策冲击的传导，我们首先演示对于基准 NK 模型，借款者和抵押约束是如何改变动态均衡的。然后我们分析货币政策冲击传导如何被两个体制性特征所影响。

我们采用如下方式校准模型。时间是季度的，我们设定季度折现率 $\gamma = 0.99 > \beta = 0.98$。年度真实利率受存款者耐心率牵制等于 4%。住房年度折旧率很低，大约是 1% 每年。因此我们设 $\delta = 0.01/4$ 作为基准价值。两个部门的不同品种的替代弹性设为 7.5，这产生了一个 20% 的稳态标记。我们假定房是连续浮动的，这个假定还是存在争议的，如 Barsky et al（2007）曾说明房价不同于消费品，主要是通过交易协商的，所以说房价相对连续浮动的假设也是可以接受的。同时，有证据表明房价很大部分是可预测的（Glaeser & Gyourko 2007）。但是，这里不管是上升还是下降，对我们的结果都不会产生决定性影响。

我们设定居民消费价格的黏性参数等于基准价值 $v_c = 75$。用下面的过程来限制这个值，让 θ 作为标准 Calvo-Yun 模型中不重新设定价格的概率。我们设定 $1/1-\theta=4$，也就是说 $\theta=0.75$，因此是每年的平均价格调整频率。这个值大体上与基于微观证据的欧洲国家总结出来的一样（Alvarez et al. 2006）。在零通胀稳态附近式（2-32）式的对数线性化产生了一个斜率为 $(\varepsilon_c-1)/v_c$ 的菲利普斯曲线，而在 Calvo-Yun 模型中，菲利普斯曲线的斜率为 $(1-\theta)(1-\beta\theta)/\theta$。设弹性 ε_c 等于 7.5，这意味着一个标记着 15% 的稳态，结果是黏性参数满足 $v_c=\theta(\varepsilon_c-1)/(1-\theta)(1-\beta\theta)=75$。

在欧洲地区，当前住房的份额和住房有关的支出平均大约 10%，然而，加上自有住房这个数字会增加到 17.5%。因为我们模型中没有租房，我们校准份额 α 用来与自有住房支出来匹配。后者的值在欧洲被估计为 7.5%，而在美国为 24%，虽然统计方法上差别很大。我们选取一个中间值 $\alpha=16\%$。首付率在基准时设为 $\chi=0.3$，这个值与欧洲平均水平很接近，相应的 LTV 为 0.7。下面我们用这些参数的变动值来模拟。至于货币政策，我们设泰勒规则参数为 $\phi_\pi=1.5$ 和 $\phi_\gamma=0$，持久的货币政策创新 $\rho_\gamma=0.7$。我们假定：耐用品价格是浮动的；替代弹性 η 等于 1，这意味着消费和住房服务偏好是科布－道格拉斯形式的；货币政策规则具有对消费价格通胀反应的特征。通过对模型进行模拟，我们可以得出以下结论[①]：

货币政策冲击对家庭消费和投资的影响主要通过抵押品市场中两个系统性变量的影响：一个是住房首付利率，一个是利率结构。模型非常准确地显示了在利率浮动国家货币政策冲击对私人消费的影响更加强烈，这也说明了在发达的市场中更容易实现消费平滑。模型显示我国的货币政策传导效果不如发达国家，尤其是通过住房这一货币政策传导渠道中的重要一环时，我国的货币政策冲击对家庭消费和投资的影响明显小于发达国家。这说明我国房地产市场没有发挥真正的资产属性，并没有为资本市场的发展做出贡献。反而加大了我国的金融风险。

---

① 由于此模型结果需要大量篇幅展示，鉴于本书篇幅，作者没有将结果列出，有兴趣的读者可以联系作者进行索要。

讨论2 国际游资与中国房价

相对于股票、黄金等其他投资品，住房具有投资风险低、收益稳定、政府担保、易于估价、顺周期和黏性泡沫等特点。上述特点决定了住房是一种具有优良性质的投资品，是多数投资者首选的投资对象。对于国际游资来说中国住房市场更是一块"肥肉"，尤其是在美元逐渐疲软而人民币走强的背景下，国际游资出于逐利的天性大量涌入中国资本市场，其首选就是中国住房市场。作出这一判断的原因有二，一是我国资本市场（可以包括货币市场）缺少真正能对抗通胀的投资产品，换句话说我国资本市场除住房外没有其他投资品收益率能跑赢通胀率，近年来通胀率、上证指数和房价变动情况可说明一切，见图2－1、图2－2、图2－3。

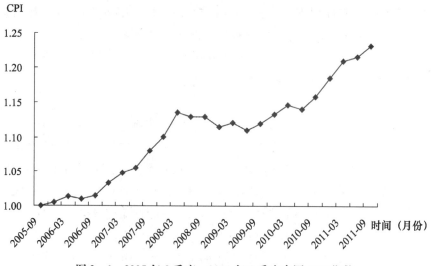

图2－1 2005年3季度—2011年3季度中国CPI指数

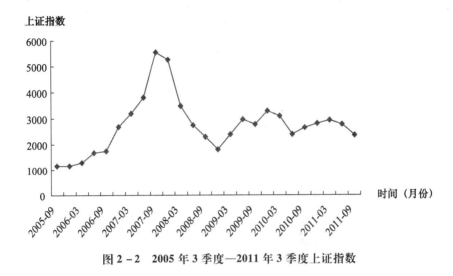

图 2 - 2 2005 年 3 季度—2011 年 3 季度上证指数

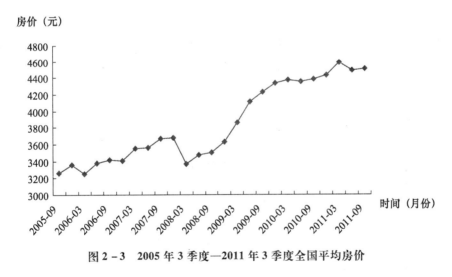

图 2 - 3 2005 年 3 季度—2011 年 3 季度全国平均房价

图 2 - 1 纵轴表示以 2005 年 3 季度为基期中国 CPI 指数，因为 2005 年 7 月中国开始实行以市场供求为基础、参考一篮子货币进行调节、有管理的浮动汇率制度，此举对后来的人民币连续升值具有一定的贡献作用，也由此导致大量国际游资进入中国以获取超额回报。而 2011 年三季度是我国房价调控最严厉时期，表现为各类政策、制度频繁出台，房价涨势趋

稳。此间我国房价上涨速度达历史最高点，因此这里截取 2005 年 3 季度－2011 年 3 季度这一最典型时间段数据进行说明。可以看出除金融危机期间，我国 CPI 指数呈连续上涨态势，尤其 2010 年开始上涨速度明显加快。图 2－2 为 2005 年 3 季度至 2011 年 3 季度上证指数，凭直观感受即可判断我国股票市场收益率无法与房价与通胀率相比，因此我国股票市场不能完成对抗通胀的任务。图 2－3 为 2005 年 3 季度－2011 年 3 季度我国平均房价，从图中曲线斜率来看投资于住房要比投资于股票更为有效。

另一个原因为人民币汇率近十年来不断走强，而美元却一直相对疲软。在金融危机发生时期，截至 2008 年 5 月，人民币对美元汇率中间价为 6.95，相对应 2005 年已累计升值达 16.5%。不断走强的人民币吸引了大量国际游资，而国际游资进入中国后首选就是中国房地产市场。简单来说国际游资通过以下途径在中国房地产市场获利：

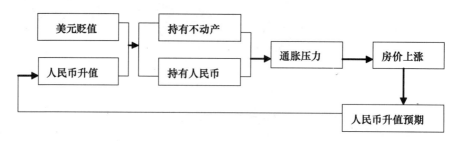

图 2－4　国际游资投资我国房地产获利模式简图

观察图 2-4，我们发现国际游资是通过同时持有我国境内不动产和人民币，并通过投资房地产炒高房价而制造通胀压力，造成房价通胀双上升的局面，借此制造进一步人民币升值预期。国际游资采用此种方式同时在人民币市场和房地产市场获利，对于国际游资来说这是一个双保险。这种方式对于我国房价上涨有很大的推动作用，试想当人民币升值预期缺少基本面支撑时，国际游资会追逐其他有升值潜力的货币，用同种方式在他国获取大量利润。但国际游资撤离后，留给我们的是一个巨大窟窿，这个窟窿横跨我国金融、实体、民生各个领域，所造成的后果不可估量。2014 年上半年开始的全国范围住房价格走低恰好与人民币汇率走低时间点切合，这不能说仅是一个巧合，倘若本轮房价走低真的是由国际游资撤离所造成的，那么我国政府乃至全社会各阶层都即将面临一个巨大挑战，这个挑战就是我们有可能要面临一次经济硬着陆。结果如何，我们拭目以待。

第 3 章

我国住房市场现实问题

住房问题是关系到一个国家经济和社会发展的重大问题，也是目前各国政府普遍面临的一大难题，甚至和贫困、饥饿、战争等问题一样，一直困扰着人类社会的发展。对于我国来说，住房问题尤其突出。我国庞大的人口数量决定住房问题是我国民生工程建设的首要问题，住房分配的公平性问题也是考验我国政府能力的一大标准。从近些年发展来看，在不考虑外部影响情况下，我国住房市场自身就存在着房价收入比高、住房空置率大和房价泡沫化的问题。这些问题虽然只是住房市场内的问题，但是由于住房商品的特殊性，各类住房市场问题都不可避免地存在溢出效应，对国民经济和社会生活产生多种负面影响。我国目前住房市场失灵情况严重，政府开始对住房市场进行调控，但效果却不甚理想。这其中有住房商品本身原因，也有我国目前住房市场相关制度的原因。总之，目前我国住房市场面临着纷繁复杂的各种现实问题，在对住房问题进行深入分析之前，有必要对我国住房市场的现状进行归纳、总结和梳理，以此来找出我国住房市场各方面问题的共性与根源。

3.1　高房价收入比

在我国住房市场中，住房价格的主要矛盾集中于房价上涨速度过快，房价过高。这一点从我国政府频繁出台的房价调控政策的目标中可见端倪，从前面章节的分析可知，历次调控的最终目标几乎都为遏制房价快速上涨，抑制投机，鼓励正常消费。可见，高房价是我国住房问题的矛盾中心。但高房价只是问题的表现形式，真正牵动公众心的是其衍生出的一系列经济和社会问题，因此本书有必要对我国由高房价引发的各类现实问题和矛盾进行归纳和总结，以达到全面认识我国住房市场问题的目的。

房价收入比是衡量一个国家和地区的居民住房支付能力的经济指标，对研究住房市场运行状况、房价水平合理性和制定住房调控政策都有很强的借鉴意义。简单来说，房价收入比就是当地平均住房价格与居民平均年收入的比值，1998 年国务院颁布的《国务院关于进一步深化城镇住房制度改革，加快住房建设的通知》中规定，房价收入比是本地区一套建筑面积为 60 平方米的经济适用房的平均价格与双职工家庭年平均工资之比，这是我国官方定义的房价收入比。但是在现实中，这种简单的计算方法并不能有效地反映居民对房价的真实承受能力，也不能有效地通过纵向和横向比较，来反映居民住房支付能力的变化情况与地区差异。因此本书在利用房价收入比数据，来评判我国住房市场状况之前，需要对房价收入比的经济含义和计算过程进行讨论，力求通过使用科学合理的房价收入比数据来反映我国住房市场的真实情况。

首先，居民收入数据的选取问题。我国是一个快速发展的发展中国家，近十年来我国居民的人均收入增长率大约保持在 7% 左右，随着居民收入的不断增长，房价收入比也是不断变化的。对于贷款购房的家庭来说，其按揭月供会随着收入的增加占当月收入的比重逐渐减小，这样就形成一个房价收入比随时间降低的情况，所以在计算房价收入比时应该将居民收入的动态变化考虑进去。同时，不同收入水平的家庭会根据自己支付能力来购买相应价位和户型的住房，如中低收入者会选择经济适用房或者小户型，高收入者倾向于考虑豪华住宅等高价房。所以在计算房价收入比时，应该考虑到收入水平与住宅水平所形成的隐性对应关系，合理的做法是将家庭按收入划分为不同档次，如我国统计部门的划分方法，分为贫困家庭、中低收入家庭、中等收入家庭、中高收入家庭和高收入家庭五组，每一类家庭各占 20%，这样有利于判断不同收入家庭的房价承受能力及其变化情况。我们还要考虑到，家庭对住房的需求层次高于对衣食等基本生活资料的需求，因此家庭真实的住房支付能力，应该是在扣除基本生活资料后可用于购买住房的那部分收入，所以在家庭收入中我们还要考虑恩格尔系数。

其次，房价和标准面积的选取问题。房价受区位、户型、周边基础设施和建筑质量等的影响，因此房价的高低不是一个绝对的概念，在实践中我国实际上只有商品房供给，且在同一地区内开发商之间形成寡头垄断合谋①，因此在同一个地区的房价差异不大。关于平均住房面积的确定，我国学者多数按照 100 平方米的标准计算，也有人认为，应该采用住房套均面积的中位数来表示，但这种算法只能减小计算结果，且根据中国住房市场纷繁复杂的商品房供给种类来看，采用中位数的方法并不合适。根据北京大学中国社会科学调查中心的《中国民生发展报告 2012》显示，我国人均住房面积为 36 平方米，在去除统计口径中的农村住房后，按照三口之家计算，本书认为选取 80 平方米作为我国标准住房面积较为合适，即总房价 = 单位面积房价 ×80。

再次，对房价收入比合理区间的界定问题。房价收入比衡量的是一个地区的家庭对该地区房价的承受能力及其变化情况，以此作为判断该地区房价是否合理和是否存在泡沫的依据。所以应首先结合我国国情来确定我国的房价收入比合理区间，1998 年《国务院关于进一步深化城镇住房制度改革，加快住房建设的通知》中规定房价收入比在四倍以上，就可以享受住房补贴，而联合国人居中心认为 2—3 倍较为合理，目前国际上比较流行的说法是 3—6 倍为合理区间。但现实的情况是，各个国家由于在数据选取、指标界定和国情上都存在很大差异，房价收入比合理区间一直以来都是一个争议较大的问题，但可以达成共识的是，房价收入比合理区间必须要结合当地实际情况来确定。本书认为比较科学的做法是以某一年的全国平均水平为标杆，分别计算各省市地区的房价收入比，然后通过纵向与横向的比较来分析和判断。基于上述讨论，并结合杨永华（2006）的研究，本书采用的房价收入比 v 的计算方法为：

$$v = \frac{P}{\bar{\omega}} = \frac{p \times 80}{\omega \times n \times (1 - ec)} \tag{3 - 1}$$

式中 P 为住房总价格，为平均住房价格与标准住房面积的积；$\bar{\omega}$ 为家庭的有效支付能力，等于人均可支配收入 ω 与家庭规模 n 相乘，用恩格尔系数 ec 将家庭总收入中用于食品等基本生活消费的部分去除。这里的平均家庭规模根据中国统计年鉴确定为 3.02。本书采用 2011 年全国平均房价收入比作为标准，从根据《中共中央、国务院关于促进中部地区

---

① 关于此种说法已经基本达成共识，如况伟大（2004）、Baker（1992）都做过此方面的论述。

崛起的若干意见》与中共十六大报告精神所划分的中国四大经济区中各
选一个代表该地区平均水平的省份或直辖市，分别计算其 2011 年的房价
收入比数据，通过与全国平均水平作对比，简略的说明我国房价收入比情
况。结果见表 3-1。此表行表头表示收入阶层，由低到高分为五等，如
（0 至 20%）为收入最低的 20% 的家庭。表内（平均）不是其他几项的算
术平均，而是由房价收入比特定算法得出。（此法见前文）

表 3-1　　　　　按收入阶层划分 2011 年各地房价收入比指标

	平均	0—20%	20%—40%	40%—60%	60%—80%	80%—100%
北京	75.85	143.26	98.71	81.81	68.94	43.99
吉林	38.36	79.31	49.28	39.54	31.51	19.62
湖北	27.27	53.25	34.44	29.03	23.14	16.02
重庆	28.46	53.96	35.13	29.01	24.79	17.04
全国	39.51	98.01	53.01	40.15	31.23	20.19

注：除北京外全国及各地恩格尔系数由食品支出占家庭消费支出总额之比表示，收入阶层划
分标准参考 2012 年《北京市统计年鉴》。

从表 3-1 中可以看出代表东部地区的北京市各阶层房价收入比均超
出相应全国平均水平，其他代表东北地区的吉林省、代表西部地区的重庆
市与代表中部地区的湖北省的房价收入比水平均低于全国水平。这从另一
个侧面折射出我国地区间经济发展不平衡，以北京、上海为代表的东部发
达地区的家庭住房负担最重，即使是最高收入阶层家庭，房价收入比也将
近 43 倍，远高于 6 倍的国际标准。在不考虑其他情况的条件下，单从本书
计算结果来说，我国东部地区的房价已经超出普通家庭可以支付的范围。
由于东西部地区经济发展发展水平差距较大，因此全国平均水平被东部地
区拉高，以全国平均水平作为标杆衡量其他地区房价收入水平是否超标，
会导致达标率提高。虽然中部地区、西部地区、东北地区房价收入比水平
低于全国标准，但并不能说明上述三个地区的房价水平合理，将其收入比
水平与国际标准相比可以看出，我国整体住房价格水平与家庭住房负担很
高，中低收入家庭几乎难以靠正常收入购买住房，这也说明单独依靠市场
手段无法解决中国家庭的住房问题，更无法达到人人有房住的最终目标。

3.2   房地产开发投资规模大且增长速度快

近些年来，中国住房及其相关房地产业发展迅猛，从整体来看，房地产投资占全社会固定资产投资的 20% 左右，地方财政收入的绝大部分与房地产业有关。1994 年房地产业开发投资占 GDP 比重为 5.3%，到 2012 年初这一比重超过 13%。2003 年出台的《国务院关于促进房地产市场持续健康发展的通知》将房地产业确定为支柱产业。2009 年年初，我国实行宽松的货币和财政政策，导致房价迅速上涨，大量的资金涌入房地产市场，房地产和建筑业在国民经济中一枝独秀，并带动一系列相关产业的发展。见表 3-2。

表 3-2   1994—2011 年我国房地产开发投资情况概览

年份	国内生产总值（亿元）	全社会固定资产投资总额（亿元）	房地产开发投资总额（亿元）	全社会固定资产投资总额增长率	房地产开发投资总额增长率	房地产开发投资占国内生产总值比重（%）	房地产开发投资占全社会固定资产投资比重(%)
1994	48197.86	17043.10	2554.10	0.30	0.32	5.30	14.99
1995	60793.73	20019.30	3149.02	0.17	0.23	5.18	15.73
1996	71176.59	22913.50	3216.40	0.14	0.02	4.52	14.04
1997	78973.04	24941.10	3178.37	.09	-0.01	4.02	13.74
1998	84403.28	28406.20	3614.23	0.14	0.14	4.28	13.72
1999	89677.05	29854.70	4103.20	0.05	0.14	4.58	13.74
2000	99214.55	32917.70	4984.10	0.10	0.21	5.02	15.14
2001	109655.17	37213.50	6344.11	0.13	0.27	5.79	17.05
2002	120333.69	43499.90	7790.92	0.17	0.23	6.47	17.91
2003	135823.76	55566.60	10153.80	0.28	0.30	7.48	18.27
2004	159878.34	70477.43	13158.25	0.27	0.30	8.23	18.67
2005	184937.37	88773.61	15909.25	0.26	0.21	8.60	17.92
2006	216314.43	109998.16	19423.92	0.24	0.22	8.98	17.66
2007	265810.31	137323.94	25288.84	0.25	0.30	9.51	18.42

续表

年份	国内生产总值（亿元）	全社会固定资产投资总额（亿元）	房地产开发投资总额（亿元）	全社会固定资产投资总额增长率	房地产开发投资总额增长率	房地产开发投资占国内生产总值比重（%）	房地产开发投资占全社会固定资产投资比重(%)
2008	314045.43	172828.40	31203.19	0.26	0.23	9.94	18.05
2009	340903.81	224598.77	36241.81	0.30	0.16	10.63	16.14
2010	401513.80	278121.85	48259.40	0.24	0.33	13.02	17.35
2011	473104.00	311485.13	61796.89	0.12	0.28	13.06	19.84
2012	519323.00	374676.00	71804.00	0.20	0.16	13.83	19.16

　　但现实问题是，我国的经济增长是投资拉动型的，并且还存在经济结构失衡的情况，只房地产开发投资一项就占 GDP 比重超过平均 10%，在比例上远超其他产业的投资。见表 3-3。

表 3-3　　　　　　　　2000—2011 年各代表性产业占 GDP 比重

年份	房地产投资占GDP比重（%）	制造业投资占GDP的比重（%）	农林牧渔业总投资占GDP比重（%）	批发和零售业总投资占GDP比重（%）
1996	4.519	8.291	0.012	0.745
1997	4.025	7.221	0.012	0.735
1998	4.282	6.569	0.012	0.757
1999	4.576	5.882	0.012	0.624
2000	5.024	5.952	0.012	0.621
2001	5.786	6.707	0.013	0.655
2002	6.475	7.765	0.014	0.663
2003	7.476	10.815	0.012	0.679
2004	8.230	13.250	0.012	0.796
2005	8.603	14.370	0.013	0.928
2006	8.979	15.759	0.013	1.047
2007	9.514	16.743	0.013	1.084

续表

年份	房地产投资占GDP比重（%）	制造业投资占GDP的比重（%）	农林牧渔业总投资占GDP比重（%）	批发和零售业总投资占GDP比重（%）
2008	9.936	18.056	0.016	1.191
2009	10.631	20.714	0.020	1.506
2010	13.019	23.071	0.020	1.502
2011	13.062	21.710	0.019	1.572

注：根据历年统计年鉴整理。

从表3-3中可以看出，自2000年以来，我国房地产开发投资与制造业固定资产投资占GDP比重遥遥领先于其他产业。对于我国这样一个制造业大国来说，制造业投资规模大是合乎常理的，且以发达国家经验来看，我国的制造业投资规模在世界范围内相比仍然偏低。但是，我国的房地产开发投资规模却如此巨大，单从投资角度来说，房地产业在"十一五"期间对国民生产总值的贡献就达到平均10.2%，开发投资额平均增长率达到25%，与制造业投资平均增长率相当，这些事实意味着房地产业对我国的国民经济发展具有重要影响。鉴于此，我国学术界一度认为，房地产业应该作为我国的支柱产业，因为房地产业自身不论从投资、增加值、就业还是消费等方面都为经济增长做出很大贡献，而且带动诸多关联产业。王国军、刘水杏（2004）利用投入产出模型对我国房地产业及其关联产业的关联度进行前向和后向等量化研究，认为我国与发达国家相比，与房地产业关联最密切的是资本以及原材料型产业，而发达国家关联的主要是服务类产业，说明我国的房地产业增长方式还是以投资和粗放型增长为主。可见，我国房地产业大规模投资虽然在一定程度上对经济增长做出贡献，但是这种粗放型增长不利于经济的健康发展，有可能会使我国的经济结构失衡局面更加恶化。庞晓波和邢戬（2012）在永久收入假说和新古典投资理论的基础上，基于家庭、企业和地方政府行为对房地产投资的产出增长和经济结构失衡影响效应进行模型分析与实证检验，发现房地产投资主要通过增加财政收入和支出从而促进总产出增长，这种模式会加剧经济结构失衡。依靠房地产业来刺激经济增长是一种饮鸩止渴的方式，短期内虽能刺激经济，从长期看却会损害经济发展质量。这一点从房地产业相比于他产业的投资规模与增长速度方面可见端倪。

3.3　住房空置率高

住房空置率是衡量一个国家和地区住房市场供求关系和投机程度的一个重要指标，同时可以表征出住房价格泡沫程度和社会财富分配状况。目前，全世界很多国家都有一套详尽的住房空置率统计体系，但是我国关于此方面的统计工作始终没有开展，我国学术界曾经就住房空置率问题进行过一次讨论，但一直没有形成一个有效的、适合中国国情的统计指标。甚至于国家统计局新闻发言人称，在我国当前的国情和统计制度下，住房空置率是一个无法统计的指标。但是，民间对住房空置率的关注程度却没有因为统计部门的不作为而降低，很多大学联合研究所等机构对所在城市的住房空置率进行过调查，也有发动出租车司机调查"黑灯率"，以此来估算城市住房空置率，但是多数情况下，民间自发的调查方法在统计指标、统计方法、统计口径和对空置房的定义等方面都不统一。因此调查所得数据也千差万别，这使得我国住房空置率更加雾里看花，反而加剧住房市场的信息不对称，误导住房消费者的市场预期。因此，在做统计之前，我们需要规范统计方法和统计口径，采用一个统一的指标来表示住房空置率。有了全国统一的指标，即使民间所得的调查结果在反映真实的住房空置情况时可能有所纰漏，但在反映地区差异和时间差异上至少会有一定的借鉴意义，也可以以此来引导消费者理性购房并遏制羊群行为的产生。

在统计住房空置率之前，先要明确何为空置住房，这一点在我国无论是学术界还是政府都没有一个统一的说法，但是在发达国家，关于此方面的定义还是比较清晰的。我们首先对发达国家和地区住房空置率的统计情况做一个概览，借此来对我国住房空置率统计工作提出建议。首先，在美国，空置住房指的是目前并未被使用、处于等待出售或出租状态的建筑物，无论是增量住房还是存量住房，只要目前没有明确的使用者，都被认为是空置房。对于二套住房，美国普查局规定，有更为常住的住房或者仅在一年某一段时间偶尔使用的二套房均视为空置房。同时美国将统计指标细化为出租住房空置率和出售住房空置率，对引导真实住房需求具有很强的现实意义。据 Reis 公司的统计，2011 年第四季度美国的住房空置率平均水平为 5.2%，全年保持在平均 5% 的水平。在欧洲，由于欧洲国家较多，因此在整个欧盟范围内并没有一个统一的指标，但是欧洲各国对于空置房的统计体系都是很明确的。香港则认为，不论是否被出售，只要在住房普查时没有被实际占用的住房即为空置房，根据《香港物业报告2012》的数据显示，截至2011年年底，香港的住房空置率为4.3%。

从以上几个例子中我们可以发现，住房空置率的统计工作并没有如我国政府所言如此复杂，各个国家和地区各有各的标准，而且每一种统计方法都具有一定的现实意义，都能引导居民的合理预期。事实上只要能做到这点，住房空置率的指标就可以体现其价值。因此本书认为，重要的不是去追求指标如何精确合理，而是以一个全国统一的统计系统来进行连续的统计，因为指标的连续性和系统性就可以保证其是有意义的。

但现实情况却是，我国政府各个部门间相互推诿。此前有一个关于国家电网在全国660个城市调查，得到有6540万套住宅连续6个月住宅电表读数为零，以此来判断我国目前的空置住房够2亿人居住的说法。传言本身的真实性无从考证，但显然，利用用电量和水量等来进行住房空置调查的做法是有道理也是可行的，因为很难有家庭连续几个月不用电不用水，在学术界甚至一度被认为这是最有效的统计方式，但就在各界为找到切实可行且简单实用的方法欢呼时，国家电网却立刻出面澄清此数据的真实性，并称国家电网从来没有统计和发布过此类数据。诚然，数据的真实性已无从考量，但是利用国家电网进行统计，确实是被公认为较经济实用的获得住房空置率数据的途径，但是国家电网却在用实际行动尽量将自己与住房空置统计划开界限。与此同时，我国的统计部门也公开表示无法统计住房空置率。住建部也从未对此做过任何表示。公安部门也以所掌握数据不准确为理由婉拒提供相关统计数据的请求。可见我国的住房空置率统计工作目前依然在夹缝中生存，因此本书关于我国住房空置率的讨论，只能建立在本书利用中国统计年鉴和各部委关于住房和人口方面的数据，加以推算的基础上，所得数据在时效性和准确性方面虽然值得推敲，但根据本章对我国住房市场概况进行梳理的宗旨，此处对我国各大城市进行住房空置率计算是有必要的。本书沿用赵奉军（2011）的计算思路，采用更具时效性的数据对我国城镇平均住房空置率做出粗略估计，希望以此来对我国住房的住房空置率水平有一个观念性认识。

计算思路是这样的：首先，计算我国的住房存量。根据中国统计年鉴，2011年我国城镇人均住房建筑面积为33.7平方米，2011年我国城镇人口为 6.9079 亿人，两者相乘即作为截至 2011 年年底我国的城镇住房存量，约为 226 亿平方米。之所以用这种方法计算城镇住房存量，是因为我国近年来城镇化速度较快，诸多城市周边农村人口与住房被纳入城镇范围，同时包括一些小产权房等自建房都未被纳入新增住房统计中，因此利用新开工住房面积或竣工面积等统计数据，进行累加会使计算结果远小于真实值。其次，计算我国平均住房建筑面积。根据 2000—2011 年我国住宅销售套数与住宅销售面积，可计算我国住宅平均建筑面积约为 80 平方米，则截至 2011 年年底我国城镇住房存量套数约为 3.825 亿套。我国 2011 年平均家庭规模为 3.02 人，可知我国城镇家庭大约为 3.29 亿户，可见我国目前有 5350 万套住房处于空置状态，按此计算截至 2011 年年底我国平均住房空置率约为 19%。如果按照二套房拥有率来计算空置房比率，则根据 2011 年广州蓝皮书数据显示，每百户广州城市居民家庭另外拥有住房 19 套，本书的结果与广州市住房空置率水平恰好吻合，当然，广州市的二套房拥有率与全国平均水平存在差异，由于广州市住房价格水平较高，因此很难说广州的住房空置率水平高于还是低于全国平均水平。从这个角度来说，本书计算出的 19% 的全国平均住房空置率水平也是可以接受的。

3.4 房价存在较大地区差异

我国是一个区域经济发展不平衡的国家，各地区之间由于地理位置、文化素质、政策倾斜度等方面存在差异，进而导致各地区在经济发展水平、主导产业、生产力水平以及基础设施建设等方面存在差距。因此，为科学反映我国不同区域的经济发展状况，我国政府将全国分为四个经济区，分别为中部地区、西部地区、东部地区和东北地区。其中以北京、上海、广东为首的东部地区经济发展水平最高，以内蒙古、贵州、云南和甘肃为主的西部地区经济总体水平最低。总体来说，我国区域经济发展不平衡主要表现为沿海与内陆差异、东西部差异、省区之间差异、南北差异以及城乡差异。这些经济发展不平衡体现在地区生产总值、地区人均可支配收入、基础设施建设、家庭结构等方面。这些因素正是住房价格的最基本决定因素。现实中我国各地的住房价格表现出巨大的差异，如根据《中国统计年鉴（2012）》可整理得出，北京市 2011 年平均住房价格为 16852

元/平方米，而在西宁，住房均价仅为 3646 元/平方米，北京的住房价格大约是西宁的 4.6 倍。在不考虑居民收入差距的情况下，这一数字足以说明我国住房价格存在着巨大的地区差距。住房价格存在地区差异，其本身是正常经济发展的结果。即使是发达国家，不同地区间住房价格也存在着较大差异。但我们必须注意到，虽然住房价格的主要决定因素为当地的各项经济发展指标，但是我国各地的住房价格在形成时却不是孤立的。东部地区各城市快速上涨的住房价格会对其他欠发达地区起到示范性作用，带动欠发达地区的住房价格脱离当地居民可支配收入水平，提高全国的房价收入比水平。梁云芳、高铁梅（2007）利用 Panel Data 模型讨论我国住房价格区域波动特征及其影响因素，认为我国的住房价格波动地区间不平衡性较明显，中部地区住房价格更多依赖于当地经济发展水平，东部地区住房价格短期内受预期因素影响较大。庞晓波和邢骰（2012）认为，我国住房价格的这种地区不平衡性会加剧我国的区域经济结构失衡状况。

更重要的是，住房价格的地区间不平衡性会对地方经济发展起到反作用，住房作为一项资产，其价格存在天然强波动性。根据本书后面章节的讨论，现行的住房市场制度放大住房价格的影响力，使得本该由当地经济发展状况决定的房价，反过来影响当地的经济发展水平和经济结构，直接导致由房价不平衡推动的地区间经济发展不平衡情况发生。

3.5　地方政府参与利益分配

我国住房市场的垄断主要分为两个层面。第一个层面是土地供给的垄断，我国现行的土地制度是公有制，《中华人民共和国宪法》规定城市土地属国家所有，农村和城市郊区土地除有规定外归集体所有，宅基地也属于集体所有。《中华人民共和国土地管理法》也规定我国土地实行全民所有制和集体所有制。也就是说土地一级市场是由国家垄断的，国家有偿出让土地使用权。在我国现行的土地出让制度下，政府垄断了土地经营的一切环节，从规划土地到征收土地，从收购土地到储备土地，从估价到招、拍、挂，所有环节无一不由政府来掌握。而这些政府行为却不存在专门机构对其进行监督和评估，可以说既做裁判员又做运动员的政府是土地一级市场垄断的主要原因。第二个层面是住房供给垄断，首先住房市场的区域性很强，这是由土地位置固定所决定的，因此住房产品具有不可流动性。

其次住房供给市场的进入门槛很高，尤其在我国存在着各种各样的行政壁垒和资金壁垒，这决定了住房市场供给主体一般是资金实力雄厚并且拥有一定政治资本的企业。可以说，我国住房市场是地区性寡头垄断市场。李宏瑾（2005）认为，房地产市场的一个重要特性就是垄断的存在，并通过勒纳指数计算了我国房地产市场的垄断程度，表明我国房地产市场存在着严重的垄断现象。况伟大（2006）通过构建空间竞争模型，分析了住房市场中的价格合谋、房价和社会福利等一系列问题，认为开发商之间是一种位置固定的空间环形竞争，并进行着价格合谋，房价刚性的根本原因就是价格合谋。本书在 4.3 节关于住房市场各个主体之间博弈行为的讨论中，会就住房供给市场中寡头垄断特征进行分析，这里不再累述。

政府对土地市场的垄断，尤其是各级地方政府参与土地经营的各个环节，最主要原因就是因为土地财政。2009 年以来，由于我国各地房价不断高涨，各种"地王"记录被不断刷新，从而引起了人们对土地财政的广泛关注。所谓土地财政，一般情况下指的是政府通过出让土地使用权所获得的收入。从财政学角度来讲，财政收入指的是以税收为主的一般预算收入，不包括土地出让金，因此可以说土地出让金是一种预算外收入，不属于财政收入的范畴。2006 年《国务院关于加强土地调控有关问题的通知》中指出，土地出让总价款纳入地方预算管理，实行收支两条线，结合财政学定义可知，土地出让收入是政府收入的一种形式，而政府收入是包含财政收入的，严格意义来说土地财政的说法值得推敲。从这一点来说土地财政占地方总收入的比重要比目前流行的说法小，也就是说土地财政并没有想象中那么严重。进一步分析土地出让收入可知，土地出让收入分为净收入和实际收入。净收入指实际收入中扣除农民安置费、土地补偿费、保险费等支出后的收入，是地方政府实际可以支配的资金。而实际收入只占按照拍卖土地成交价计算出的合同收入的一部分，也就是说"地王"所产生的巨额土地出让合同收入中，地方政府可以自由支配的部分很小，可以说地方政府对土地财政的依赖程度要比我们想象中的乐观。但是，目前土地财政的概念被扩大化，除土地出让收入外还包括与土地有关的税收收入，如房产税、营业税、土地增值税等，也包括土地租金、耕地开垦费等。概念的扩大化导致了土地财政定位的模糊，由于本书要对土地出让收入和土地相关税费均做出深入分析，因此这里采用财政学上关于土地财政的定义，即土地财政为土地出让所获得的收入。关于土地财政的定义，也可参考高聚辉等（2006）关于土地财政范围的讨论，他们认为，土地财政包括四个方面内容，即土地出让金收入，低价出让工业用地获得的招商引资收入，地方房地产业和相关产业链发展所增加的地方税收入和土地抵押融资贷款。这四点几乎囊括了所有与土地有关的财政收入的内容，属于广义的土地财政概念。

由于存在级差地租以及土地价值的区位差异，我国不同地区间的土地价格差别很大，东南沿海的土地价格要比西南内陆高很多，这直接造成了地方政府土地出让收入的差异，相对于西南内陆，东南沿海地区的地方政府所获得的土地收入多，但是其他税费等预算内收入也多，相应地由于城市人口密度更大，城市化水平更高，对基础设施建设的要求也越高，导致了政府支出也高，所以我们很难确定对土地财政的依赖程度孰大孰小。顾乃华等（2011）的研究表明，我国土地财政强度呈现东高西低格局，而造成这种区域差异的原因为，我国发展条件各不相同的地区间均进行着一场 GDP 锦标赛，从上面的广义概念来看，土地财政正是这场锦标赛里各地区手中最重要的筹码，因此才造成了土地财政的地区间差异。基于以上分析，本书不对土地财政的地位和作用做出武断评价，只通过列出事实来说明土地财政的出现导致了地方政府在客观上存在推动地方房价增长的激励，列示出土地财政存在的一些先天性不足，以此来引起人们对这个问题的重视。

从土地本身性质来看，土地是不可再生的稀缺资源，且在人们可以利用的土地中，一部分需要满足基础设施建设，一部分要作为耕地使用，这决定了土地是不能无限出让的，土地出让收入是不可持续的，也注定了土地财政的不可持续性。同时，土地财政收入也不是一个稳定的收入源，受国家宏观调控政策影响较大。国家放松调控时，土地市场量价齐升，土地财政收入就会增多；当国家调控政策收紧或抑制房价时，土地成交量下降，土地财政收入也随之减少。比如 2009 年，受到国家刺激经济等一系列政策的影响，房地产市场迅速升温，"地王"频出，地方财政收入也随之增加，但是到了 2010 年下半年，连续的房价和土地调控政策出台，房地产市场降温，土地成交量减少，土地财政收入也开始缩水。相对于税收收入，土地财政的这两种先天不足已经引起了人们的重视，多篇文章中也已提出过土地财政的种种弊端，这里不再累述，本书将这些观点综合整理据并结合个人认识，提出对土地财政的如下几点评价：

首先，土地财政确实增加了地方财政收入，缓解了地产政府财权与事权不对称的尴尬局面。政府收入的增加保障了政府职能的实现，土地出让收入作为预算外收入成为地方政府的第二财政，这增加了地方政府的事权处理能力，扩大了职能范围，很多因为以前财力不及所拖延的基础设施建设和项目得到了解决，从这点来说，土地财政确实促进了民生发展和社会进步。从财政学角度来说，"一级事权一级财权"。分税制改革之后，中央占总收入的分成越来越大，2003 年将分成改为中央约占 60%，地方占40%，而且还有继续向中央集中的趋势。结果是造成了地方财政困难，财权减少可是事权却在增加，直接导致了地方政府在地方民生项目建设上显得捉襟见肘。而土地出让金收入可由地方处理，这就使得土地财政缓解了地方政府财权事权不统一的困境，使得地方政府有能力推进城市化改革和建设交通、医疗、教育等基础设施。

其次，土地财政推动了房地产业的发展，而房地产业位于很多基础产业链的终端，其快速发展带动了诸多关联产业，我国很多学者都利用投入产出表计算过房地产业的带动效应，甚至有人以此来断定房地产业应该作为我国国民经济的支柱性产业，这种说法是否合理，本书会在后面用严格的经济学理论推导来对房地产业是否应该作为我国的支柱性产业以及如何确定房地产在国民经济中的地位做出详细分析。

再次，土地财政与房价的互相推动使得房地产业成为暴利行业，在暴利的驱使下，很多制造业等实体经济领域企业将资金转移到房地产，参与买地建房，甚至是国有企业也纷纷"下海"做起了房地产生意，对土地需求的增加造就了一个个地王，土地价格高涨，引起厂房等生产资料成本增加。投资资金的减少和生产成本的增加，导致了很多企业的扩大再生产活动受到限制，造成了社会产量的降低和科技发展速度减缓。同时房价的上涨导致了贫富差距加大，使得大量社会财富从广大人民群众手中转移到了政府和少数房地产商手中，土地财政无疑对社会财富的再分配起到推波助澜的作用。

最后，土地财政的不可持续性和不稳定性导致了地方政府存在潜在的财政风险。本质上说，土地是不可再生的，因此土地财政是一种一次性收入，这种预算外一次性收入最科学的用法是用于突发性或者非经常性开支。但是，现实情况是，很多地方政府将土地财政收入用于经常性开支，这种经常性开支一般情况下是具有黏性的，遇到财政困难时，短期内很难通过减少经常性开支项目来节约财政支出，因此一旦出现土地财政收入大规模降低的情况，地方政府将面临巨大的财政风险，因此将依靠土地财政形容为地方政府的"寅吃卯粮"行为是不无道理的。

从以上分析中可以看出，土地财政利弊共存，短期内可以缓解地方财政压力，发展地方经济，但是同时却伴随着财政风险，也使得地方政府成为房价上涨的巨大推手，造成了政府利益与人民利益对立的尴尬局面。究其根源，地方政府的财权与事权不统一是罪魁祸首，造成这种不统一格局的原因有二：一是地方与中央分税模式，目前中央在税收中分走了60%，2005年后又开始了中央与地方共同负担出口退税，地方的财政压力越来越大，所承担的责任也越来越大，关于这一点显而易见的原因，由于解决措施可操作性较差，本书在此不作过多讨论。二是地方缺乏一整套与土地有关的税费政策，土地收入已成为很多地方政府的救命稻草，但是由于我国官员考核制度的原因，各地都唯GDP第一，几乎不考虑地方的长期经济发展，因此土地财政也成了吃子孙粮的同义词，这也是造成财政风险的制度性因素。从这两方面看，土地财政对于地方政府来说也是一种无奈之举，如卢洪友等（2011）检验了地方政府实施土地财政行为的根源，认为与财政收入竞争冲动相比，地方政府采用土地财政实则是缩小地方真实财力缺口，提高公共服务供给水平的无奈之举。

对于地方政府来说，缓解财政压力和规避土地财政风险最有效的措施，就是制定一整套关于土地和房地产的税费改革措施，将房产税、物业税、保障房租税费用等纳入制度化管理，为地方政府增加长期、稳定、可持续的收入源。具体来说：第一，要建立完善的物业税体系，将土地出让收入转为物业税，将一次性收入转化为长期可持续收入，这样就将土地财政从"意外之财"转换为持久收入，降低地方政府对土地财政收入的预期。第二，要加快保障房建设，从融资到开工、从分配到收费等各个环节都进行科学合理的制度安排，转变思想，把保障房从地方财政负担变为地方的长期、稳定、可持续收入源。这样做既可以推动民生发展，解决广大中低收入家庭的居住问题，控制贫富差距，缓解社会矛盾，也可以降低财政风险，为地方财政开源，缓和地方财权与事权不统一的矛盾，同时还可以抑制地方政府推高房价的冲动，以前在房价上涨→投资增加→土地价格上涨→房价上涨的涨价螺旋中，地方政府是一个渔翁得利的角色，在新的体制下，地方政府与房地产市场从直接关系转变为间接关系，可以有效地抑制地方政府的土地财政依赖。从中国香港地区，以及美国、新加坡等国家的实际情况来看，保障房确实是一个比较可行且具有可操作性的手段，只要制度建设合理，目前我国的土地财政问题及其衍生的高房价等一系列问题，都可以得到有效解决。

3.6　投机程度较高

住房是一种特殊商品，同时也是保证人类正常生产、生活的基本生存资料。在当今世界很多国家和地区，如德国、美国、新加坡、中国香港等地，住房均被视为一种社会福利工具。说明住房的首要特性应该是社会福利性，其次才是其资产利得性。然而在我国，情况却并非如此，这反映在我国近些年住房市场中充斥着大量投资和投机者，也就是说在我国住房更多情况下被当作一种资产。被当作资产的住房，其价格更容易脱离其基础价格并形成泡沫，这一点从我国快速上涨的房价中可见端倪。我国学界在住房投机方面的研究十分丰富，研究方法五花八门。虽然关于此方面的理论和观点百家争鸣，但基本可以形成一个共识，那就是住房市场中确实存在着较严重的投机行为，且投机是房价泡沫形成的主要原因。总体来说，有关此方面的研究主要集中于两方面：一是讨论住房市场中投机现象产生的根源以及在理论上描述投机与房价泡沫形成的关联性；二是利用实际数据，在数理统计层面检验真实的住房市场中是否存在过剩投机以及测量住房市场的投机水平。理论层面的研究，主要是通过引用国外的相关理论来解释中国的住房市场，比如正反馈投机理论，理性预期，信息不对称，耐用消费品存量调整模型及各种泡沫理论等。本节的任务是在理论分析的基础上，通过实证检验测度我国住房市场中的投机水平。关于投机度检验，周京奎（2005）的研究比较有代表性，他们通过构建房地产业投机度检验模型对中国 14 个城市的房价波动与投机行为进行研究，认为这些城市的整体投机度很高，且房价上升主要是投机推动的。本章的任务是对我国当前住房市场中各现象进行梳理，出于时效性考虑，本书选用较新数据并根据已有的较成熟研究思路重新检验我国当前的住房市场中是否存在严重投机并测量投机水平。在进行实证分析之前，需要对住房投机度检验模型做出简要说明，以便于读者理解。

住房既可以作为耐用消费品，也可以作为投资工具，因此可以将住房价格理解为由两部分构成，分别是其使用价值的价格和其终生收益的现值。使用价值的价格体现为当住房投资收益为 0 时的价格，而终生收益的现值为其投资收益，则住房价格可以表示为：

$$p_t = \overline{P_t} + f_1 \left(g_{t-1} / 1 + i_t \right) \tag{3-2}$$

其中 p_t 表示实际住房价格，；$\overline{P_t}$ 表示投资收益为 0 时的住房价格，根据 3.7 节分析可知投机者的适应性预期主要受房价过去的变化率 $g_{t-1} = (p_{t-1} - p_{t-2}) / p_{t-2}$ 与利率 i_t 影响，因此 $g_{t-1} / 1 + i_t$ 表示住房价格的实际增长率，则式（3-2）表示实际住房价格为资本收益为 0 时的住房价格与投机价格之和。由于住房使用价值的满足体现在家庭实际居住住房并从中获得效用，因此这部分价格的影响因素应该与一般消费品一样，主要受家庭可支配收入 Y_t 和利率 i_t 影响：

$$\overline{P_t} = f_2 \left(Y_t, \ i_t \right) \tag{3-3}$$

结合式（3-2）与（3-3）可得：

$$p_t = f_1 \left(g_t / 1 + i_t \right) + f_2 \left(Y_t, \ i_t \right) \tag{3-4}$$

如果将 $g_t / 1 + i_t$，即住房价格实际增长率视为投机指标的话，则根据（3-4）式，住房投机与实际房价 p_t、利率 i_t、可支配收入 Y_t 相关。以（3-4）式为基础，可以建立一个简单的线性房价计量模型：

$$p_t = \alpha_0 + \alpha_1 y_t + \alpha_2 i_t + \alpha_3 \left(g_{t-1} / 1 + i_t \right) + \mu_t \tag{3-5}$$

式中小写字母表示相应变量的对数值，假设投机者认为将来价格的增长率为 g_t^f，假定投资者满足适应性预期，因此：

$$g_t^f = \pi g_{t-1} \tag{3-6}$$

式中 π 表示住房价格过去的变化率对投机人预期将来住房价格变化率的影响，因此 π 可以作为衡量投机度的指标。对（3-6）求关于 g_{t-1} 的导数有：

$$\partial g_t^f / \partial g_{t-1} = \pi \tag{3-7}$$

由于利率对于投机者来说意味着融资成本增加，因此可以假设：

$$\partial p_t / \partial i_t = \partial p_t / \partial g_t^f = - \left(\partial p_t / \partial g_{t-1} \right) / \pi \tag{3-8}$$

分别对（3-5）求关于 i_t 和 g_{t-1} 的偏导数，并将结果带入（3-8）可得：

$$\pi = \left(\alpha_3 / 1 + i_t \right) / \left[\alpha_2 - \alpha_3 g_{t-1} / (1 + i_t)^2 \right] \tag{3-9}$$

在利率 i_t 与房价实际增长率水平较低情况下，可以粗略认为：

$$\pi = -\alpha_3 / \alpha_2 \qquad\qquad (3-10)$$

通过利用实际数据对上式进行回归分析，以此来得出参数值，并通过计算得出住房市场投机度。以上为住房投机度检验模型的基本原理与工作流程。本书选取住房市场最为活跃的北京市，利用此模型计算北京市的住房市场投机度，检验其房市场中是否存在过剩投机现象。在数据选取方面，利率 i_t 采用一年期贷款利率，实际房价 p_t 等于商品房销售额除以商品房销售面积，城镇家庭可支配收入 Y_t 为城镇家庭人均可支配收入乘以城镇家庭平均规模。本书变量采用的数据区间为 1992 年至 2011 年，数据来源为中经网数据库和中国统计年鉴。结果如下：

$$p_t = -4391.106 + 0.190984y_t + 53083.29i_t - 3858.834\ (g_{t-1}/1+i_t)$$

$$t = (-3.56) \qquad (13.57) \qquad (3.07) \qquad (-3.32)$$

$$R^2 = 0.93 \quad F = 71.89$$

其中 $\alpha_3 = -3858.834$，$\alpha_2 = 53083.29$，根据式（3-10）可知 1992—2011 年北京市的住房市场投机程度约为：0.072694。单从结果来看北京市的住房市场投机度并不是很高，但确实存在一定的投机现象。从本质上来说，本检验模型考察的是贷款利率与房价实际增长率之间的关系，以房价增长中融资因素所做的贡献来度量投机度，此方法的缺陷是贷款利率不但影响投机者的融资能力，同时也影响着真实住房需求者和刚性需求者的融资能力，因此本模型在度量投机度时会由于主体范围扩大而导致结果偏小，这是北京市住房市场投机度偏小的原因。需要说明的是，本模型重在给读者形成一个关于我国住房市场投机度的观念性认识，且下一节会进行更全面、更规范的关于住房价格泡沫和投机方面的分析，因此作者在本节数据处理环节上手法较粗糙，所得结果严格来说并不规范，但并不影响本节结论的形成。从 3.7 节的结论中可以看出，北京市乃至全国已经存在着房价泡沫，而房价泡沫的主要成因就是投机，因此可以据此判断我国住房市场目前存在较强投机行为。

3.7　存在价格泡沫

格林斯潘曾说过："不到泡沫破裂人们便无法断定它是不是泡沫。"

当一项资产的价格偏离其基础价格较大时，就可以认为此项资产产生泡沫。在资产市场中，泡沫是一种普遍现象。根据 Camerer（1989）对泡沫的分类，可以将泡沫分为理性泡沫、非理性泡沫和信息不对称泡沫。理性泡沫也叫理性投机泡沫，指的是投机者在理性预期假定的框架下进行投机所产生的泡沫，该类泡沫可以利用理性预期理论进行求解。非理性泡沫认为，投机者的投机活动主要受心理因素和社会因素影响，对资产产生一种狂热追求，其投资活动脱离理性经济人假定。当市场中存在信息不对称时，资产价格往往无法反映完全信息，由此引发的资产价格被高估就被认为是信息泡沫。De Long（1990）认为，资产市场中存在着一部分具有信息优势的投资人，这部分投资者资产规模较大，根据自己所掌握的信息做出决策，而缺乏有效信息的投资人根据当前价格的变动来推测信息，在价格上涨时跟进买入。当价格上涨到偏离资产基础价值时，泡沫产生。随着泡沫积聚，具有信息优势的投资者认识到资产泡沫已经形成并开始出售资产，导致资产价格下行，当资产价格下跌时缺乏信息的投资者表现出非理性的抛售，导致资产价格急剧下跌，泡沫破裂。可以看出在资产价格泡沫的形成和破裂过程中，追涨杀跌的正反馈交易策略是泡沫形成与破裂的主要原因。Kindleberger（1978）认为，泡沫是资产价格的上涨使人们产生价格继续上涨的预期，于是新的投资者陆续加入市场，导致泡沫形成。一般情况下投资人通过买卖资产谋取利润，而对资产本身的使用价值不感兴趣，可见，无论是理性泡沫，非理性泡沫还是信息泡沫都只对泡沫的某一方面特征进行描述。将以上观点综合来看，本书认为，泡沫是一种结合理性与非理性预期的、由正反馈投机行为所引起的资产价格偏离其基础价值的现象。

住房是一种特殊资产，其具有的消费、投资和社会福利三重功能属性决定其是一种良好的投资品，也决定住房价格泡沫是比较常见的一种资产价格泡沫形式，其产生的社会危害与泡沫本身的严重程度均超过股票等其他类型的资产。历史上多次金融危机和经济危机都与房价泡沫有着直接或间接关系，如 1997 年东亚金融危机和 2007 年美国金融危机的导火索都是房价泡沫。我国目前的住房市场存在着价格过高、投资性需求旺盛等问题，这种市场环境容易产生泡沫，而且不论如何否认，我国房地产业实际上已经作为一项支柱性产业出现在国民经济中，如果房价泡沫破裂，将会对我国国民经济产生巨大负面影响。因此，有必要对我国住房市场的泡沫情况进行分析整理，在明晰住房价格泡沫生成机制的基础上，利用实际数据对我国住房市场泡沫进行检验和度量。

3.7.1　住房价格泡沫的生成过程

《新帕尔格雷夫经济学大辞典》认为泡沫是资产价格在一系列连续的过程中陡然上涨，价格的上涨又引致进一步的上涨预期，导致更多的人参与投机，投机人对资产本身的价值不感兴趣，而只想通过买卖获得价差收益，如果预期逆转，这一过程又会使得资产价格暴跌，即泡沫破裂。本书对泡沫的认识与此描述基本一致，但《新帕尔格雷夫经济学大辞典》只是对泡沫形成过程进行文字性说明，而没有在数理分析层面给予明确的描述。在对住房价格泡沫分析之前，首先要明确我国住房市场泡沫形成的主要影响因素，目前关于此方面的研究主要有：周京奎（2004）认为，预期是住房价格投机形成的原因；况伟大（2010）通过在住房存量调整模型中引入理性预期和适应性预期构造一个房价均衡模型，模型表明，预期越强烈，房价越高且投机越盛；昌忠泽（2010）认为信贷扩张、土地财政以及住房预售制度是中国住房泡沫形成的三大根源；项卫星、李宏瑾（2007）通过对 20 世纪 80 年代以来先后在美国、日本以及东亚各国和地区发生的住房泡沫危机进行考察，指出银行信贷在房地产业的过度扩张不仅是造成房地产泡沫的重要原因，而且在泡沫崩溃和经济、金融危机中也起到同样的重要作用。

综合以上研究，可以发现学者们普遍认为预期与投机是住房市场泡沫形成的主要原因，但上述研究并没有就预期与投机行为对泡沫的产生进行更深入的探索，本书尝试性地对住房价格泡沫的形成过程进行更深层次的挖掘，以期发现预期与投机在房价泡沫形成过程中的地位和作用。从本书对泡沫形成过程的描述中可以发现，住房市场中的投机行为比较符合正反馈交易特征，这种"追涨杀跌"的正反馈行为很容易导致住房价格急剧上涨并形成泡沫。De Long（1990）提出的正反馈交易模型（DSSW），描述采用正反馈交易策略的投资者如何制造价格波动，引发价格泡沫并最终导致泡沫破裂的过程，这对泡沫的形成具有很强的解释力。因此本书基于正反馈交易模型的思想，并参考张晓蓉（2005）的投机泡沫混合理性正反馈模型来对住房市场的泡沫形成机制进行分析，以此来找出泡沫形成的根本原因并为治理住房市场泡沫问题提供参考。根据前文分析并结合住房市场实际特征，假定住房是一种基础价值不确定的资产，期初价格为 P_0。市场上存在三种类型的交易者：无房的消费性需求者 W，资金规模较小的投资性需求者 V，正反馈类型的投机者 F，正反馈投机者只有在价格上涨到 $\bar{P}$ 时才会发生交易。当有新的信息产生时，消费性需求者和投资性需求者分别根据新信息 N 修正对价格的预期：

$$P^i_{t_e} = P^i_{t-1} + Nf_i \qquad (3-11)$$

当没有新消息时，消费性需求者和投资性需求者分别根据上一期价格的变化修正对价格的预期：

$$P^i_{t_e} = P^i_{t-1} + (P_{t-1} - P_{t-2})f_i \qquad (3-12)$$

式中：f_i 为预期价格修正因子，且 $f_V > f_W$，因为相同的信息或价格变动对投资性需求者的影响更大一些，$P^i_{t_e}$ 是 i 对 t 时刻的价格预期，P_t 是 t 时刻的价格。消费性需求者和投资性需求者分别根据预期价格决定其对住房资产的需求：

$$Q^D_i = (P^i_{t_e} - P_t)K_i \qquad (3-13)$$

正反馈投机者根据前期价格的变动决定其对住房资产的需求：

$$Q^D_F = (P_{t-1} - P_{t-2})K_F f_F \qquad (3-14)$$

式中：Q^D_i 为市场交易者对住房资产的需求，K_i 表示投资者的综合投资能力，f_F 表示正反馈系数，且 $f_F > 0$。

在初始阶段，消费性需求者和投资性需求者对价格的预期分别为 $P^W_{0_e}$ 和 $P^V_{0_e}$，此时的需求函数为：

$$Q^D_{W0} = (P^W_{0_e} - P_0)K_W$$
$$Q^D_{V0} = (P^V_{0_e} - P_0)K_V \qquad (3-15)$$

此时的均衡价格为：　　$P_0 = \dfrac{P^V_{1_e}K_V + P^W_{1_e}K_W}{K_V + K_W} \qquad (3-16)$

当新信息出现时，消费性需求者和投资性需求者根据信息分别修正其对价格的预期：

$$P^W_{1_e} = P^W_0 + Nf_W$$
$$P^V_{1_e} = P^V_0 + Nf_V \qquad (3-17)$$

结合式（3-13），当市场出清时，均衡价格为：

$$P_1 = P_0 + N\dfrac{K_V f_V + K_W f_W}{K_V + K_W} \qquad (3-18)$$

令 $\dfrac{K_V f_V + K_W f_W}{K_V + K_W} = f_1$，则此时新信息反映到 $P_1 = P_0 + N f_1$ 里。

如果此时住房价格小于 $\bar{P}$，正反馈投机者未参加交易，消费性需求者和投资性需求者分别根据上一期价格的变化修正对价格的预期，根据式（3 – 12）和式（3 – 13）得出此时的均衡价格是：

$$P_2 = P_1 + N f_1 f_1 = P_0 + (f_1)^2 \qquad (3 - 19)$$

因此当价格 $P_t < \bar{P}$ 时：

$$P_t = P_0 + N \sum_{i=1}^{n} (f_1)^i \qquad (3 - 20)$$

可以看出如果 $0 < f_1 < 1$，那么价格 P_t 会收敛到：$P_\Delta = P_0 + N \dfrac{f_1}{1 - f_1}$。此时会发生两种情况：第一种是 $0 < f_1 < 1$ 且 $P_\Delta < \bar{P}$，这时正反馈投机者没有加入市场，房价收敛到均衡价格 P_Δ，并在新信息到来时引发新的价格运动。第二种是 $0 < f_1 < 1$ 且 $P_\Delta > \bar{P}$，价格超过 $\bar{P}$，正反馈投机者进入市场。如果 $f_1 > 1$，那么 P_t 会发散，当上升到 $P_t > \bar{P}$ 时，同样会进入正反馈投机者加入市场的阶段。因此正反馈投机者加入市场的条件为当 f_V 和 f_W 越大时，f_1 越大，产生泡沫的可能性越大，对 f_1 求导可得：$\delta f_1 / \delta \left(\dfrac{K_V}{K_W} \right) > 0$，也就是说具有一定融资能力的投资者的综合投资能力和投资意愿相对于无房的消费性需求者越强，f_1 越大，而且当 $P_\Delta > \bar{P}$ 时，$N \dfrac{f_1}{1 - f_1} > P_\Delta - P_0$，可以看出当 N 较大和 P_Δ 较小时，也就是交易者对信息的反应程度以及正反馈投机者的投机意愿越强烈时，房价上涨到正反馈投机者加入的可能性越大，产生泡沫的可能性也越大。假设在 $\bar{t}$ 时刻，正反馈投机者加入市场，此时的市场出清条件为：

$$(P_{t+1_e}^Y - P_{t+1}^-) K_V +$$
$$(P_{t+1_e}^W - P_{t+1}^-) K_W + (P_t^- - P_{t-1}^-) K_F f_F = 0 \qquad (3 - 21)$$

可以得出：
$$P_{t+1}^- = P_t^- + N (f_1)^i \left(f_1 + \dfrac{K_F f_F}{K_V + K_W} \right) \qquad (3 - 22)$$

设 $f_2 = f_1 + \dfrac{K_F f_F}{K_V + K_W}$，可以看出 $f_2 > f_1$，P_t^- 可以看作是正反馈投机者加

入房地产市场时的期初价格，因此当 $t > \bar{t}$ 时，房价可以表示成：

$$P_t = P_{\bar{t}} + N(f_1)^{\bar{t}} \sum_{i=1}^{t-\bar{t}} (f_2)^i \qquad (3-23)$$

对比式（3-20）可以看出在正反馈投机者加入住房市场后房价的上涨速度明显加快，（3-23）式可以看出当 $0 < f_2 < 1$ 时，房价收敛到：

$$P_t = P_{\bar{t}} + \frac{N(f_1)^{\bar{t}} f_2}{1 - f_2} \qquad (3-24)$$

如果 $f_2 > 1$，房价将会快速上涨，并产生泡沫。但是因为住房所具有的社会福利功能，房价不会无限制地上涨，政府会在房价高到危害民生发展和社会稳定时，出台一系列措施控制房价上涨，当房价开始停止上涨时，三类交易者都认为房价被高估，会向下修正自己的预期，而且价格越高向下修正的幅度越大，由此导致泡沫的破裂。

3.7.2   我国住房市场泡沫检验

由于我国各地区间经济发展水平差距较大，且存在城乡二元经济，导致住房市场的发展程度也存在较大的地区差异。本书仅选取我国有代表性的几个城市进行分析，希望可以以点带面的折射出我国的房价泡沫情况。

所谓泡沫，不论其形成过程如何，最终都会表现为资产价格偏离其基础价值，当这种偏离程度较大且非随机时，就可以认为这项资产产生泡沫，此为目前很多泡沫检验方法的基本原理。对于住房来说，检验其是否产生泡沫的第一步是要确定其基础价值，但住房由于本身所具有的三重功能属性使得其受多种因素影响，地理位置、周边环境、经济形势、户型等均可影响住房的整体价值，因此关于住房基础价值的确定方法，目前存在多种理论，各有道理却也各自存在不足，本书简要介绍三种最具代表性的住房基础价值理论及泡沫检验方法，并结合本人对此的理解，给予一定的分析与比较，然后选取其中一种较为合适的方法对我国住房市场进行检验。

第一种，Angela（2006）提出的基于实际可支配收入现值来求得住房基础价值，该理论认为，家庭拥有的总资产为 V_t，与未来各期收入 Y_t 的贴现和之间具有一定的比例关系 γ，则家庭总资产可以表示为：

$$V_t = \gamma E_t \sum_{t=1}^{\infty} \{ Y_{t+i} / \prod_{j=1}^{i} (1 + \rho_{t+j}) \} \qquad (3-25)$$

式中 ρ_{t+j} 表示实际贴现率，代表家庭对资产回报率的要求。假设住房资产占总资产的比例为 $\tilde{\beta}$ ，对式（3 – 25）两端乘 $\tilde{\beta}$ 可得：

$$\tilde{\beta} V_t = \tilde{\beta} \gamma E_t \sum_{t=1}^{\infty} \{ Y_{t+i} / \prod_{j=1}^{i} (1 + \rho_{t+j}) \} = P_t^e \qquad (3-26)$$

P_t^e 即被认为是住房的基础价值，也可以被称为住房均衡价格。该理论对住房基础价值的确定比较直观，但是在实证分析中却比较难以找到合适的贴现率 ρ_{t+j} ，而且仅仅以未来收入的贴现和的一部分来表示住房基础价值稍显片面，虽然住房在正常情况下可以作为家庭的终生财富，但却忽视住房价值受外界宏观经济环境等因素影响，具有较大的不确定性，如产出增长、宽松的货币政策、周边基础设施的改进等都能使得住房基础价值升高，但是由于存在收入刚性，这些因素导致的住房基础价值的提高却不能被考虑到本模型中。

第二种，袁志刚（2003）提出当住房市场与其他商品市场达到一般均衡时的住房价格，即为住房的基础价值。该理论认为在不存在银行等金融中介时，购房者用其可支配收入 Y 购买住房，价格为 P_t 的 H_t 单位的住房资产价值为 $P_t H_t$ ，效用函数用简单的对数和形式（贴现率为1），则家庭通过最优选择消费住房资产 $P_t H_t$ 与价值为 G_t 的一般商品的数量以使期望总效用最大化：

$$\max_{H_{t+i}} E_t (U^s) = \sum_{t=0}^{\infty} \{ \ln G_{t+i} + \ln E_t (P_{t+i} H_{t+i}) \}$$

$$G_{t+i} + E_t (P_{t+i} H_{t+i}) = Y_t \qquad (3-27)$$

一阶条件为：$\quad E_t (P_{t+i} H_{t+i})^s = Y_t / 2 \qquad (3-28)$

此式可代表住房需求函数。供给方面，开发商投入自有总资产 B 的一部分 $\delta(0 \leqslant \delta \leqslant 1)$ 用于开发新住房，这部分资产的机会成本为在社会平均收益率 r_t 下取得的收益。在贴现率为1的情况下，期望总利润为各期利润和，为体现边际成本递增，成本 C_t 为住房数量的二次函数，则开发商的期望最大利润为：

$$\max E_t (\pi^s) = \sum_{t=0}^{\infty} \left\{ E_t (P_{t+i} H_{t+i}) - \frac{C_t H_{t+i}^2}{2} - \delta B r_t \right\}$$

$$s.t. \ CH_{t+i}^2 / 2 = \delta B \qquad (3-29)$$

一阶条件为：$\quad E_t (P_{t+i}) = C_t H_{t+i} (1 + r_t) \qquad (3-30)$

当市场均衡时，结合式（3 – 28）与式（3 – 39）式可得均衡价格

$E_t(P_{t+i}) = P$，此时住房资产的边际效用等于一般商品的边际效用：$u_G'/u_{PH} = PH/G = 1$，开发商利润为 $\pi^s = B(1 + r_t)$，由于 r_t 在这里表示社会平均收益率，因此可以认为此时住房市场与商品市场达到一般均衡，此时的均衡价格可认为是住房基础价格：

$$P_t^e = \sqrt{\frac{C_t Y_t(1 + r_t)}{2}} \qquad (3-31)$$

定义泡沫成分为：$\qquad b_t = (P_t - P_t^e)/P_t, \qquad (3-32)$

在实证分析中，如果 $b_t > 0$ 且表现为非随机游走，则可认为住房市场中存在泡沫。本方法在初始理念上比较符合住房基础价值的根本，因为消费性是住房需求的根本属性，住房的一切价值应以使用价值为根本，家庭需要根据可支配收入条件，在选择消费住房与一般消费品之间做出最优抉择以达到效用最大化。在供给方面，开发商将住房视为一种资产，当开发商得到社会平均利润时，住房价格达到一般均衡价格，此时的价格同时表现出住房作为消费品和投资品的价值，因此这种方法确定的住房基础价值突出住房的本质，具有一定的现实意义。

第三种方法，利用基于卡尔曼滤波算法的变参数状态空间模型来估计住房基础价值。由于住房的基础价值反映住房市场均衡时的状态，其受多种经济因素影响，且影响程度会随着时间和经济环境的改变而不断变化，因此可以将均衡价格 P_t^e 看作是状态变量，利用变参数状态空间模型进行估计。关于此方法本书会在第 4 章进行详细讨论与应用，在此不作赘述。

以上三种理论与方法在当前住房价格泡沫检验研究中应用较为广泛，相比之下第二与第三种方法可操作性更强，也更符合住房基础价值的本质。由于第三种方法会在后文中应用，因此本节基于第二种理论来计算住房基础价值，并讨论我国住房市场的泡沫存在性。我国各地区之间经济发展不平衡，生产力水平与房价水平的地区差异较大，东部地区的城镇住房价格水平与人均可支配收入远高于西部地区，同时东部地区也是中国经济的领跑者。住房由于天生与资本市场关系密切，且泡沫的形成是由预期与投机导致，因此本书选取东部地区住房市场最为活跃的北京和上海两个典型城市的数据，其中，住房的单位建造成本 C_t 用单位土地购置费用和单位竣工价值求和，收入 Y_t 用城镇人均可支配收入表示，实际房价 P_t 用商品房销售额除以商品房销售面积表示，而社会平均收益率 r_t 用一年期上海同业拆借利率近似代替。由于 2005 年是"国八条"和房地产"8·31"大限后的第一整年，所以本书变量采用的数据区间为2005年第3季度—2011年第4季度，考虑到住房建设周期，本书在计算时将变量 Y_t，C_t，r_t 滞后一期，数据来源为中经网数据库、中国统计年鉴与中国建筑业年鉴。本书对变量 Y_t，C_t，P_t 以2006年第1季度为基期利用价格指数进行平减，由于 C_t，P_t 表现出一定的季节特征，因此本书运用 X11 方法对其进行季节调整。经计算可得北京与上海的住房基础价格，见图3 – 1和图3 – 2。

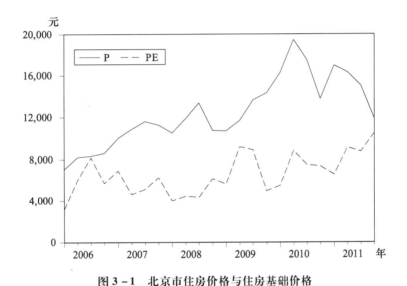

图3 – 1　北京市住房价格与住房基础价格

图3 – 1和图3 – 2中实线表示经过平减和季节调整之后的实际房价，虚线表示住房基础价格。从图中可以看出两地的实际住房价格从2006年起一直高于基础价格，北京市与上海市实际住房价格与基础价格均于2008年初有小幅下降，2009年实际房价开始急速上涨，在2010年第二季度达到顶峰，而后开始缓慢下降。这与当时宏观经济运行环境较吻合，2008年我国受到美国金融危机的影响，产出、消费、投资等指标均有所下滑，导致住房价格的下降。2009年伊始，为刺激经济，我国政府采取一系列宽松的财政与货币政策，由此引起住房价格的大幅上涨。在2010年，以"国十一条"为开端，我国出台一系列房价调控政策，使得房价上涨势头减缓，但实际房价依然高于基础房价。

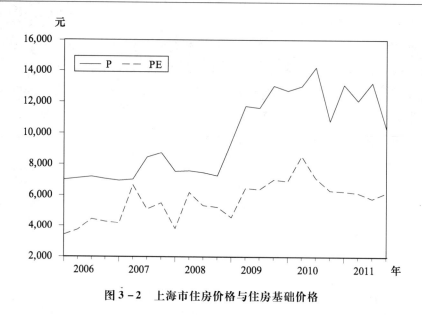

图 3 - 2 上海市住房价格与住房基础价格

根据本节开始对资产泡沫的描述，当资产价格偏移其基础价格时就认为产生泡沫。因此，根据式（3 - 32），本书利用两地住房实际价格对基础价格的偏移率来检验泡沫的存在性。经计算两地住房实际价格对基础价格的偏移率为：

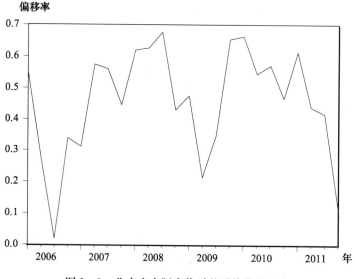

图 3 - 3 北京市实际房价对基础价格偏移率

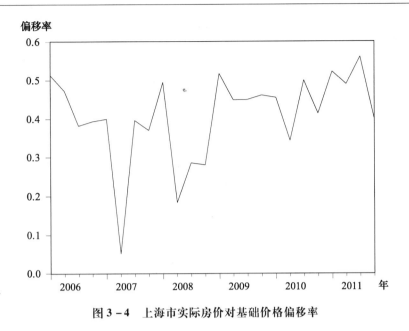

图 3 - 4 上海市实际房价对基础价格偏移率

图 3 - 3 与图 3 - 4 显示两地实际房价对基础价格偏移率的时间路径，可以看出两地偏移率指标均大于 0，可以初步断定北京和上海住房市场已经存在泡沫。为使判断更准确，本书利用 ADF 方法对两地偏移率数据分别进行平稳性检验，滞后期用 AIC 准则选择，通过检验可以发现北京和上海住房价格偏移率均为 I（1）序列，这显示北京与上海住房价格对基础价格的偏离并不是随机游走，这种非平稳性偏离说明北京市与上海市住房市场存在泡沫。

3.8 经济适用房未能有效稳定房价

经济适用房是一种由政府提供优惠政策，限定建设标准、供应对象和销售价格，具有保障性质的政策性商品房。经济适用房是伴随着房改而诞生的，建立以中低收入家庭为对象，具有社会保障性质的经济适用房供应系统，是我国推进城镇住房制度改革的七项基本内容之一。1994 国务院颁布的《城镇经济适用住房建设管理办法》中规定：经济适用房面向中低收入家庭，价格实行政府指导价，由地方人民政府根据当地经济情况综合决定，且定期公布，只售不租。1998 年建设部、国家发展计划委员会与国土资源部联合下发的《关于大力发展经济适用住房的若干意见》中对经济适用房建设用地的土地划拨、拆迁补偿、基础设施建设等做出详细规定，并进一步指出，出售经济适用房实行政府指导价，利润应不超过开发成本的3%。从政策初衷来看，经济适用房是为解决中低收入家庭住房难问题，通过政府提供各种优惠政策以降低建设成本，并限定开发商利润，从而以低于商品房价格出售给中低收入家庭，达到增加社会总体福利，改进收入分配不公和人人有房住的目标。

然而，经济适用房这种原本立意为体现扶贫济困、让利于民思想的事物，在实行过程中却暴露很多问题。有的问题与政策设计有关，有的与政策监管有关，主要体现在：

第一，经济适用房户型过大。经济适用房的保障对象是中低收入家庭，住房建筑面积应以保障居住为主，如果面积过大，即使是单位面积价格与商品房比相对低廉，其总价也会超出中低收入家庭支付能力。2005年左右我国各地所建的经济适用房户型以100平方米以上大面积为主，甚至出现200平方米以上或者越层经济适用房，如表3-4。

表3-4   我国28个主要城市2005—2010年
经济适用房套均面积（平方米）

套均面积	2005年	2006年	2007年	2008年	2009年	2010年
北京	113.65	108.10	107.36	80.47	76.23	71.77
天津	107.29	79.88	85.98	80.18	68.68	76.70
河北	111.04	115.08	119.14	98.07	93.46	93.09
山西	105.13	103.52	99.64	95.69	83.47	93.65
内蒙古	95.77	88.91	86.52	85.32	77.16	83.81
辽宁	79.69	75.82	79.72	80.42	73.94	71.85
吉林	123.95	83.88	83.99	87.13	76.64	87.53
黑龙江	89.23	81.82	87.49	83.22	76.92	69.08
江苏	99.95	93.42	84.02	85.81	88.73	83.98
浙江	99.64	100.43	89.12	86.43	83.09	77.90
安徽	148.76	101.29	91.87	101.68	85.81	90.51
福建	110.69	116.50	110.76	89.86	87.95	83.32
江西	163.78	100.79	85.65	81.97	80.91	74.00
山东	97.83	108.75	108.48	103.27	95.45	80.10

续表

套均面积	2005 年	2006 年	2007 年	2008 年	2009 年	2010 年
河南	146.82	114.93	116.55	103.13	94.32	91.69
湖北	134.80	73.55	98.03	96.10	89.36	83.23
湖南	180.75	95.95	107.24	89.40	103.57	84.51
广东	107.28	97.75	98.82	106.69	77.85	75.74
广西	103.15	99.80	93.46	90.82	87.13	105.63
海南	253.39	143.82	114.36	94.93	118.39	113.02
重庆	117.60	110.02	100.00	94.35	93.89	77.42
四川	91.43	88.97	101.18	95.37	91.74	91.30
贵州	116.61	123.14	116.64	123.63	116.31	113.49
云南	115.01	128.92	120.85	113.98	93.96	86.00
陕西	114.94	103.21	108.95	84.80	95.33	89.63
甘肃	119.95	100.15	101.17	103.80	110.81	93.40
宁夏	101.31	95.05	87.62	86.16	78.13	91.01
新疆	89.44	98.48	97.01	94.90	91.58	88.45

注：根据住建部统计数据、各省市统计年鉴与中国住房发展报告（2010—2011）综合整理。

第二，扩大寻租空间、滋生腐败。由于经济适用房可享有限定产权，同时具有价格优势，因此经济适用房的投资收益率相对较高，对于投资人和高收入家庭的吸引力较大。加之很多经济适用房的户型接近豪宅，很多高收入家庭和投资者通过行贿等手段来获得经济适用房购买权，造成现实中低收入家庭连夜排队摇号购买经济适用房，而"富人"则可坐拥几套甚至十几套经济适用房，如郑州"房妹"事件，共有 29 套住房，其中 20 套位于经济适用房小区，可见在现行的制度安排下，无法杜绝经济适用房的寻租腐败。

第三，经济适用房必须低价的前提使得其选址往往只能位于土地费用和拆迁安置费相对低廉的城市边远地带，造成经济适用房普遍存在位置偏远和交通不便，增加使用者的经济负担。同时开发商通过降低建筑质量来压低成本，导致大部分经济适用房存在严重质量问题，致使人们开始放弃经济适用房的购买。

进一步分析经济适用房出现上述问题的制度性原因，可以发现：

（1）规划不合理。政府在商品房与经济适用房土地划拨选择上，通常将好地段分配给商品房。（2）购买对象审核不严。缺乏规范化、法制化、系统化的审核与退出机制。在我国的财税体制下，政府很难准确掌握包括灰色收入在内的居民的真实收入和财产情况，而且我国相关法律法规严重缺失，导致政府无法也不愿对经济适用房购买主体进行严格审核。（3）多数地方政府将经济适用房出售权下放给开发商，开发商以利润最大化为目标，根本不存在认真审核购买者资质的激励，加之房地产开发中对于资金周转的要求很高，开发商急于出售经济适用房以回笼资金，只要有钱开发商就会去卖。（4）也是最根本的原因，2007年七部门联合发布的《经济适用住房管理办法》中第三十条规定经济适用住房购房人拥有有限产权，所谓有限产权指的就是不满5年不得直接交易上市，对于投机者来说，这里的直接二字有很大文章可做，可以说从本质来讲，经济适用房就是一种低价商品房，且与商品房相比其利润空间更大，巨大的利润导致其对投机人和高收入者具有相当大的吸引力。

总结以上，本书认为，经济适用房仅仅是现行商品房供给体制下的一类政策性商品房，加之我国住房市场中的一系列制度性原因，使之无法完成稳定住房价格的任务。

现对本章所做的工作进行归纳和整理，以具体问题为导向进行分析，可以发现我国住房市场目前所存在的问题主要有以下七点，分别为存在房价泡沫、存在区域差异、房价收入比高、住房空置率大、房地产开发投资规模大、经济适用房无效和调控政策效果不显著。为便于分析，本书将这些问题的成因与表现形式利用流程图的方式进行展现，如图3-5所示。

图3-5标示出房地产开发投资规模巨大的原因是我国存在较严重的经济结构失衡现象，经济结构失衡导致房地产业的投资收益率高于其他产业。而且房地产业是资金密集型产业，由于房价和开发规模与地方政府的财政收入正相关，因此其发展还得到诸多地方政府的支持。投资规模大、土地财政与政府支持，这三种制度与结构性因素造成在我国投资拉动型的经济增长方式中，房地产开发投资对经济增长的贡献程度已达到10%左右的事实。而调控政策效果不显著的原因是没有从根本上控制房价的上涨预期，政府在调控中没有顾及住房的特殊性，图3-5中虚线表示缺失的因果关系。经济适用房的失效是因为其本质上是商品房，而且其相对于商品房还具备价格优势。住房空置率高的主要原因是住房价格一直保持着上

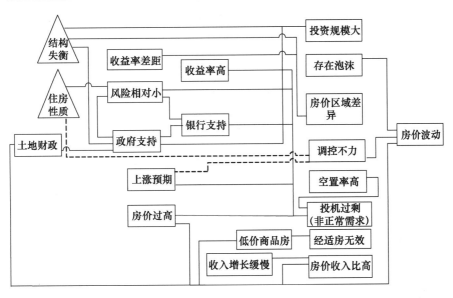

图 3 - 5　住房市场现实问题及其影响因素之间的逻辑关系

涨预期，吸引大量投资性需求者进入住房市场。如果用一条线索来贯通投资规模大、调控效果差和经济适用房效果不显著这几个问题，可以发现：投资规模大是因为投资可以获得较高的投资收益，而高收益需要高房价来保障；调控效果不佳的结果是没有控制住房价上涨；经济适用房没有起到政策预期效果是因为其本身就是具有价格优势商品房。可见，住房价格是这几个问题的中心。而房价存在泡沫、房价收入比过高、价格区域差异本身就是住房价格问题。可见房价对于住房市场这几方面问题来说，或为因或为果，或为决定因素或为影响因素，任何一个问题的产生和最终归宿都跟房价有关。因此，本书认为，住房价格是我国住房市场各方面问题的核心，如想有效解决上述问题，就必须从住房价格入手，理清住房价格的决定因素及其作用机制，了解住房价格的波动特征，在此基础上找出最有效的解决方案。

讨论 3　我国房价调控政策为何收效甚微

住房是一种集消费、投资、社会福利三重功能属性于一身的特殊商品，很多历史经验表明，住房价格不能被完全放开由市场手段来调节。政府作为监管与调控部门，其目标是社会总体福利的最大化。因此世界各国政府都将住房的社会福利功能考虑进调控目标中，我国也不例外。自2009年初开始，我国各地住房价格一直保持着高速上涨势头，同时住房成交量、土地成交量、土地成交价格不断地创造新记录。我国住房市场一片红火，但繁荣背后却暗藏民生问题、社会公平问题、经济结构失衡问题等危机。随着房价快速上涨，我国政府的房价调控政策也越来越严厉，调控目标旨在遏制房价过快上涨，抑制投机与稳定房价。为便于归类与总结，本书以列表形式对2009—2011年间我国出台的主要房价调控政策做一个概览，见表3-5。

表3-5　　　　　　　　　　2009—2011年我国重要房价调控政策

出台时间	名称（简称）	单位	主要内容	备注
2009年10月	（国四条）	国务院	增加住房供给；抑制投机；加强监管；加大安居保障工程建设	住房市场调控政策开始由松到紧
2010年1月	国务院办公厅关于促进房地产市场平稳健康发展的通知（国十一条）	国务院	严格管理二套房贷款；规范境外热钱与国企投资；完善税收体系	开始信贷与税收差异化
2010年4月	关于坚决遏制部分城市房价过快上涨的通知（国十条）	国务院	调整供应结构；进一步紧缩二套房贷款与境外资金；税收政策更明确	对国四条进一步细化，各地成交量大幅减少，但房价坚挺
2010年9月	（国八条）	国务院	首套房贷提高；打击捂盘惜售；税收扩至全国；打击二套房	巩固住房市场调控成果
2011年1月	（新国八条）	国务院	差别化信贷供给；二套房首付比率提高；落实地方政府责任；加大保障房建设力度	调结构，稳物价，开始房产税试点
2011年3月	商品房销售明码标价	发改委	商品房销售实行一套一标价	

注：根据新华网资料、《中国住房发展报告（2010—2011）》与各部委资料综合整理。

表 3 - 5 所示为 2009 年至 2011 年间我国出台的有代表性的房价调控政策，还有很多如国土部、住建部、财政部与各级地方政府所做的表态与承诺，由于基本与表内所列同期调控政策精神一致，未列入其中。另外，关于加强保障房建设方面的政策与指示并未纳入表中，因为后文在探讨保障房问题时会作详细讨论，在此不再赘述。对 2009—2011 年间各次调控政策做出归纳，可以发现，历次调控政策都在以下几方面存在不足：

首先，调控政策出台过于频繁，平稳性与持续性决定政策的有效性，频繁出台新政策会扰乱市场预期，加剧市场不稳定。虽然政策越来越严厉，但是调控的主要针对方向却一直在变，这样会导致在新的调控政策出台之时，市场由于惯性会认为，新调控政策会在将来出台更新的调控政策时自动失效，导致市场一直无法形成稳定的紧缩预期。

其次，对住房市场的结构差异考虑不足，这种"一刀切"的做法会误伤大部分中低收入家庭，严重损害住房的社会福利功能。尤其是提升首套房贷的做法，将大部分需要满足居住需求的家庭挤出住房市场。由于一部分家庭，尤其是年轻家庭的居住需求被压抑，加之频繁出台的各类调控政策，使市场上很难形成房价下行的预期。在房价只涨不跌的预期下，被严重压抑的消费性需求开始从收入相对高且稳定的家庭暴发，并逐渐蔓延至中低收入家庭，致使普通的住房消费性需求被转化成刚性需求。因此，可以说住房刚性需求是房价调控政策不力背景下催生的、无奈的社会现象。还有一点不能忽略的是，地方政府由于地方财政的压力，在某些方面的目标和行为上与中央政府不一致，导致地方政府的行为削弱中央调控政策的实施效果，甚至存在地方政府与中央政府在政策制定上相互博弈的局面，这也会严重损害调控政策的有效性。

再次，对于投机需求的控制主要依靠供给、税收、金融等手段。供给方面，通过打击开发商捂盘惜售和增加保障房供应等方式来增加住房供给，希望以此来稳定房价。但是，我国住房价格快速上涨的主因并不是供给不足，相反市场中存在许多空置房，根据前文分析，我国目前住房空置率水平大约为 19%，可见从有效需求角度来说，并不存在供给不足的现象。住房价格飙升的真正原因是需求过剩，消费性需求逐渐变成刚性需求。而资本市场缺少其他投资渠道与住房本身的良好性质等事实，造成了住房市场拥有大量的投机者。根据张完定（2011）的研究，我国住房市场目前的需求曲线斜率是正的，在这样的需求曲线下，增加供给显然不能控制房价。关于税收方面，我国针对住房市场的税收主要集中在住房交易阶段，而在持有环节却较少征税。对于投机者来说，购买住房的主要目的是通过高价出售获得价差收益，持有环节缺少税费成本会给投机者较大的持房待售信心，而交易环节增加税收只能将负担转嫁给真正需要居住的刚性需求者。虽然我国在试点房产税，但是其所起的效果只能是意向性的，真正发挥作用必须是房产税体系制度化、法制化之后，而我国在此方面的进展却十分缓慢。关于金融方面，主要通过加大投机者的融资成本和限制外资，如增加首付率、提高利息率、二套以上住房限制等措施进行调节，但我们知道，投机者赚取的是价差收益，只要市场上房价上涨的预期存在，刚性需求者存在，投机者的投机热情就不会减小，而增加的融资成本只能反映在房价上，这进一步造成房价上涨。

第 4 章

住房价格决定机制与波动特征

价格永远是商品市场上牵动众人神经的焦点，对于价格昂贵的住房来说更是如此，住房价格的每一次起落都关系到千万个家庭的利益得失。在世界各国，住房价格的涨跌都是最受关注的现实问题之一。我们日常所谈论的住房价格实际上包含着两层含义：一是住房商品的交易价格，二是住房的租用价格。这两个层面的住房价格相互关联而又存在区别，在我国的住房产权制度下，两者在实质上都表示获得住房使用权所付出的代价。因此在本文的研究中，如非特殊说明，住房价格仅指住房商品的交易价格。住房是一种既可以作为投资品，也可以作为消费品的特殊商品，同时还具有多重功能属性，因此它的价格决定机制非常特殊，既受价值规律的支配，也受供求关系调节，同时还受政府调控。如果在对住房价格的研究中没有全面考虑这些因素，就无法掌握住房价格的决定机制和波动特征。如果没有掌握价格特征，那么对于住房问题的研究就难以深入开展。

4.1 住房价格内生决定机制

住房是一种特殊的商品，既具有一般商品最普通和最本质的特征，也有其他商品所不具备的属性，因此住房需求和一般商品的需求有所不同。这种不同就体现在人们对住房的需求从总体上看是出于两大目的：投资与消费，因此我们可以自然地将住房需求分为投资性需求和消费性需求。投资性需求指的是出于经营或赢利目的而需要购买住房所有权；消费性需求指的是出于对住房使用价值的需要而购买住房所有权，两者既可以相互转化又互相影响，共同构成住房需求。

4.1.1　住房需求的多样性与动态性

住房既具有商品属性也具有社会福利属性，作为商品的住房又同时具有消费和投资属性，相比之下，其他任何商品都难以同时具备这些属性。多重属性导致住房价格由供求规律、投资者行为和政府行为共同决定，因而住房价格会表现出不同于其他商品的独特特征。基于住房的根本属性，住宅经济学将住房需求按其经济性质划分为消费性需求和投资性需求。消费性需求是完全出于居住目的的住房需求，投资性需求是将住房视为一种固定资产和投资手段、出于增值保值或合理避税为目的的住房需求。

当住房价格较低时，住房市场以消费性需求为主，此时房价主要由供求规律决定；随着投资性需求逐渐加入住房市场，房价开始上涨，此时住房市场中消费性需求与投资性需求并存，政府会相机抉择出台调控政策，此时房价由供求规律、预期和政府决策共同决定。当房价过高时，消费性需求被完全挤出，投资性需求主导住房市场，政府会抑制住房投资，这时的房价由投资者预期和调控政策力度决定。可见，房价的主要决定因素会随着房价变化而改变。对于住房价格的这种特殊决定机制，多位学者从不同角度给出佐证。如：况伟大（2010）通过在住房存量调整模型（Stock Adjustment）中引入预期，构造一个房价均衡模型，模型表明，当投资性需求占主导时，本期房价波动与上一期正相关，当消费性需求占主导时，本期房价波动与上一期负相关。Malpezzi 和 Wachter（2005）在存量调整模型和适应性预期理论的基础上建立一个住房市场投机模型，该模型通过分析需求和供给弹性的变动及其相互作用得出：供给、需求和投机对房价波动有重大影响，当房价较低时，其主要受供求规律影响，当供不应求时，房价主要受投机影响。林跃勤（2010）通过对中国现阶段房价失控的深层次原因进行分析，认为在反危机、保增长目标下，高强度的刺激政策和调控缺失导致房地产市场的非理性繁荣与泡沫的积聚。

上述研究证明，住房所具有的消费、投资和社会福利属性，都影响着住房价格的决定机制和住房需求类型间的转换，忽略其中任何一项都无法正确阐明住房价格的波动特征和泡沫形成机制，实证研究也往往难以得出理想的结果。如 Quigley（1999）使用 1986—1994 年美国 41 个大城市的数据，根据居民收入、家庭数量、人口数量、就业、年住房建造许可、开工数量和空置率等实际经济变量及房价滞后变量对住房价格进行回归分析，结论是：“这些解释变量对住房价格虽然具有一定的解释能力，但是难以预测价格变动的拐点，即使是预测最准确的模型，错误率也高达52.73%。”出现这种结果的根本原因为研究中没有考虑住房的投资属性。

因此，本书将基于住房兼具消费、投资和社会福利三重属性于一身这一特质，围绕住房需求的动态变化特征，以 Hanushek 和 Quigley（1979）的住房市场存量调整模型为基础，运用蛛网模型的思路并结合 De Long（1990）的正反馈交易模型，研究消费性需求和投资性需求对住房价格波动的动态影响，以及住房价格波动对需求变化的反作用过程，以期发现住房价格变动的一般性规律。研究发现，自由市场中的商品化住房需求很容易从消费性需求主导转向投资性需求主导，从而容易引起房价泡沫，这将给住房市场和经济发展带来不利乃至破坏性影响。

4.1.2　基本模型及其均衡解

Hanushek 和 Quigley（1979）以耐用消费品的存量模型为基础，提出住房市场的存量调整模型，该理论认为，家庭会权衡住房消费 H 与其他消费 X 以达到效用 U 的最大化。如果不存在迁移成本或者迁移成本非常小，家庭会选择持续搬迁来接近期望最优住房消费 H_t^d，H_t^d 由家庭可支配收入、家庭规模等因素决定。假定家庭以一个不变的比率 χ 有意识地缩小实际消费 H_t 与 H_t^d 之间的差距，将房价变化考虑进去后，家庭的住房需求函数可以表示为：

$$H_{t+1} = \chi(H_t^d - H_t) + \gamma(H_{t+1}^d - H_t^d) + \Phi H_t \qquad (4-1)$$

式中：$\gamma(H_{t+1}^d - H_t^d)$ 表示住房最优消费的改变对实际住房需求的影响；Φ 为住房价格增长率，反映房价变化的影响。将 H_t^d 按照其决定因素展开，代入式（4-1）进行整理并取对数，可得：

$$h_t = \alpha_1 p_t + \alpha_2 y_t + \alpha_3 r_t + \alpha_4 w_t \qquad (4-2)$$

除利率 r_t 外，本节其余小写字母均表示相应变量的对数值。如：h_t 代表 $\ln H_t$，为家庭的住房需求；p_t 代表 $\ln P_t$，表示 t 期房价；y_t 为 t 期的产出；w_t 表示家庭可支配收入；α_1、α_2、α_3、α_4 为需求弹性。式（4-2）已成为分析住房问题的经典模型形式。

考虑到住房的需求结构，除一部分为消费性需求外，还存在着大量投资性需求，因此，在住房的需求函数中必须考虑投资性需求的影响，投资性需求者买房的目的是赚取买卖差价，而并非用于居住。这种投资行为在住房市场中表现为房价的持续上涨引致进一步的上涨预期，进而产生更多的投资。一旦价格下降，则投资性需求迅速减少，这种追涨杀跌的行为被称为正反馈交易，很容易导致价格急剧上涨并形成泡沫。De Long（1990）提出的正反馈交易模型（DSSW）描述采用正反馈交易策略的投资者如何制造价格波动、引发价格泡沫并最终导致泡沫破裂的过程，对泡沫的形成具有很强的解释力。本书基于正反馈交易模型的思想，并参考张晓蓉（2005）对正反馈投资者需求特征的定义，设投资性需求者根据前一期价格的变动来决定其对本期住房的需求[①]：

$$h_t^p = (p_t - p_{t-1})k, \quad (k \geqslant 0) \tag{4-3}$$

式中：h_t^p 表示正反馈投资者对住房的需求；k 为正反馈投资者的正反馈系数，综合反映正反馈投资者的融资能力和风险偏好，$k \geqslant 0$ 表示存在正反馈交易。

一般来说，利率、收入水平、货币供给和产出虽然会影响住房需求，但这些并不是房价的决定性因素，在致力于考查价格的动态路径变化时可暂不予单独考虑。基于此，结合式（4-2）与式（4-3）式可得住房的需求函数为：

$$h_t = \alpha_0 - \alpha_1 p_t + (p_t - p_{t-1})k \tag{4-4}$$

式中：α_0 代表除价格和预期之外其他影响需求的因素；α_1 表示需求的价格弹性，为便于比较，α_1 前取负号。式（4-4）表明正常情况下住房的总需求由消费性需求和投资性需求共同组成。当房价处于较低区间时，住房的投资收益率往往偏低，难以吸引足够的投资性需求，此时 k 趋向于 0，当 k 为 0 时，住房市场完全由消费性需求主导，此时的需求函数为：

$$h_t = \alpha_0 - \alpha_1 p_t \tag{4-5}$$

另外的情形是因为消费性需求者一般为普通家庭，其收入和融资能力往往不及投资性需求者，随着房价的持续上涨，消费性需求者被逐渐挤出住房市场，当房价上涨到将最后的刚性需求完全挤出时，住房市场由投资性需求主导，此时的需求函数为：

$$h_t = p_t k - p_{t-1} k \tag{4-6}$$

---

①　这里用正反馈投资特征代表住房市场中的所有投资者预期行为，其他形式如理性预期和适应性预期得出的结论与本书相同，不影响本书结论。

开发商会根据自身的预算安排、房屋存量和成本等因素调整供给量以实现利润最大化，假设住房建设周期为一期，则本期新增住房供给由前一期住房价格 p_{t-1} 决定，根据惯例，住房供给仅考虑新增住房，而不考虑二手房，因此依据式（4-2）的函数形式可得住房市场的供给方程为：

$$s_t = \beta_1 p_{t-1} + \beta_2 st_t + \beta_3 c_t + \beta_4 m_t \qquad (4-7)$$

式中：s_t 代表 t 期住房供给；p_{t-1} 表示 $t-1$ 期房价；st_t 表示 t 期住房存量；c_t 表示 t 期成本；m_t 表示货币供给；β_1、β_2、β_3、β_4 为供给弹性。在着重考查价格的动态路径时可暂不考虑成本、货币量、房屋存量等影响因素，则住房供给函数可表示为：

$$s_t = \beta_0 + \beta_1 p_{t-1} \qquad (4-8)$$

式中：β_0 代理住房存量与开发成本等供给的影响因素；β_1 为供给弹性，$\beta_1 > 0$。

本书借鉴蛛网模型的研究思路和分析方法对模型进行分析。当市场出清时 $h_t = s_t$，可得：

$$\alpha_0 - \alpha_1 p_t + (p_t - p_{t-1})k = \beta_0 + \beta_1 p_{t-1} \qquad (4-9)$$

由式（4-9）可以推出：

$$p_t = \frac{\beta_0 - \alpha_0}{k - \alpha_1} + \frac{k + \beta_1}{k - \alpha_1} p_{t-1} \qquad (4-10)$$

根据蛛网模型思想，当市场出清时：

$$p_{t-1} = p_t = p_t^e \qquad (4-11)$$

式中：p_t^e 表示由多种经济因素共同决定的住房均衡价格，也被认为是住房的基础价格，将式（4-11）代入式（4-9）中得：

$$p_t^e = \frac{a_0 - \beta_0}{\alpha_1 + \beta_1} \qquad (4-12)$$

向前迭代式（4-10），并将式（4-12）代入可得：

$$p_t = (p_0 - p_t^e)\left(\frac{k + \beta_1}{k - \alpha_1}\right)^t + p_t^e \qquad (4-13)$$

式（4-13）即为市场出清时的房价动态均衡解，p_0 为期初价格。当住房市场由消费性需求主导时，均衡条件为：

$$\alpha_0 - \alpha_1 p_t = \beta_0 + \beta_1 p_{t-1} \qquad (4-14)$$

解得：

$$p_t^e = \frac{a_0 - \beta_0}{\alpha_1 + \beta_1}$$

$$p_t = (p_0 - p_t^e)\left(\frac{\beta_1}{-\alpha_1}\right)^t + p_t^e \tag{4-15}$$

当住房市场由投资性需求主导时，均衡条件为：$p_t k - p_{t-1} k = \beta_0 + \beta_1 p_{t-1}$，解得：

$$\begin{cases} p_t^e = -\dfrac{\beta_0}{\beta_1} \\ p_t = (p_0 - p_t^e)\left(\dfrac{k+\beta_1}{k}\right)^t + p_t^e \end{cases} \tag{4-16}$$

此时均衡价格虽在形式上有所变化，但仍然表示其由外生经济因素决定，形式上变化是因为住房市场在国民经济中地位特殊，过高的房价改变宏观经济环境和住房市场自身的结构。式（4-15）和式（4-16）分别为消费性需求主导和投资性需求主导时的房价动态均衡解。

4.1.3　波动机制分析

分析式（4-13），由于 $k>0$、$\alpha_1>0$，$\beta_1>0$，因此 $|k+\beta_1| = k+\beta_1 > k > |k-\alpha_1|$，当 $t\to\infty$ 时，房价 p_t 会在自身的作用下背离均衡价格迅速上涨并形成泡沫。依据式（4-5）与式（4-8）可知：α_1 为需求的价格弹性，β_1 为供给的价格弹性。考虑到住房市场的实际情况，投资性需求者相对于消费性需求者拥有更强的资金实力和融资能力，且对住房的购买意愿也较强。这里 p_0 表示投资性需求者加入市场时的期初价格，根据正反馈投资模型的建模思想，投资性需求者会在房价持续上涨并形成上涨预期之后加入市场，而 p_t^e 代表住房的最低价格，所以 $p_0 > p_t^e$。随着住房价格的升高，越来越多的投资性需求者和资金会进入市场，导致正反馈系数 k 随 p_t 增加而增大。而对于消费性需求者，当房价逐渐超出其预算约束时，一部分不急需购买住房的消费性需求者会被挤出市场，剩下的一部分消费性需求就是所谓的刚性需求，刚性需求者对住房的需求非常迫切，因此其需求弹性很低。随着房价进一步升高，刚性需求中迫切程度相对较低的需求者被挤出市场，最后市场中只剩下需求弹性 α_1 趋于 0 的绝对刚性需求者，可以说 k 与房价成正比，而 α_1 与房价成反比。同时可以发现，k 越接近 α_1，房价的上涨速度越快，随着房价越来越高，$k-\alpha_1$ 的值逐渐加大，房价的上涨速度会逐渐减慢，这说明当消费性需求与投资性需求共同主导住房市场时，房价上涨速度最快，随着消费性需求被逐渐挤出，房价

的上涨速度在减慢。如果 α_1 非常大，以至于使得 $|k - \alpha_1| > |k + \beta_1|$，房价会收敛于均衡价格，但这种情况只会出现在因为外生经济因素改变而使得房价跳跃式上涨的初期，随着投资者的逐渐加入，k 逐渐升高，α_1 会迅速减小，最终 p_t 还是会回到上涨路径上去。

　　分析式（4-15）可知，当 $\beta_1 / \alpha_1 < 1$ 时，$p_t \to p_t^e$，说明随着时间 t 的推移，如果 $\beta_1 < \alpha_1$，实际价格 p_t 会围绕均衡价格 p_t^e 波动，最后收敛于均衡价格；如果 $\beta_1 / \alpha_1 > 1$，则当 $t \to \infty$ 时，p_t 会以逐渐增大的幅度围绕 p_t^e 波动，最后偏离均衡价格发散；而当 $\beta_1 / \alpha_1 = 1$ 时，p_t 会一直以相同的幅度围绕 p_t^e 上下波动。在住房市场中，消费性需求者有两种选择：继续保持现有居住状态或者购买住房改善居住条件。由于受到收入水平和融资能力的制约：当住房价格超出消费性需求者的收入约束或心理预期时，消费性需求者会选择暂时维持现有居住状态；而当房价满足条件时，消费性需求者会立即购房以改善自己的居住条件，这就决定在消费性需求主导住房市场时，需求弹性往往较大。根据新古典经济理论，在资本、劳动和土地三要素中，土地的供给弹性最小，由此导致住房的供给弹性通常也较小，可以说住房市场中多数情况为 $\beta_1 < \alpha_1$。当价格上涨超出均衡价格 p_t^e 时，$\beta_1 < \alpha_1$ 表示需求的减少大于供给的增加，形成供大于求的局面，使得价格回落至均衡价格 p_t^e。当房价下跌至均衡价格 p_t^e 之下时，$\beta_1 < \alpha_1$ 表示需求的增加大于供给的减少，供不应求使得价格向上回到均衡价格 p_t^e。因此当消费性需求主导住房市场时，房价会围绕其均衡价格波动，最后收敛于均衡价格。

　　比较式（4-13）和式（4-16）可以发现，当住房市场完全由投资性需求主导时，房价的上涨速度较市场上两种需求并存时缓慢。这是因为当市场上只存在投资性需求时，住房市场完全成为没有真实需求支撑的投机市场，投资者已经认识到房价被高估，且缺少新的投资者或刚性需求者在高位接盘，此时 k 会随着价格升高而减小。凯恩斯（1936）曾言简意赅地指出此时投资者的心理特征："市场参与者都知道有一个大家都不要的东西在传递之中。"但是由于投机者深知住房拥有以社会福利性为依托，以刚性消费需求为保证的巨大潜在需求，短期投机可以在付出较少成本的情况下转变为长期投资。而且由于住房买卖存在交易成本，投资者在价格下跌或者停止上涨时不会立即退出市场，而是会选择观望，只有当价格连续下跌至某一心理价位或者预期彻底改变时，才会选择抛售退出市场。说明当市场由投资性需求主导时，房价泡沫存在破裂的风险，但同时还具有一定的黏性，姑且称为黏性泡沫。此时住房市场达到过度投资状态，政府会出台各种调控政策来限制过度投资，使得投资者融资难度加大。当投资者无法继续融资或调控力度加强使得上涨预期彻底转变时，$k=0$，此时房价可近似表示为 $p_t \approx (p_0 - p_t^e)(\beta_1)^t + p_t^e$，此时 p_t 由供给弹性决定，如果 $\beta_1 \geq 1$，则房价会无限上涨，这意味着在市场需求为 0 的情况下，开发商仍然大量增加供给，这显然与事实不符，因此，供给弹性会保持在 $0 < \beta_1 < 1$ 的状态，这时 p_t 收敛于均衡价格 p_t^e，价格路径与消费性需求主导市场时相同。可见，当严厉的调控政策使得投资性需求被完全抑制或上涨预期转变时，房价泡沫开始破裂，但房价不会像其他金融资产那样迅速崩盘，而是会重新收敛于均衡价格。因此住房价格泡沫是由投机行为所引起、由消费性需求保证的一种具有黏性的泡沫。

4.2　住房价格外部影响因素及作用机理

住房作为具有多重功能属性的特殊商品，其价格受多方面因素影响。除影响住房自身供求关系的经济变量之外，制度、政策、法律、政府行为、大众心理、文化背景等外部影响因素都直接或间接的影响着住房价格。在对住房价格的分析中，不能刻意回避这些外部因素的影响。否则，我们的研究就只能停留在理论层面，而缺乏现实基础。但现实中可以影响住房价格的因素成千上万，纷繁复杂，我们的研究无法面面俱到，只能从中挑选出最具代表性且对住房价格的影响最为直接的因素进行考察。这些住房价格的影响因素包括政策类因素与结构类因素，政策类因素指的是与政府调控或者与制度有关的因素，结构类因素指的是在经济或社会领域内与住房自身经济或社会特征有关的因素。对于我国住房市场而言，商品房预售制度、土地财政和信贷扩张是中国房地产泡沫形成的三大根源（昌忠泽，2010）。同时，住房价格也是住房市场中各参与者相互博弈的结果。这些住房价格的外部影响与住房价格内生决定机制或相互促进，或相互抵消，共同决定住房的最终价格，也就是现实中的房价。本书在此对具有代表性的住房价格外部影响因素和住房市场各参与者间的行为选择进行分析，探讨其对住房价格的影响效果，以此来解释我国房价上涨的必然性。

4.2.1 商品房预售制度

所谓商品房预售，指的是开发商将在建或尚未开工的商品房先出售给购房者，购房者根据合同规定支付购房款并在房屋竣工并验收合格后取得房屋所有权的一种买卖形式，简单来说就是期房。根据 1994 年建设部颁布的《城市商品房预售管理办法》规定，这种交易形式在我国正式开始于 1995 年，现在已成为我国商品房销售的主要形式，也可以说唯一形式。但这种形式却并没有如当初预想的那样，有助于推动我国房地产市场健康发展，相反却成为开发商控制风险和转移风险的工具。从融资角度而言，预售制度降低开发商的融资压力，把风险直接转移到商业银行。而从供给决策角度而言，开发商通过预售阶段获得关于市场需求的信息，从而可以利用这些信息帮助其作出最优供给决策。同时开发商还可以利用市场的信息不对称制造预期从而抬高房价。可以说预售制度巩固开发商的垄断地位，保证开发商的巨额垄断利润，导致房价偏离基础价值。为更进一步理解预售制度为开发商提供的风险承担机制，以及如何使开发商更具信息优势，进而加剧住房市场信息不对称，本书利用行为金融学理论并结合 Jegadeesh（1993）和 Ko Wang（2000）关于过度自信与不动产市场周期的研究，通过数理模型来归纳和讨论预售制度对巩固开发商信息优势和垄断地位的作用机制。

假定市场上有一个开发商和 d 单位购房者，消费者对住房的保留价格（Reservation Price）均为 P。购房者在房价等于或者低于 P 时会购买一单位的住房，开发商是风险中性的。C 为建房成本，X 为供给量，一般情况下认为 $P > C$。市场中有公开信息和私人信息两种信息：私人信息指的是仅有开发商自己掌握的信息，公开信息则顾名思义。住房销售分为三个阶段，分别是供给阶段、预售阶段和销售阶段。在供给阶段，开发商根据公开信息和自己掌握的私人信息来形成对住房市场需求量的预期，然后根据预期决定其供给量，在这个阶段开发商掌握完全信息，因此可以认为开发商是理性的。然而，在预售阶段获得的新信息会改变开发商对于需求的预期，在这个阶段开发商会表现为非理性，也就是如果开发商的私人信息获得预售阶段得到的信息的支持，那么开发商在决定最后真实供给量时会更加坚信自己的私人信息。假定需求分为两个状态 d_H 和 $d_L (d_H > d_L)$，出现

的概率分别为 p 和 $1-p$，这里 d，P，d_H，d_L 和 p 都属于公开信息。在此阶段，开发商同时具有以上公开信息和私人信息。假设关于未来需求量的私人信息有两种：一种是正的市场信号 G，一种是负的市场信号 B，两种信号互不兼容。G 出现代表未来的需求为 d_H，但是，开发商知道这种私人信息也有可能是错误的，假定私人信息 G 为错误信号的概率为 α，信号 B 对应的需求是 d_L，其为错误信号的概率为 β。为保证私人信息的价值，规定：

$$\alpha = p(B \mid d_H) < 1/2$$
$$\beta = p(G \mid d_L) < 1/2 \qquad (4-17)$$

由于开发商是风险中性的，且根据假定此时开发商是理性的，其根据所掌握的信息来决定供给量，假定 y 是此阶段开发商的供给量，则 $y \in [d_H, d_L]$，开发商利润可以表示为：

$$\Pi = p[Py - Cy] + (1-p)[Pd_L + P'(y - d_L) - Cy]$$
$$= [pP + (1-p)P' - C]y + (1-p)(P - P')d_L \qquad (4-18)$$

式中 P' 为当供给量 $y \notin [d_H, d_L]$ 时的单位住房价格，假定超出的部分需要付出很大的成本，因此 $P' < C$，在此假定下开发商不存在过度供给的激励。

在我国住房市场中，新房销售几乎都采取预售的形式，因此开发商可以根据预售阶段所获得的信息来决定最终的住房供给，在不考虑私人信息的情况下，开发商如果仅根据公开信息来决策的话，通常情况下的最大供给量为 d_L。假设预售会出现两种情况：s_H 和 $s_L(s_H > s_L)$。如果预售阶段的结果超出 s_H，则表示此阶段的需求大于 d_H；同样道理，预售结果低于 s_L 表示需求低于 d_L，为简化分析，假定 $s_H < d_L$。当开发商正的私人信息 G 获得 s_H 的支持时，或者负信息 B 获得 s_L 的支持，开发商会更坚定私人信息的准确性。定义正信息没有获得 s_H 的支持的概率为 $\alpha_s = p(s_L \mid G)$，同理，β_s 为负信息没有获得 s_L 支持的概率。由于 s_H 和 s_L 是由预售阶段市场行为决定的，可以假定 $\alpha_s = \beta_s = 1/2$，因此可得：

$$p(s_H) = p(G)p(s_H \mid G) + p(B)p(s_H \mid B) = 1/2$$
$$p(s_L) = p(G)p(s_L \mid G) + p(B)p(s_L \mid B) = 1/2 \qquad (4-19)$$

可以看出，在此种假定下，预售结果出现 s_H 和 s_L 的概率都为 $1/2$，这证明预售结果确实可以影响到开发商对所掌握的私人信息的判断。

开发商通过在预售阶段获得的信息来判断私人信息的准确性，并结合公开信息来决定最终的住房供给量。设 $p(d_H \mid G)$ 和 $p(d_L \mid B)$ 分别为开发商基于私人信息 G 和 B 为条件，来对其预期最终需求水平进行修正的概率。如果开发商是理性的，则根据贝叶斯法制有：

$$p(d_H \mid G) = \frac{p(d_H)p(G \mid d_H)}{p(G)} = \frac{\pi(1 - \alpha)}{\pi(1 - \alpha) + (1 - \pi)\beta}$$

$$p(d_L \mid B) = \frac{p(d_L)p(B \mid d_L)}{p(B)} = \frac{(1 - \pi)(1 - \beta)}{(1 - \pi)(1 - \beta) + \pi\alpha} \qquad (4 - 20)$$

正的私人信息 G 被预售阶段获得的信息 s_H 所证实后，或者负的私人信息 B 被预售阶段获得的信息 s_L 所证实后，开发商会更加坚信私人信息的正确性，降低对私人信息出现错误的概率的判断，使得概率 α 降为 $\bar{\alpha}$，概率 β 降为 $\bar{\beta}$（$\bar{\alpha} < \alpha$，$\bar{\beta} < \beta$），则式（4 - 20）变为：

$$\bar{p}(d_H \mid G) = \frac{\pi(1 - \bar{\alpha})}{\pi(1 - \bar{\alpha}) + (1 - \pi)\bar{\beta}} > p(d_H \mid G)$$

$$\bar{p}(d_L \mid B) = \frac{(1 - \pi)(1 - \bar{\beta})}{(1 - \pi)(1 - \bar{\beta}) + \pi\bar{a}} > p(d_L \mid B) \qquad (4 - 21)$$

设：$\bar{p}$ 为预售阶段 1 单位住房的价格；x 为预售后和最终销售之前开发商所增加的供给量。则当开发商对市场持有正向信息 G 时的利润函数为：

$$R(x, G, s_H, d_H) = \bar{p}s_H + P(d_L + x - s_H)$$
$$- C(d_L + x), \quad (x \leqslant d_H - d_L) \qquad (4 - 22)$$

$$R(x, G, s_H, d_H) = \bar{p}s_H - C(d_L + x)$$
$$+ \left[\frac{d_H}{d_L + x}P + \left(1 - \frac{d_H}{d_L + x}\right)P'\right](d_L + x - s_H), \quad (x > d_H - d_L) \qquad (4 - 23)$$

当 d_L 出现时：

$$R(x, G, s_H, d_L) = \bar{p}s_H - C(d_L + x)$$
$$+ \left[\frac{d_L}{d_L + x}P + \left(1 - \frac{d_L}{d_L + x}\right)P'\right](d_L + x - s_H) \qquad (4 - 24)$$

可得开发商的期望利润为：

$$E(R) = \bar{p}(d_H \mid G)R(x, G, s_H, d_H) +$$

$$(1 - \bar{p}(d_H \mid G))R(x, G, s_H, d_L) \qquad (4-25)$$

根据式（4-22），式（4-23），式（4-24）可得式（4-25）的一阶条件为：

$$\bar{p}(d_H \mid G)\frac{d_H s_H}{(d_L + x)^2}(P - P') + (1 - \bar{p}(d_H \mid G))\frac{d_L s_H}{(d_L + x)^2}(P - P')$$
$$= C - P' \qquad (4-26)$$

当开发商的私人信息得到预售阶段获得的关于需求方面的信息支持时，开发商的供给决策表现为非理性，此时开发商的最优供给为：

$$\bar{x}(G, s_H) = \left[\bar{p}(d_H \mid G)\frac{d_H s_H(P - P')}{C - P'} + (1 - \bar{p}(d_H \mid G))\frac{d_L s_H(P - P')}{C - P'} \right]^{\frac{1}{2}} - d_L \qquad (4-27)$$

而当开发商的供给决策表现为理性时，最优供给为：

$$x(G, s_H) = \left[p(d_H \mid G)\frac{d_H s_H(P - P')}{C - P'} + (1 - p(d_H \mid G))\frac{d_L s_H(P - P')}{C - P'} \right]^{\frac{1}{2}} - d_L \qquad (4-28)$$

根据式（4-21）可知 $\bar{p}(d_H \mid G) > p(d_H \mid G)$，则有

$$\bar{x}(G, s_H) > x(G, s_H) \qquad (4-29)$$

式（4-29）表明开发商的供给决策取决于预售阶段获得的信息，当预售阶段获得的信息证明开发商私人信息正确时，开发商在最终阶段会增加住房供给；而情况相反时，开发商会减少住房供给。可见商品房预售制度对于开发商来说是一个获取信息优势和降低风险的工具，为开发商获取暴利提供保障。商品房预售制度对房价上涨起到推波助澜的作用，是我国房价泡沫形成的制度性因素之一。

4.2.2　垄断与土地财政

我国住房市场的垄断主要分为两个层面：第一个层面是土地供给的垄断。我国现行的土地制度是公有制，《中华人民共和国宪法》规定城市土地属国家所有，农村和城市郊区土地除有规定外归集体所有，宅基地也属于集体所有。《中华人民共和国土地管理法》也规定我国土地实行全民所有制和集体所有制。也就是说土地一级市场由国家垄断，国家有偿出让土地使用权。在我国现行的土地出让制度下，政府垄断土地经营的所有环节，从规划土地到征收土地，从收购土地到储备土地，从估价到招、拍、

挂等环节几乎全部由政府来掌握。而缺少专门机构对其进行监督和评估，既是管理者又是实施者使得政府垄断土地一级市场。第二个层面是住房供给层面的垄断，这一层面垄断形成的原因为：第一，住房具有区域性特征，这是由土地位置的固定性所决定的；第二，住房供给的进入门槛很高，尤其在我国存在着各种各样的准入壁垒的情况下，住房市场供给主体一般是资金实力雄厚的大型企业，导致我国住房市场成为区域性寡头垄断市场。李宏瑾（2005）认为，房地产市场的一个重要特性就是垄断的存在，并通过勒纳指数计算我国房地产市场的垄断程度，表明我国房地产市场存在着严重的垄断现象。况伟大（2006）通过构建空间竞争模型分析住房市场中的价格合谋、房价和社会福利等一系列问题，认为开发商之间是一种位置固定的空间环形竞争，并进行着价格合谋，房价存在刚性的根本原因就是价格合谋。本书在后面关于住房市场各个参与主体之间博弈行为的讨论中，会对开发商之间达成的价格合谋进行深入分析。

2009 年以来，由于我国各地房价不断高涨，"地王"记录被不断刷新，从而引起人们对土地财政的广泛关注。政府垄断土地市场，尤其是各级地方政府主动参与到土地经营中的最主要原因就是土地财政的存在。所谓土地财政，一般情况下指的是政府通过出让土地使用权所获得的收入。从财政学角度来讲，财政收入指的是以税收为主的一般预算收入，不包括土地出让金，因此可以说，土地出让金是一种预算外收入，不属于财政收入的范畴。2006 年《国务院关于加强土地调控有关问题的通知》中指出：土地出让总价款纳入地方预算管理，实行收支两条线。结合财政学定义可知，土地出让收入是政府收入的一种形式，而政府收入是包含财政收入的。从这一点来说土地财政占地方总收入的比重要比目前流行的说法小，也就是说土地财政并没有想象中那么严重。进一步分析土地出让收入可知，土地出让收入分为净收入和实际收入，净收入指实际收入中扣除农民安置费、土地补偿费、保险费等支出后的收入，是地方政府实际可以支配的资金。而实际收入只占按照拍卖土地成交价计算出的合同收入的一部分，也就是说"地王"所产生的巨额土地出让合同收入中，地方政府可以自由支配的部分很小，可以说地方政府对土地财政的依赖程度要比我们想象中的乐观。顾乃华（2011）的研究表明，我国土地财政强度呈现东高西低格局，而造成这种区域差异的原因为我国发展条件各不相同的地区间进行着一场 GDP 锦标赛，土地财政正是这场锦标赛里各地区手中最重要的筹码。后文将重点考察由于土地财政的存在，导致地方政府在住房市场各参与主体的博弈中采取消极对策，导致房价上涨。

4.2.3 信贷扩张的影响

房地产业是资本密集型产业，作为房地产市场最重要一环的住房市场也不例外，从竞拍土地使用权到投入建设，再到营销推广，每一个环节都离不开资金的支持。2009 年为刺激经济，我国政府将房地产开发商自有资金比例从不少于35%的标准降至20%，而普通住宅自有资金比例则降低为15%。在此规定下，房地产开发约80%的资金要来自银行信贷，可见信贷规模对住房供给有很强的影响。对于住房需求端，我国大部分年轻人家庭主要依靠贷款购房，近年来我国商品房贷款首付比例约为30%，可见，信贷对住房的供求两端均产生影响，是住房价格的主要影响素之一。从商业银行角度考虑，住房价格升高会使商业银行的住房抵押贷款风险降低，银行本身所持有的住房资产价值也会升高，商业银行更倾向于为'房地产相关经济行为提供贷款，其本身也更愿意持有住房资产。我国目前的银行体系以国有银行为主导，在这种体系下，银行的信贷风险主要由国家和总行负责，各分行更有动力为房地产相关经济行为提供贷款。由于房地产贷款周期较长，且抵押品是具有实物形态的耐用消费品，即使存在过剩房地产相关贷款也不会对银行的短期风险管理造成影响。由此可见，宽松的货币政策导致的资本市场流动性过剩与信贷扩张，很容易传导到房地产市场和住房市场，进而影响住房价格。较多研究都支持此种观点，比如Collyns（2001）研究东亚 4 个国家的银行信贷增长与房价上涨的关系，认为这 4 个国家银行信贷水平的增长对房价上涨影响显著，同时，认为银行信贷增长是房价泡沫形成的重要原因，由此也导致 1997 年东亚金融危机的发生。Gerlach（2005）研究香港房价与信贷之间的因果关系，发现房价上涨与银行信贷增长存在着单向因果关系。Hofmann（2001）利用脉冲响应函数分析 16 个工业国的银行信贷与房价的关系，表明银行信贷与房价存在着长期因果关系。肖本华（2008）利用格兰杰因果检验分析我国信贷扩张与房价的关系，认为信贷扩张为房价上涨提供有效支撑。

为进一步观察信贷规模对房价的影响，本书采用基于 VAR 模型的脉冲响应函数来考察住房价格对我国信贷规模的冲击反应。由于 2009 年是我国房价迅速上涨的起始时间，因此变量采用的数据区间为 2009 年 1 月至 2011 年 12 月，共 36 个观测值，数据来源为《中国统计年鉴》和《房地产统计年鉴》。模型中用到实际房价数据、货币供给量数据、信贷规模数据和房贷规模数据。其中，实际房价用商品房销售额与商品房销售面积之比表示，货币供给用 M2 增量表示，信贷规模由国内金融机构长期贷款增量表示，住房类贷款由房地产开发投资和城镇居民住房类贷款增量求和表示。本书对与价格有关的数据以 2005 年为基期利用价格指数进行平减，对表现出季节性特征的变量，利用 X11 方法对其进行季节调整，去除季节因素的影响。首先通过 ADF 方法检验各个变量的平稳性，结果表明所有变量皆为平稳序列。然后，本书根据 AIC 最小准则建立一个 VAR（3）模型，经检验本书的模型显著，且所有特征根根模的倒数都小于 1，说明本文的 VAR 系统是稳定的。在系统中通过给房贷和信贷 1 个标准差大小的冲击，得到关于房价的脉冲响应函数图。图 4 - 1 和图 4 - 2 中，横坐标表示冲击作用的滞后期数（月度），纵坐标表示冲击反应程度，虚线表示正负两倍标准差。在图 4 - 1 中，当信贷受到一个正冲击后，住房价格向上运动并在第 2 期达到最大，随后回落并在第 4 期后逐渐趋于 0。这说明信贷规模对房价存在一个较强的短期促进作用，而对房价的长期影响较小。因为信贷规模的增加对于住房需求者来说，存在一个市场调节更加宽松的信号，导致投资性需求短期内上升。对于开发商而言，由于住房开发周期较长，短期内信贷增加对住房供给的实质性影响较小，无法立刻增加有效供给。需求增加而供给不变，导致房价上涨。

在图 4 - 2 中，住房类贷款冲击对房价产生一个正向作用，在第 2 期达到最大，而后围绕 0 值小幅波动并收敛于 0，这说明住房类贷款的增加对与房价存在短期影响。这是因为从需求角度而言住房类贷款的增加表示购买行为已经发生，而已发生的购买行为参照的是已有的住房价格，这一行为向市场放出一个需求上升的信号，在下一期房价真正开始上涨。从供给角度而言，住房类贷款增加表明住房开发数量上升，但由于开发周期的关系，短期内供给量不会有效增加，进而导致住房价格短期内上涨。

4.3　住房市场关联主体间的博弈

我国的房价十几年来一直在上涨，国家不断出台各种调控政策，目

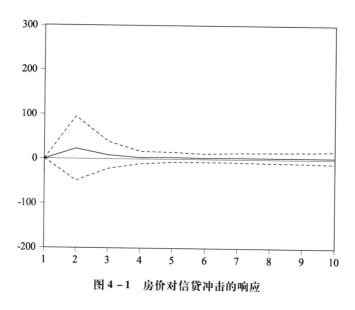

图 4 - 1   房价对信贷冲击的响应

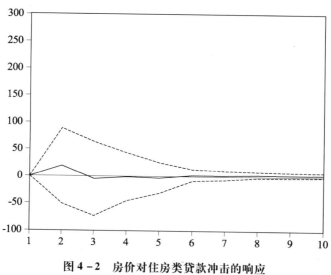

图 4 - 2   房价对住房类贷款冲击的响应

的就是限制住宅价格的过快上涨。但是实践表明，我国的调控政策效果并不明显，尤其是金融危机之后房价的上涨速度远超居民可支配收入增速，占我国城镇居民总数 70% 左右的中低收入者已经没有能力购买商品房。为了保持社会稳定以及减缓收入分配差距拉大速度，中央政府从 2008 年起密集出台了一系列房价调控政策，但结果是越调越涨，居民对房价的关注程度达到了顶峰。这里面有房地产投资兼民生双重属性的原因，也有引导投资者预期不利的原因，但究其根本，地方政府是房价上涨的中心环节，本章从博弈的视角出发，讨论中央政府、地方政府、开发商和投资者四个方面的行为选择，以此来分析我国目前房价调控政策的有效性。

我国早在 1994 年就经国务院下发了《关于深化城镇住房制度改革的决定》，确定房改的根本目标是：建立与社会主义市场经济体制适应的新的城镇住房制度，实现住房商品化、社会化。其中就提出了建立以中低收入家庭为对象、具有社会保障性质的经济适用住房供应体系和以高收入家庭为对象的商品房供应体系。2007 年 8 月，国务院发布《关于解决城市低收入家庭住房困难的若干意见》，规定：低收入家庭主要通过廉租住房解决，外加经济适用住房；中等收入家庭据各地实际可以采取限价商品房和经济适用房的办法解决；高收入家庭主要通过市场解决。同年 11 月，温家宝总理在新加坡国立大学明确阐述了我国住宅政策的原则：首先，政府最重要的职责是搞好廉租房，让那些买不起房或进城打工的农民工能够租得起房、住得上房；其次，是建设主要面向中产阶级的经济适用房；再次，高档住房主要靠市场调节，但必须有国家的宏观调控，防止利用房地产炒作，造成市场混乱。温总理的谈话被称为"房产新政"，为我国今后的住房建设和改革指明了方向。

但是经济适用房和等保障性住房目前并没有起到政策预期的作用，我国目前还是以商品房为主，经济适用房本质上只不过是另一种形式的商品房。也就是说我国并不是没有经适房、廉租房等保障性住房，而是由于以下原因导致保障性住房没有发挥其应有的作用：第一，经济适用房是一种政府调控下的商品房，是一种资产，具有投机和保值性质。第二，经适房比普通商品房价格低 10%—20%，在这种差价的吸引下，部分高收入者进入经适房市场，导致经适房需求量加大，价格升高，抬高了经适房市场的进入门槛。第三，经适房普遍存在面积过大，购买主体界定不明晰、监管不力，存在较大寻租空间等现象，导致了中低收入者买不起或买不到，高收入者可以购买多套，这与商品房市场几乎如出一辙。第四，因为目前缺少廉租房市场的赢利模式，以及规定地方土地出让净收益用于廉租住房保障资金的比例不得低于 10%，减少了地方财政收入，地方政府和开发商对廉租房建设热情都不高，也即目前还没有真正意义上的廉租房。

相对于房地产资产的基础价值，目前的房价存在着泡沫，也就是说，目前的房价脱离了经济增长基本面因素，相对于实体经济支撑的房地产供需，目前房价中包含了过多的资产价格因素。存在泡沫的资产就有泡沫破裂的风险，房地产业和银行系统存在着唇齿相依的关系，我国无论是个人购房还是企业开发房地产，其主要资金均来自各商业银行，一旦房地产价格大幅下挫，最先蒙受冲击的是金融系统，而金融系统一旦出了问题，将给中国经济发展带来灾难性的损失。

商品房所具有的资产属性和低折旧率，使得目前我国房地产市场存在着严重的投机现象。投机者对当前房价泡沫是否严重并不敏感，他们重视的是房价是否还有上涨空间，只要市场上存在着房价继续上涨的预期，逐利的投机者就会进一步助推房价上涨。过高的房价抑制了真正的自住性需求，使得房屋脱离了其最本质的功能，即为居民提供庇护和隐私空间。一方面我国中低收入居民居无定所，另一方面投机者手中的房屋大量空置。分配差距的加大和资源浪费造成了社会福利的下降。

不论是贫贱差距拉大、存在房价泡沫还是投机严重挤出正常住房需求，他们的表现形式都是房价的快速上涨。住房产作为居住场所具有保障性和消费性，作为商品又具有竞争性和投资性，其天然具有双重属性。商品化导致过高的房价抑制了住房的保障功能，而住房具有的投资性又使其价格存在内生上涨动力，解决其本身所具有的这双重属性的矛盾，可以考虑将双重属性分开来操作，即双轨制，建立具有社会保障性质的经济适用住房供应体系，和以高收入家庭为对象的商品房供应体系。

4.3.1 博弈论分析房地产市场的可行性

博弈论是研究决策主体的行为发生直接相互作用时的决策，以及这种决策的均衡问题，即研究一个决策主体的选择受到其他决策主体选择的影响，而且反过来也影响其他决策主体选择时的决策问题和均衡问题，也正是在这个意义上说，博弈论又称"对策论"。在博弈论里，个人的最优选择是其他人选择的函数。它尝试得出不同的"选手"（比如贸易伙伴、雇主和工会甚至犯罪团体）之间将采取何种行为才能确保本方的最大利益。房地产市场的供给、需求、价格形成的过程，是非常典型的带有博弈特征的竞争性业务活动。从竞标人的角度看，它的目标是要在投标竞争中中标并取得良好的经济效益，获得中标与收益的最佳结合。为了达到这个目的，竞标人在投标决策过程中就必须了解来自竞争对手的各种不确定因素，并且在确定自己的投标报价过程中充分考虑这些不可避免的不确定性因素。在房地产市场，各竞标人的根本利益是相互冲突的，竞标行为是相互影响的，每一个参与者在进行决策时，必须考虑对手的反应，从而根据竞争对手的反应做出自己的最优决策，而这些正是博弈论重点研究的问题。正是因为房地产市场供给、需求、价格形成的过程具有典型的博弈特征，使得我们可以运用博弈论的相关知识，特别是不完全信息博弈理论和贝叶斯纳什均衡，从博弈的角度对房地产市场的供需及价格进行描述和分析，建立基于博弈理论的决策模型。

房地产市场包括很多不同的细分市场。按区域细分，可分为北京房地产市场、上海房地产市场、深圳房地产市场等；按房地产种类细分，可分为住宅市场、写字楼市场、商业楼宇市场等；还可以进一步细分，如高档住宅市场、中低档住宅市场等。房地产经济，从微观层次上看，是指为了满足城市各种活动对空间的需求而进行的土地开发过程，并在这一过程中具有不同利益和目的的开发商、消费者、政府，通过使用资源、运用规划，从而形成相互间的利益分配关系。在房地产经济学中，根据土地使用权的不同，将房地产市场划分为三级市场。其中：房地产一级市场是城市土地出让市场。土地出让市场主要是由国家和土地使用单位构成的。国家以土地所有者的身份，通过市场以有偿的方式把城市土地的使用权出让给土地使用者，即城市的土地受让人。房地产的二级市场，从土地的角度来看，就是城市土地转让的市场。在房地产二级市场上，城市土地经营者通过市场的方式，把开发和建设起来的土地有偿地转让给使用者。房地产三级市场，是城市土地使用者之间交换和转让土地使用权的市场，发生的是两个使用者之间的经济关系。从研究的目的和便利性出发，本书将研究的对象界定为房地产的一级市场和二级市场；以及其中最活跃的政府、开发商和消费者。这样界定研究对象的原因是，房地产市场上有众多的参与者，除政府、开发商，消费者之外，还有银行、房地产中介公司、物业管理公司等，由于本书篇幅所限，只研究其中最主要的三方：政府、开发商与消费者的博弈。抓住问题的重点，相信会对房地产市场的研究有更清晰和深入的认识和理解。

结合前文分析，本书将我国的住房市场分为两级：一级是土地市场，在土地市场上，土地出让主体是各级政府，受让方基本为拥有房地产开发资质的各类开发商，在土地市场中，代表国家的各级地方政府通过招标、拍卖或挂牌等方式将土地使用权有偿转让给各级开发商，由开发商对土地进行开发和建设；另一级市场主要是指开发商等土地使用者，将达到规定可以转让的土地或地上建筑的使用权进行交易的市场。住房市场的关联主体众多，各级政府、开发商、投机者和消费者等都与住房市场有关。具体而言：中央在住房市场中的角色是监管和调控者，中央以经济和全社会健康发展为目标；地方政府是土地出让和市场监管的现实主体，地方政府的目标是财政收入最大化和政绩目标的达成；开发商是我国住房市场中唯一的供给者，其目标是利润最大化；消费性需求者是房地产市场中住房产品的最终接纳者，也是住房市场中各利益主体的最终利益来源，其目标是消费者剩余最大化；投机者是房价上涨的推手，也是住房市场中最活跃的成分，其目标是利润最大化。

4.3.2　地方政府的承上启下作用

随着中央政府和地方政府"分灶吃饭"和"财政分权"等政策的实施，地方政府逐步演变成为具有自身效用函数的政治经济组织，以追求财权最大化和政绩为目标。因此，中央的制度创新行为，并不会必然转变成地方政府和作为土地使用与开发者的开发商的自觉行为。于是，在政策传递的过程中，中央与地方、地方政府与实际土地使用者之间的博弈便产生。体现在保障房制度执行过程中，中央与地方政府在目标和行为标准方面会发生偏离。中央关注的是全社会的住房公平和民生发展，所以对全国的住房保障建设具有义务，而且其收益是全局性的，归中央所有，所以中央有动力积极推行保障房制度。而地方政府在收获住房市场非理性繁荣的利益时，必然会引起各种风险。而这些风险，却要由中央来承担，即使是地方性的，也因其牵涉全局，必然最终由中央承担。因此，中央具有抑制住房市场非理性繁荣的动力。地方政府如果花费大量精力去建设保障房，一方面会降低土地财政收入、减少税收、降低地方 GDP 增长且不利于政绩考核，另一方还可能被其他地区搭便车，因此地方政府在保障房建设和商品房市场监管中存在放任开发商的激励。

中央的策略空间是严格执行保障房建设等各类调控政策或者放任地方政府，当严格执行保障房建设等各类调控政策时社会整体福利会提高，中央获得社会平均福利增长收益 W，但是短期内会支付一定的政策推行成本 C_c；当放任地方政府时，中央可以不付出任何政策推行成本，但降低社会平均福利。地方政府的策略空间是严格执行中央政策或者放任开发企业违规操作，当地方政府严格执行中央政策时，可能得到中央政府褒奖 A，但地方财政收入会减少 F；当地方政府放任开发商而不执行中央政策时，由于存在搭便车行为，地方政府也可以获得社会平均福利增长收益 W，但当地住房矛盾激化，地方社会福利下降，地方政府得不到地方福利增长收益 W_L。可得出如下支付矩阵（表 4 − 1）：

表 4 − 1　　　　　　　　　　　中央与地方的博弈矩阵

		中央	
		严格推行	放任
地方	严格执行	$W + W_L + A - F,\ W - A - C_c$	$W_L - F,\ W$
	消极执行	$W + F,\ W - C_c$	$F,\ 0$

根据我国实际情况，社会福利收益 W 与 W_L 是一个比较难以量化和进行考量的指标。对于地方政府来说，社会福利收益也是一项短期内难以获得的收益，在政绩考核指标中也是一个模糊化概念，相比之下财权才是保证地方 GDP 增长、地方基础设施建设和自由裁量权的保障。从支付矩阵来看，如果 $W + W_L + A - F > W + F$ 则地方政府会选择执行中央的住房调控政策，而当 $W + W_L + A - F < W + F$ 且 $W_L + A < F$ 时，地方政府会选择不执行中央政策。对于中央来说，中央决策一般从全局中考虑，以社会整体福利改进为目标。因此中央更注重社会稳定和民生发展等社会福利增长收益，当 $W - C_c > 0$ 时，也就是中央执行保障房建设等各类调控政策的执行成本小于获得的社会福利增长收益时，中央会选择严格推行调控政策。因此只要地方政府从土地中获得的额外财政收入 F 大于地方福利收益 W_L 与中央给予的褒奖 A 的总和，且中央的政策推行成本低于社会福利收益 W 时，中央与地方的博弈结果是：中央严格执行保障房建设等各类调控政策，而地方政府选择不执行。

地方政府作为住房市场的参与人之一，有其自身的利益诉求。地方政府的很大一部分财政收入来自土地财政，这是一种预算外收入，指的是地方政府将土地使用权出让收入纳入地方财政。对于地方政府，目前土地出让收入是最直接且最快速的提高财政收入的方法。从土地使用权出让角度来讲，地方政府有两个行动：配合中央的调控政策并限制土地价格，或者制造预期以抬高土地价格。开发商可以选择的行动是在城市土地升值过程中以高价购买土地或者保持观望。

地方政府通过建设学校、医院、交通娱乐等公共基础设施提升地区内土地价值并制造土地稀缺的预期，多数地区招标之前总是把基础设施建设作为开发条件之一，开发商由于怕失去该项目只好让步，但土地成本最终会反映在房价上。地方政府不但获得包括土地升值后更丰厚的出让金收入等财政收入 F，而且改善地方的基础设施，完善政绩工程，获得额外收益 N。而限制土地价格会使得地方政府只能得到基本的土地财政收入 B 以及无法得到 GDP 的增长 G。开发商的主要目标是追求自身利益最大化，在住房市场存在垄断和价格合谋的现实条件下，土地成本可以很容易地体现在房价中从而转嫁给购房者，因此只要房价存在上涨预期，以及地方政府有推高房价的动力，开发商就会倾向于购得土地以获得房价上涨的全部收益 R，但要支付高额的成本 F。而选择观望会使开发商丧失房价上涨收益，但是也避免风险。假定地方政府和开发商之间的博弈是完全信息博弈，则支付矩阵如下（表 4 - 2）：

表 4 - 2　　　　　　　　　**地方政府与开发商的博弈矩阵**

		开发商	
		购买土地	观望
地方政府	提价	$F + N + G,\ R - F$	$0,\ -R$
	限价	$B,\ R - B$	$0,\ 0$

从中可以看出地方政府是在整个博弈过程中起到承上启下作用的一环，地方政府的行为选择直接决定中央的政策执行效果以及开发商的行为。地方政府在对上和对下的博弈过程中均采取消极策略的根源在于土地财政，而地价与房价上涨是土地财政收入增加的保障，因此地方政府缺乏严格执行房价调控政策的动力。

4.3.3　竞争与价格合谋

根据国土资源部下发的《招标、拍卖、挂牌出让国有土地使用权的规定》，我国城市经营性土地必须通过招标，拍卖或挂牌的方式出让使用权。如果在土地招标中各开发商不知道对手的出价信息，各开发商同时行动，且整个博弈过程只有一个回合，则这是一种不完全信息静态博弈。而如果在拍卖与挂牌中开发商能够观察到对手的出价信息，开发商轮流行动，整个博弈有多个回合，则这是一个完全信息动态博弈。在这场与政府的博弈中如果开发商之间不合作，就会陷入囚徒困境，政府会在开发商间的竞争中渔翁得利。住房市场的区域性与开发商资质的高限制性特征，决定某一区域内的开发商数量有限，使得住房市场成为区域性寡头竞争市场。我们用著名的古诺模型来分析开发商之间的博弈过程，假设市场中只有两个开发商，且具有相同的边际成本 $C_1 = C_2 = C$，P 表示住房产品价格，Q_i 为第 i 个开发商的产量，总产量 $Q = Q_1 + Q_2$，则逆需求函数为 $P = a - bQ$。其中 a 为 $Q = 0$ 时的价格，因此 a 为价格上限，b 为供给量 Q 增加一单位时，价格的改变量，此时的古诺均衡产量为：

$$Q^e = Q_1 = Q_2 = \frac{a-C}{3b} \qquad (4-30)$$

均衡价格为 $P^e = \frac{a+2C}{3}$，均衡利润为 $\pi^e = \pi_1 = \pi_2 = \frac{(a-C)^2}{9b}$。如果两个开发商达成合谋，就相当于整合成一个开发商，此时开发商利润为：

$$\pi(Q) = (a - bQ - C)Q \qquad (4-31)$$

可得利润最大化产量为：$Q^m = \frac{a-C}{2b}$，利润最大化价格为：$P^m = \frac{a+C}{2}$，总利润为：$\pi^m = \frac{(a-C)^2}{4b}$，而对于单个开发商来说，合谋后供给量为 $\frac{a-C}{4b}$，合谋后利润为 $\frac{(a-C)^2}{8b}$。可见，在 $(a > C)$ 的假设条件下，合谋可以使总产量下降，而使得房价提高，总利润上升。因此合谋是一种对古诺模型均衡的帕累托改进。根据埃奇沃思模型，单个厂商的生产能力有限，在一定的价格水平下，某一个开发商的供给量不能满足这一价格水平下的全部需求，而另外的开发商将获得剩余需求。当任何一个开发商以高于边际成本定价时，则另外的开发商会选择降价竞争以争得市场份额。因此，理性的开发商不会选择背叛行为，开发商之间进行价格合谋是更为理性的选择，而合谋的结果就是供给下降，房价上涨。

4.3.4　开发商与购房者的博弈

住房需求可以分为消费性需求和投资性需求两类。消费性需求指的是购买住房用来居住，将住房视为耐用消费品；投资性需求指的是购房以收取租金为目的或在房价上涨时出售住房，将住房视为纯资本品。以我国目前的房价水平而言，消费性需求逐渐被投资性需求挤出，中低收入家庭更多是选择等待。但是住房市场却并不缺乏买者，大量高收入家庭和炒房者把住房视为一项投机工具，只要存在房价上涨的预期，投资者就会选择购买住房，而不考虑当时的房价是否已经存在泡沫。购房者与开发商的博弈过程中存在着较大的信息不对称，这种信息不对称主要体现在开发商掌握着住房产品的地理位置、交通情况、建筑质量、增值潜力等信息，而购房者仅拥有公开信息和未曾得到验证的私人信息。但对于中国住房市场来说，此种信息不对称的影响基本可以忽略，因为存在开发商的垄断与价格合谋，城镇房价目前普遍上涨，任何地段都存在上涨预期，收益率虽然有差异，但是成本因素会抹平收益率上的差异。如果消费性需求者在没有能力购房的情况下会选择观望，那么主要的购房者就是投资性需求者。投资性需求者对信息不对称不敏感，因此开发商和购房者之间在价格层面上的博弈可以假定为完全信息博弈。在上面的分析中得出开发商之间会选择合谋，而购房者之间的博弈策略主要是观望或购买，个人行为对购买者整体不产生决定性影响，因此可以假定住房市场中只存在一个开发商和一个购房者。

假定住房市场中存在价格上涨预期。开发商的策略为涨价或者降价，购买者的策略为观望或者购买。当开发商串谋涨价时，其垄断利润升高，地价成本全部转嫁给购房者，开发商获得全部垄断利润 R_H。当开发商降价时，会打破其寡头间内部利益均衡格局，获得损失为 $L > 0$，获得一部分利润 $R_L (R_H > R_L)$。购房者决定购买会得到房价上涨的资产收益 R_c，但会花费购房成本 C_h。当购房者观望时，损失房价上涨的收益，并增加以后买房的机会成本 C_z。则单次博弈的支付矩阵如下（4 - 3）：

表 4 - 3		开发商与购房者的博弈	
		购房者	
		购买	观望
开发商	提价	R_H，$R_c - C_h$	0，0
	降价	$R_L - L$，R_c	$-L$，$-C_Z$

从以上的博弈分析可以看出，中央政府处于全局的考虑会选择坚定实施房地产调控政策，而地方政府出于自身利益的考虑在于中央政府的博弈中会选择消极地放任房地产商。而在地方政府和房地产商的博弈中，博弈的结果是地方政府会选择制造预期抬高土地价格而房地产商会购买土地，这就造成了地产商的成本升高，从而导致了房价的提高。房地产商之间的博弈显示他们会最终选择串谋的策略。最后房地产商和购房者的博弈表明，只要存在上涨预期，纳什均衡就是涨价和购买。从中可以看出地方政府是这个过程中起到承上启下作用的一环，地方政府的行为选择，直接导致了中央政府的政策执行效果以及房地产商和购房者的行为。从 2008 年开始我国出台了多项房价调控政策，其中包括：2008 年 4 月国家税务总局《关于房地产开发企业所得税预缴问题的通知》，提高了房地产企业预交的税金额，但是总的税率没有改变。2008 全年共 5 次上调准备金率，从年初的 14.5% 上调至 17.5%。2009 年 5 月发改委公布了《关于 2009 年深化经济体制改革工作的意见》，提出 2009 年将由财政部、税务总局、发改委、建设部负责研究开征物业税。国务院发布《关于调整固定资产投资项目资本金比例的通知》中明确保障性住房和普通商品住房项目的最低资本金比例为 20%，其他房地产开发项目的最低资本金比例为 30%。2009 年 9 月的《关于严格建设用地管理促进批而未用土地利用的通知》，要求地方政府要加强建设用地批后监管，切实预防和防止未批即用、批而未征、征而未供、供而未用等现象发生，严厉打击囤积土地行为。以及 2010 年的"国十一条"，和一系列所谓最严厉的房产调控政策。从这些政策中足可以看出中央政府调控房价的决心，但是这些政策基本都是通过收税、加息、提高首付比率，提高资金比例等增加成本型调控，但是根据米勒和莫迪利亚尼的 M & M 定理"资产价值由资产负债表左栏决定，而与右栏无关"，也就是说资金成本取决于资金的运用，而不是取决于资金的来源。单从这一点上，我国的调控政策就没触及问题的本质。从本书的博

弈模型中可以发现地方政府在房价快速上涨中所起的决定性作用，一方面地方政府放任开发商，另一方面制造预期抬高房价。如果想有力地调控，必须要解决地方政府的财政收支问题和政绩考核问题，否则地方政府在利益的驱使下还会选择寻租行为，这种行为的结果就是房价继续上涨，调控效果大打折扣。

结合我国实际情况，从 2008 年开始我国出台多项房价调控政策，这些调控政策足可以看出中央稳定住房价格的决心，但是根据本书讨论了节的分析，这些政策基本都是收税、加息、提高首付比率，提高资金比例等成本型调控。据 M & M 定理："资产价值由资产负债表左栏决定，而与右栏无关"，也就是说资金成本取决于资金的运用，而不取决于资金的来源。单独从这一点来看，我国的房价调控政策没能触及房价问题的本质。从本节的博弈模型中，还可以发现地方政府对房价的快速上涨负有重要责任，地方政府：一方面放任开发商，另一方面制造预期抬高地价与房价。可以说地方政府的这种消极行为极大地削弱了房价调控政策效果，导致我国住房价格持续快速上涨。

4.4　基于我国住房市场的实证检验

结合前几节的分析可以看出，住房价格存在易于上涨并生成泡沫的特征，同时外部影响因素会助推或减缓房价的上涨趋势。尤其在我国的住房市场中，各类政策性或结构性影响因素，连同住房市场中各参与者的行为选择，共同助推我国房价泡沫的形成。下面，利用我国住房市场实际数据来检验此结论的正确性。

由于我国各地区之间发展不平衡，导致生产力水平与房价水平的地区差异较大，因此本书采用全国以及北京和上海两个代表性城市的数据，通过分析实际房价 P_t 相对于均衡价格 P_t^e 的运行状态，对前文的结论进行验证。

由于住房的均衡价格反映住房市场均衡时的状态，其受多种经济因素影响，且影响程度会随着时间和经济环境的改变而不断变化，因此可以将均衡价格 P_t^e 看作是状态变量，利用变参数状态空间模型进行估计。本书选用商品房销售面积 SS_t 作为需求变量，商品房竣工面积 FS_t 作为供给变量，商品房单位建造成本 C_t 用单位土地购置费用和单位竣工价值求和，城镇人均可支配收入为 W_t，总产出为 Y_t，用房屋竣工面积减去现房销售面积得出住房存量 ST_t，r_t 为一年期上海银行间拆借利率，M_t 为货币供给。由于 2006 年是"国八条"和房地产界 831 大限后的第一整年，所以本书变量采用的数据区间为 2006 年第 1 季度—2011 年第 4 季度，共24 个观测值，数据来源为中经网数据库和中国统计年鉴。本书对变量 Y_t，W_t，C_t，P_t，M_t 以 2006 年第 1 季度为基期利用价格指数进行平减。由于 SS_t，FS_t，P_t，W_t，Y_t，C_t，ST_t 均表现出一定的季节性特征，因此本书使用 X11 方法对其进行季节调整，去除季节因素的影响。本书实证分析中所有变量均是以对数形式出现，这样相应解释变量的系数就代表该变量的弹性

4.4.1　模型建立

基于式（4-2）和式（4-7）构造反映需求和供给的状态空间模型，小写字母表示相应变量的对数值，需求函数模型如下：

测量方程：$ss_t = sv1_t \times p_t + sv2_t \times y_t + sv3_t \times w_t + sv4_t \times i_t + \omega_t$

状态方程：$sv1_t = sv1_{t-1} + \xi_t^1$，$sv2_t = sv2_{t-1} + \xi_t^2$，$sv3_t = sv3_{t-1} + \xi_t^3$，

$sv4_t = sv4_{t-1} + \xi_t^4$ （4-32）

为简化实证过程，状态向量采用简单递归形式，ω_t，ξ_t^1，ξ_t^2，ξ_t^3，ξ_t^4 为独立同分布的残差项，方差一定且非序列相关。

供给函数模型：

测量方程：$fs_t = su1_t \times p_{t-1} + su2_t \times st_t + su3_t \times c_t + su4_t \times m_t + \psi_t$

状态方程：$su1_t = su1_{t-1} + \varepsilon_t^1$，$su2_t = su2_{t-1} + \varepsilon_t^2$，$su3_t = su3_{t-1} + \varepsilon_t^3$，

$su4_t = su4_{t-1} + \varepsilon_t^4$ （4-33）

状态向量采用简单递归形式，ψ_t，ε_t^1，ε_t^2，ε_t^3，ε_t^4 为独立同分布的残差项，方差一定且非序列相关。

首先估计式（4-32）和式（4-33），得到 8 个时变参数 $sv1_t$、$sv2_t$、$sv3_t$、$sv4_t$、$su1_t$、$su2_t$、$su3_t$、$su4_t$ 的估计值，然后将式（4-32）和式（4-33）联立，将估计出的 8 个时变参数当作已知变量，均衡价格 p_t^e 作为状态变量，即可估计出住房的均衡价格 p_t^e，这一过程的模型如下：

测量方程：$ss_t = sv1_t \times p_t^e + sv2_t \times y_t + sv3_t \times w_t + sv4_t \times i_t + \omega_t$

$fs_t = su1_t \times p_t^e + su2_t \times st_t + su3_t \times c_t + su4_t \times m_t + \psi_t$

状态方程：$p_t^e = p_{t-1}^e + \eta_t$ $\qquad\qquad\qquad$ （4－34）

ω_t，ψ_t 和 η_t 分别为独立同分布的残差项，方差一定且非序列相关。状态向量采用简单递归形式。

4.4.2　协整检验及结果分析

本书利用 ADF 方法检验各个变量的平稳性，滞后期数由 AIC 准则确定。检验结果表明所有变量的对数值都是一阶单整序列，所以采用约翰森（Johansen）方法对式（4－32）和式（4－33）中的各个变量进行协整检验，结果表明各方程内的变量间均存在协整关系，对式（4－32）和式（4－33）进行分析具有实际经济意义，协整检验结论见表4－4。

表4－4　　　　　　　　　　　　　协整检验结论

地区	全国		北京		上海	
检验变量	需求模型	供给模型	需求模型	供给模型	需求模型	供给模型
检验结果	1 个协整	1 个协整	2 个协整	1 个协整	2 个协整	1 个协整

注：临界值为 5% 显著性水平。

通过采用卡尔曼滤波法估计上文所建立的状态空间模型，得出全国、北京与上海的住房均衡价格趋势，见图4－3、图4－4、图4－5和图4－6。

单位：元

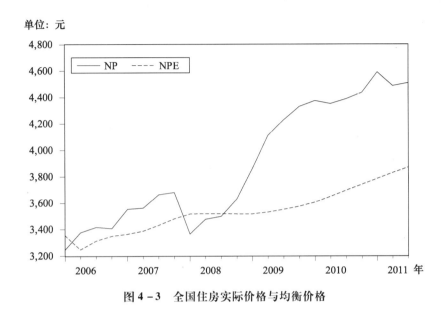

图 4-3　全国住房实际价格与均衡价格

单位：元

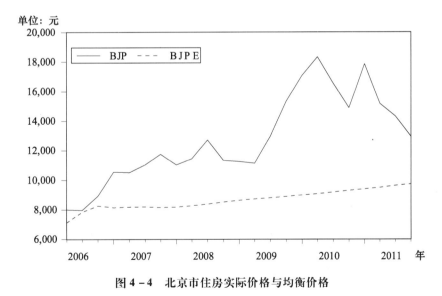

图 4-4　北京市住房实际价格与均衡价格

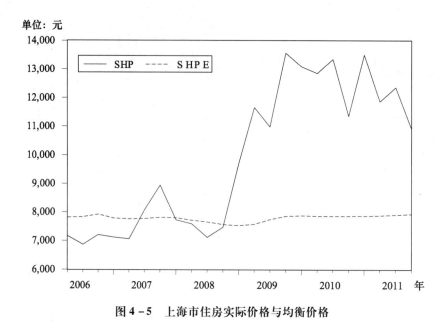

图 4 - 5   上海市住房实际价格与均衡价格

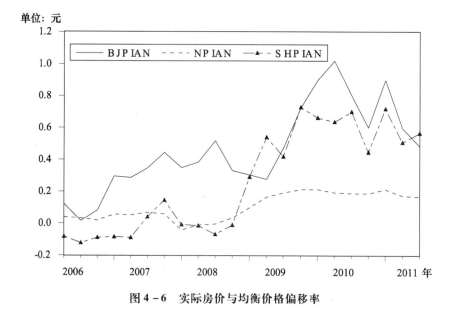

图 4 - 6   实际房价与均衡价格偏移率

图 4 - 3、图 4 - 4 和图 4 - 5 中实线表示经过平减和季节调整之后的实际房价，虚线表示均衡价格。可以发现住房均衡价格的走势比较平缓，

从 2008 年年末开始显现出明显的上涨趋势，这是因为在经历全球性金融危机之后，我国于 2008 年年末出台一系列宽松的货币政策和财政政策以刺激经济增长。从 2009 年开始全国及地方的 GDP、货币供给、通货膨胀率等经济指标均不同程度地上涨，因此由这些经济因素决定的住房均衡价格也开始上涨。在金融危机期间，经济环境的恶化导致房价快速下跌，但最终回到均衡价格，没有出现价格崩溃的局面，这验证了前文的论点。2009 年开始，全国、北京和上海的房价开始飙升，虽然政府多次出台调控政策，但是收效甚微。这是因为住房既是折旧率非常低的耐用消费品，也是风险较小的优良投资品，所以住房成为市场剩余资金争相追逐的对象，这时消费性需求和投资性需求并存，导致住房实际价格上涨的速度非常快。最后，由于房价上涨速度过快，超出消费性需求者的购买能力，在消费性需求被完全挤出住房市场后，投资性需求主导住房市场，因此在 2010 年第二季度以后房价的上涨速度逐渐趋缓，北京和上海的房价甚至出现向下的趋势。

图 4 - 6 显示全国、北京和上海房价偏移率的时间路径，图中实线表示北京房价偏移率，虚线表示全国房价偏移率，三角标线表示上海房价偏移率。可以发现，在 2009 年之后，三组偏移率均为正值且逐渐加大，表明实际房价高于均衡价格的幅度越来越大。为判断是否出现房价泡沫，必须对三组价格偏移率进行平稳性检验。本书采用 ADF 方法对三组价格偏移率进行平稳性检验，使用 AIC 最小准则确定滞后项，经检验三组价格偏移率均为一阶单整过程，这说明实际房价对均衡价格的偏离并非随机游走，这种非平稳性偏离意味着北京、上海乃至全国的房价泡沫已经形成。

这与本章前三节关于住房价格的讨论比较吻合，从图 4 - 3、图 4 - 4 和图 4 - 5 中可以看出，在 2008 年金融危机发生之前，住房市场不存在大量投资性需求的情况下，实际住房价格与均衡价格基本保持着相同的增长率，实际住房价格偶有波动也是围绕着均衡价格波动。从图 4 - 6 可以看出，2008 年之前，全国、北京和上海的实际房价与均衡价格偏移率基本保持平稳。金融危机期间，由于经济环境的恶化，实际住房价格迅速下滑，但没有偏离均衡价格而表现出价格"暴跌"的形态。在 2009 年年初，国家出台一系列宽松的货币和财政政策以刺激经济发展，在此阶段我国的资本市场投融资环境发生改变，导致住房市场投资性需求大增，实际住房价格开始快速上涨，偏离均衡价格而生成泡沫。2010 年年末，国家出台一系列房价调控政策，在信贷、利率、税收、和规范地方政府行为方面都作出调整，导致实际住房价格的上涨势头减缓，从图 4 - 6 中可以看出，实际房价与均衡价格的偏移率从 2010 年年末开始下降，说明政策性因素和结构性因素对实际住房价格存在影响。

综合来看，对于我国住房价格及其各类影响因素的实证分析结果基本符合理论模型对于住房价格动态特征的描述。因此，本书认为：当消费性需求主导住房市场时，住房价格会围绕其均衡价格波动，并逐渐收敛于均衡价格；当投资性需求和消费性需求并存时，房价会背离均衡价格持续上涨并形成泡沫；当住房价格上涨到将消费性需求完全挤出时，住房价格依然会继续向上运动，但上涨速度要比两种需求共存时缓慢，此时房价泡沫存在破裂的风险。当严厉的调控政策使住房价格上涨预期转变时，泡沫破裂，房价下跌。但房价不会像其他金融资产那样迅速崩盘，而是表现为具有一定的黏性，且一旦泡沫破裂后住房价格会重新收敛于均衡价格。对于我国住房市场，各类政策性与结构性影响因素，连同住房市场中各参与者的行为选择，共同推动我国住房价格快速上涨，从近年来我国住房价格的运动趋势来看，我国正处于住房价格上涨通道中，住房市场本身已经难以对住房价格的迅速上涨进行调节。

第 5 章

住房价格波动的溢出效应

　　房地产市场横跨金融和实体经济两部门，对国家的经济发展和社会稳定有重要影响。随着收入水平的提高，特别是进入小康社会以来，改善居住条件、提高生活质量成为我国居民生活的第一需要。住房市场作为房地产市场最重要的组成部分，在经济和社会发展中发挥不可忽视的作用。从微观层面来讲，住房是家庭的重要资产，住房价格波动会使家庭调整消费和投资决策，从而改变家庭的效用水平和福利水平。从宏观层面来讲，房地产业的产业关联性很强，这使得住房市场的发展成为带动整个经济发展的主要力量，无论在增加就业、促进农村劳动力转移，还是在拉动消费和投资等方面都起到重要作用。由此可见，住房价波动对宏观经济发展、微观主体行为以及社会福利都具有不可忽视的重要影响。

　　按照住宅经济学的描述，住房是一种特殊的商品，其特殊性在于住房本身具有商品和福利品的双重属性。作为商品，无论贫富程度如何，以消费为目的仍然且将一直是住房市场最主体的需求部分（George Fallis，1985），可见消费功能是住房最基本的功能。同时住房作为一种投资对象，具有增值保值的特点，这决定投资功能是住房商品的另一个基本功能。根据第 2 章的分析，住房商品的社会福利属性是其性质中重要的组成部分，也是其有别于其他一般商品的关键所在，连同住房的消费功能属性和投资功能属性，这三重功能属性是住房所固有的和最本质的属性。但是，也因为这三重功能属性的客观存在，导致住房价格的每一次变化除影响住房市场本身的供求情况外，也会对经济发展和社会生活同时产生影响，这种影响可以被称为住房价格波动的溢出效应。这种溢出效应具体表现在：第一，住房价格波动直接影响家庭的消费、投资与储蓄决策；第二，住房的投资功能使其具有财富储备和生产辅助作用，住房价格的波动会改变家庭与企业的财富水平，同时，作为生产资料的住房价格的改变，会影响企业的成本，进而影响企业的生产和投资决策；第三，住房价格上涨会使更多家庭无法享有居住权，或者导致有房家庭和无房家庭的收入分配差距加大，降低社会福利水平。另有一点不能忽视的是，我国地方政府参与到住房市场的利益分配中，作为市场调控主体的地方政府参与市场的利益分配中，这种情况加大住房市场的调控难度，同时也将住房价格波动的溢出效应扩散到政府部门。可见，住房价格波动的溢出效应可以波及经济发展和社会生活的方方面面，下面分别从经济发展和社会福利角度，详细探讨住房价格波动的溢出效应及其作用机制。

5.1　住房价格对家庭消费行为决策的影响

本章仅以住房价格波动对总产出及构成总产出的消费、投资与政府购买的影响来表示住房价格波动在经济发展方面的溢出效应。当不考虑国际因素时，一国的均衡产出由消费、投资和政府支出构成，可以表示为：$Y = C + I + G$，式中 C 为总消费、I 为总投资、G 为政府购买，当家庭、厂商等微观主体为同质个体时，总消费和总投资等就是单个微观主体的简单加总。由于经济发展的概念过于广泛，作者仅选取几个有代表性的问题来概括住房价格波动在经济发展方面的溢出效应，选取的思路就是由产出水平，以及构成产出的消费、投资和政府购买来代替我国的经济发展问题。

首先，考虑住房价格上涨[①]对消费的影响。关于住房价格波动与消费的关系，已有很多学者进行相关研究，如 Kishor（2007）认为，住房资产与消费之间具有明显的相关性，并且这种相关性要强于货币资产和消费之间的相关性。王子龙、许箫迪（2008）认为，随着我国经济增长和居民收入的增加，房地产财富对居民消费的影响不断增强，房地产价格变化是居民消费增加的格兰杰（Granger）原因，房地产价格的上涨将导致居民消费增加，房地产市场的财富效应通过作用于居民消费最终对宏观经济的运行产生影响。本书认为，房价上涨分别对两类家庭的消费产生影响：有房家庭的住房资产价值增加使得其总财富增加，导致有房家庭有动力增加消费；而无房家庭未来的机会成本加大，导致其消费减少。住房价格上涨

---

① 为统一分析，本书只考虑房价波动中的房价上涨情况，房价下跌时可按同理分析。

对总消费的影响由对两类家庭的影响加总而得。下面本书对此进行详细分析。

一个典型家庭①追求的是预期效用最大化：

$$\max \quad E_t \left\{ \sum_{i=0}^{\infty} \beta^i U(c_{t+i}) \right\} \tag{5-1}$$

其面临的预算约束为：

$$c_t + h_{t+1} + z_{t+1} = (1+r)(h_t + z_t) + \omega_t \tag{5-2}$$

式中：c_t，h_t，z_t 都用小写字母表示，分别代表剔除价格变动的实际家庭消费、家庭在 t+1 期的实际住房资产与其他资产；ω_t 为工资率，表示家庭各期实际收入。还要指出的是，这里的 c_t 代表的是家庭的意愿消费、r 为固定利率。以上假设条件和变量与永久收入假说的理论框架完全吻合，因此我们这里直接采用 Hall（1978）的理性预期——永久收入假说的函数形式：

$$c_t = \frac{r}{1+r} \left[\sum_{i=0}^{\infty} \frac{E_t(\omega_{t+i})}{(1+r)^i} + (1+r)(h_t + z_t) \right] \tag{5-3}$$

从式（5-3）可以看出家庭此时的消费水平等于预期的永久收入，住房资产作为永久收入的一部分，直接影响着家庭消费水平。根据式（5-3），对于没有住房资产的家庭，房价上涨意味着未来每期要留下一部分收入 s_t 用来储蓄，且不能享受到房价上涨带来的财富增值，导致其在每期产生一个间接损失 v_t，v_t 同样代表实际值，则无房家庭的消费水平为：

$$c_{ut} = \frac{r}{1+r} \left[\sum_{i=0}^{\infty} \frac{E_t(\omega_{t+i} - s_t)}{(1+r)^i} + (1+r)(z_t - v_t) \right] \tag{5-4}$$

而对于目前拥有住房的家庭，房价上涨意味着资产价值的增加以及融资能力的改善，假设资产价值增加 a_t，融资能力的改善体现在每期增加 n_t，a_t 和 n_t 代表实际值，则有房家庭的消费水平为：

$$c_{ht} = \frac{r}{1+r} \left[\sum_{i=0}^{\infty} \frac{E_t(\omega_{t+i} + n_t)}{(1+r)^i} + (1+r)(h_t + z_t + a_t) \right] \tag{5-5}$$

可见，房价上涨通过减少家庭财富降低无房家庭的消费水平，而通过使有房家庭财富增加，提高有房家庭的消费水平。假设这两类家庭分别都是同质的，则对这两类家庭进行加总后，房价上涨是促进还是抑制总消费

---

① 两类家庭的推导过程一致，因此这里暂不区分有房家庭和无房家庭。

要取决于两类家庭的比例。考虑到我国的实际情况，目前，我国贫富差距现象严重，高收入阶层所占比例非常小，且中产阶级比例也偏低，而中低收入家庭占我国人口总量的绝大部分，也就是说，在我国房价上涨对消费很难存在实质性的促进作用，反而会降低总消费水平。

5.2　住房价格对家庭投资和社会投资行为的影响

从宏观层面而言，与住房关系最密切的就是房地产开发投资，住房价格上涨意味着投资收益率升高，会直接刺激房地产开发投资的增长，而房地产开发投资直接计入社会总投资中。已有研究表明，房地产开发投资对国民经济增长确实存在着促进作用，如 Green（1997）运用格兰杰（Granger）因果检验，发现房地产投资与经济增长存在因果关系，房地产投资的变化可以有效地预测产出变化。Coulson 和 Kim（2000）利用脉冲响应和方差分解考察房地产投资与产出的关系，认为房地产投资通过作用于消费从而影响总产出。Miles（2009）使用 VAR 模型，考察美国的房地产投资和经济增长的长期关系，认为房地产投资通过促进消费和投资增长，从而促进产出增长。沈悦和刘洪玉（2004）通过广义脉冲响应分析和方差分解分析，研究当前中国房地产开发投资和 GDP 之间的脉冲响应特性，发现 GDP 对房地产开发投资有着显著的单向作用，当前 GDP 的走势对于房地产业的发展有着决定性的影响。

从微观层面来讲，住房除是一种必备消费品之外，还具有投资和升值的功能，其投资收益分为两部分：一是租金收入，相当于红利；二是资产收益，来自于房价的变化。本书的研究视角针对住房本身所具有的投资功能属性，将住房视为一种投资工具，考虑投资工具价格的上涨对投资者行为的影响。除利率外，此处依然用小写字母表示相应变量剔除价格变动后的实际值，考虑现有住房，房价为 p_t，租金为 re_t，固定利率为 r，假设在 t 期，家庭降低消费 dc_t 用于购房，dc_t 可以购买 dc_t/p_t 单位的住房，在 $t+1$ 期可获得租金收益为：$(re_t \cdot dc_t)/p_t$，也可以卖掉住房资产获得 $(p_{t+1} \cdot dc_t)/p_t$。因此 $t+1$ 期的期望总收益为 $E_t\left[\dfrac{1}{(1+r)} \times \dfrac{(re_{t+1}+p_{t+1})dc_t}{p_t}\right]$，假设家庭是最优规划的，则消费的变化不会导致预期效用的变化，因此成本应等于期望总收益：

$$dc_t = E_t \left[\frac{1}{(1+r)} \times \frac{(re_{t+1} + p_{t+1}) dc_t}{p_t} \right] \tag{5-6}$$

两边消掉 dc_t，并同时乘以 p_t，得到：

$$p_t = E_t \left(\frac{re_{t+1} + p_{t+1}}{1+r} \right) \tag{5-7}$$

式（5-7）可以理解为家庭最优规划的一阶条件。考虑到当住房市场无泡沫时，满足：

$$\lim_{i \to \infty} E_t \left[\frac{p_{t+i}}{(1+r)^i} \right] = 0 \tag{5-8}$$

利用期望迭代法则对式（5-7）进行迭代，可得：

$$p_t = E_t \left[\frac{re_{t+1}}{(1+r)} + \frac{re_{t+2}}{(1+r)^2} + \cdots + \frac{re_{t+i}}{(1+r)^i} \right] + E_t \left[\frac{p_{t+i}}{(1+r)^i} \right] \tag{5-9}$$

将式（5-8）代入到式（5-9）中，得到：

$$p_t = \sum_{i=1}^{\infty} E_t \left[\frac{re_{t+i}}{(1+r)^i} \right] \tag{5-10}$$

式（5-10）说明在无泡沫的条件下房价是预期未来租金的折现值，我们可以将式（5-10）理解为住房的基础价格。如果住房市场存在泡沫，这里在住房基础价格之上加一个确定性泡沫 b 来表示，此时存在泡沫的房价为：

$$p_t = \sum_{i=0}^{\infty} E_t \left[\frac{re_{t+i}}{(1+r)^i} \right] + (1+r)^t b \tag{5-11}$$

因为式（5-11）在各期都成立，因此：

$$p_{t+1} = \sum_{i=1}^{\infty} E_{t+1} \left[\frac{re_{t+1+i}}{(1+r)^i} \right] + (1+r)^{t+1} b \tag{5-12}$$

对式（5-12）两边同时除以（1+r），然后同时取期望，再利用期望迭代法则，可以得出：

$$p_t = E_t \left(\frac{re_{t+1} + p_{t+1}}{1+r} \right) = \sum_{i=0}^{\infty} E_t \left[\frac{re_{t+i}}{(1+r)^i} \right] + (1+r)^t b \tag{5-13}$$

可以看出式（5-13）与式（5-10）式相同，这说明在住房市场存在泡沫的时候，住房价格依然满足家庭的一阶条件，此时家庭愿意支付多于未来现金流的贴现值，因为他们预期到住房价格将持续上升，也就是说，房价上涨会诱使家庭减少消费或者其他方面的投资，从而投资于住房资产。

当住房作为生产资料时，其价格上涨会增加企业的成本，进而影响企业的生产和投资决策。考虑一个典型厂商，生产函数为柯布－道格拉斯形式：

$$Y_{pt} = K_t{}^a L_t{}^{1-a} \qquad (5-14)$$

式中：$0 < a < 1$，Y_{pt} 为厂商的产出，K_t 和 L_t 分别为资本和劳动投入量。假设厂商租用资本进行生产，则其利润 $\pi_t = P_{pt}Y_{pt} - \omega_t L_t - r_{kt}K_t$，式中，$P_{pt}$ 为产品价格，ω_t 为工资率，r_{kt} 为资本的租用利息率，也叫资本的租用价格。厂商选择 K_t 以达到利润最大化，一阶条件为：

$$K_t = Y_{pt}\left(\frac{\alpha}{1-\alpha}\right)^{1-\alpha}\left(\frac{\omega_t}{r_{kt}}\right)^{1-\alpha} \qquad (5-15)$$

从式（5－15）可以看出资本存量 K_t 对资本租用价格 r_{kt} 的弹性是 $-(1-\alpha) < 0$，这说明当资本租用价格上升时，厂商会减小资本存量。进一步观察，根据加速原理确定的投资函数 $i_t = \xi[Y_{pt+1} - (1-\delta)Y_{pt}]$，这里 i_t 用小写字母表示厂商的意愿投资，意愿投资水平主要由产出变化决定，这里 $\xi = \left(\frac{\alpha}{1-\alpha}\right)^{1-\alpha}\left(\frac{\omega_t}{r_{kt}}\right)^{1-\alpha}$，$0 < \delta < 1$ 为产量调整系数，对投资函数取关于 r_{kt} 的导数：

$$\frac{\partial\, i_t}{\partial\, r_{kt}} = -[Y_{pt+1} - (1-\delta)Y_{pt}] \cdot \left(\frac{\alpha}{1-\alpha}\right)^{1-\alpha} \cdot (1-\alpha) \cdot \left(\frac{\omega_t}{r_{kt}}\right)^{-\alpha} \cdot \omega_t < 0$$

$$(5-16)$$

由此可见，厂商资本存量和当期投资均与资本租用价格负相关，而房价上涨会导致土地价格上升，推高资本租用价格，使得厂商减少存量资本和流量资本，进而导致产出下降。

在实际中，还有一部分厂商不是资本的租赁者，而是资本的拥有者。这部分厂商会根据对成本和需求的预期来调整资本存量和投资规模，但是资本的调整会产生一定的成本，一般情况下调整成本与调整规模正相关，因此 Lucas（1967）和 Treadway（1969）等经济学家，将资本进行调整时所需要的成本引入古典投资理论，发展出调整成本模型。考虑一个具有调整成本 $C(i_t)$ 的投资模型，厂商面临的最优规划问题为：

$$max \quad \sum_{t=0}^{\infty} \frac{Y_{pt} - \omega_t L_t - i_t - C(i_t)}{(1+r)^t} \qquad (5-17)$$

假设一单位资本的价格为 1，利率 r 固定且不考虑折旧，产出为 Y_{pt}，

资本存量 K_t 和意愿投资 i_t 的关系为：

$$K_{t+1} = i_t + K_t \tag{5-18}$$

求解式（5-18）约束下的拉格朗日函数可得厂商最优化问题的一阶条件，可得 $1 + C'(i_t) = (1+r)^t \lambda_t$，$\lambda_t$ 为拉格朗日乘子，对其变型可得到：

$$i_t = [C'(i_t)]^{-1} [(1+r)^t \lambda_t - 1] \tag{5-19}$$

从式（5-19）可知投资 i_t 与 $(1+r)^t \lambda_t$ 正相关，设 $q_t = (1+r)^t \lambda_t$，则式（5-19）可以化为：

$$i_t = [C'(i_t)]^{-1} (q_t - 1) \tag{5-20}$$

q_t 表明 1 单位资本在一定时间内的价值等于未来边际收益产品的贴现，表示增加一单位投资对利润现值的影响。如果 q_t 较高，厂商就会倾向于增加资本存量；如果 q_t 较低，厂商会选择减少资本存量。本书假设一单位资本的价格为 1，根据托宾的 "q" 理论可知 q_t 代表新增资本市场价值与资本重置成本之比。房价上涨带动土地价格和租金上涨，进而直接推高重置成本，当重置成本升高时 q_t 会变小，根据式（5-20）可知，此时厂商会减小投资。

5.3 住房价格与地方政府财政收入

自从 1994 年实行分税制以来，地方政府就一直面临财权与事权不对称的困境，土地收入属于地方性收入，地方政府可以自由支配，因此土地出让金等与土地有关的税费就成地方政府财政收入的重要来源。土地价值与房价正相关，因此房价上涨符合地方政府利益，地方政府具有推动房价上涨的动力。地方政府的目标是产出快速增长、社会稳定和财政收入最大化。财政收入保证地方政府自由裁量权的正常运转，可以维持地方的基础设施和民生工程建设，为发展地方经济和增加居民福利提供物质支持，同时也有助于地方政府达成政绩考核指标。假定地方政府采用柯布-道格拉斯形式的效用函数：

$$U_t^g = Y_t^\kappa N_t^u B_t^\tau \tag{5-21}$$

式中：Y_t 代表地方的经济增长；N_t 代表地方的民生发展和社会稳定情况，B_t 代表地方的教育、医疗、市政等基础设施建设情况。《中华人民共和国预算法》规定地方政府不允许存在财政赤字，当地方政府财政收支平衡时有：

$$E_t^g = I_t^g = L_t^g + T_t \qquad (5-22)$$

式中：E_t^g 为地方政府财政支出；I_t^g 为地方政府的财政收入；L_t^g 代表土地出让金收入；T_t 代表地方政府除土地出让金外的其他收入。地方政府增加财政支出会刺激经济增长、发展民生和完善基础设施建设，因此可假设 Y_t，N_t，B_t 分别为财政支出 E_t^g 的简单线性函数形式[①]：

$$Y_t = m\ (L_t^g + T_t),\ N_t = \sigma\ (L_t^g + T_t),\ B_t = \Phi\ (L_t^g + T_t) \qquad (5-23)$$

土地出让金的数量受当地房价 P_t 和住房成交量 Q_t 影响，因此有：

$$L_t^g = vP_tQ_t \qquad (5-24)$$

式中：v 表示土地出让金纳入地方财政的比例，将式（5-24）、式（5-23）代入式（5-21）中并求关于房价 P_t 的导数可得：

$$\frac{\partial\ U_t^g}{\partial\ P_t} = m^\chi \sigma^\mu \phi^\tau v Q_t \cdot (\chi + \mu + \tau) \cdot (vP_tQ_t + T_t)^{\chi + \mu + \tau - 1} \qquad (5-25)$$

根据式（5-24）可知，房价上涨导致地方政府获得的土地出让金增多，地方财政收入增加。易知式（5-25）大于 0，因而地方政府是房价上涨的受益者，房价越高，财政收入越多，地方政府效用越大。

5.4   住房价格对家庭福利和总福利的影响

由于住房是社会福利品，因此本书分别从住房价格上涨[②]对家庭福利与社会福利的影响，来考察住房价格上涨对社会总福利的影响。对于高收入家庭，住房仅是其总资产的一部分，而对于普通家庭，住房资产占家庭财富的比重要高于其他任何类型的资产。因而，住房价格上涨对于不同类型的家庭具有不同的影响，对于无自有住房的租房家庭来说，住房价格的上涨将导致其租金成本增加，家庭需要减少消费或取得更多贷款来应对。对于计划买房的家庭，房价上涨会使家庭面临较高的首付款，并且以后各期的还款金额也会上升。根据弗里德曼的生命周期假说，行为人的收入分为永久性收入（Permanent Income）和暂时性收入（Transitory Income），永久收入可以表示为：

$$Y^p = \frac{r}{1+r}\Big[\ (1+r)A_0 + \sum_{t=0}^{\infty}\frac{\omega_t}{(1+r)^t}\Big] \qquad (5-26)$$

---

① 采用线性形式是为使结果简单明了，其他的函数形式并不影响本书结论。

② 当住房价格下跌时，可采用同样方法分析。

式中：Y^p 为家庭收入，A_0 为初始禀赋，ω_t 为工资率，代表家庭的 t 期的可支配收入，r 为利率，这里表示贴现率。租金的上涨和购房支出（贷款买房）的增加相当于每期的可支配收入减少 $\Delta\omega$，这样就导致家庭终生的永久收入降低为：

$$Y^p = \frac{r}{1+r}\Big[(1+r)A_0 + \sum_{t=0}^{\infty} \frac{\omega_t - \Delta\omega}{(1+r)^t} \Big] \qquad (5-27)$$

可见，对无房家庭来说，住房价格上涨意味着财富损失。而对于拥有住房的家庭，住房价格上涨可以使其在出售或者出租时获得更大的收益，并且可以获得更多的住房抵押贷款。这表现为初始禀赋增加 ΔA，且每期收入增加 $\Delta\omega_1$：

$$Y^{ph} = \frac{r}{1+r}\Big[(1+r)(A_0 + \Delta A) + \sum_{t=0}^{\infty} \frac{\omega_t + \Delta\omega_1}{(1+r)^t} \Big] \qquad (5-28)$$

式（5-28）表示拥有住房的家庭在房价上涨中获得财富的增加。在同样的房价上涨过程中，无房家庭损失财富，而有房家庭增加财富，这直接导致有房家庭和无房家庭的收入分配差距加大，也就是说房价波动引致社会财富再分配效应。从本质上来说，这种再分配效应其实是一种财富的转移，徐滇庆（2006）提出住房价格上涨会带来五种财富转移效应，也就是社会财富向富人、城镇、投机者、房地产商和政府转移。这种转移只是将财富从无房的中低收入家庭转移到拥有住房的高收入家庭，并没有带来社会财富总量的增加和社会福利的改进，相反却造成社会贫富差距的扩大以及使社会资源分配更加不公平。从幸福经济学视角来说，分配不公会降低社会幸福指数，导致社会总效用下降。Martin Wolf（2006）提出住房价格上涨并不会使一个国家变得更富裕，而只是将财富在社会居民中进行重新分配，将消费性购房者的财富转移到投资性购房者手中。

我国的住房价格自 2008 年以来经历大幅度上涨，伴随着房价上涨的是我国个人持有可投资资产达 100 万美元以上的高净值家庭的数量，调查显示，2008 年我国的 100 万美元以上家庭数量约为 36.4 万人，而到 2011 年这一数字突破 100 万人。但是根据一份私人调查报告，2010 年在全球百万富翁绝对人数进入前 12 位的国家中，中国每千人所含百万富翁人数仅超过印度，排名第 11 位，1000 人中只有 0.4 人。而按世界银行每天 2 美元的标准，中国同期拥有超过 1 亿人的贫困人口，足见我国的收入分配失衡情况之严重。根据联合国数据，2011 年中国的基尼系数突破 0.55，成为世界上贫富差距最大的国家。然而，住房价格上涨却在进一步拉大我国社会的贫富差距状况，这种再分配会造成低收入家庭财富更低，高收入家庭财富更多的一种劫贫济富的"马太效应"①。

　　目前关于房价与收入分配不公方面的研究，多为利用实证分析方法，度量房价对城镇居民收入差距与财富差距的影响程度及方向。如陈灿煌（2007）利用向量自回归模等计量手段，对我国城市住房价格与城市居民收入差距之间的关系做实证分析，度量住房价格上涨对城市居民收入差距的影响程度。李德智、李启明（2010）选择商品房平均销售价格与城镇家庭欧希玛指数，表征我国房价与城镇家庭贫富差距，认为房价上涨和城镇家庭贫富差距加大之间存在恶性循环。尹向飞、陈柳钦（2008）认为，住房价格快速上涨与社会财富分配不公存在单向促进关系，住房价格上涨使得最高收入阶层的收入增长速度加快，促进收入的两极分化。陈彦斌、邱哲圣（2011）建立一个包含房价高速增长、住房需求内生和生命周期特征的 Bewley 模型，发现房价的快速上涨通过引致富裕家庭投资性住房需求的增加而进一步推高房价，年轻人家庭为追赶房价不得不提高储蓄率，高房价对居民储蓄、投资行为的扭曲作用，使得城镇居民的福利水平普遍下降，其中中低收入阶层下降最多。上述研究虽然得出住房价格上涨确实造成收入分配差距加大，但是并没有阐明住房价格上涨是通过何种途径导致的收入分配差距加大，也没有从理论上得出房价上涨对不同类型家庭福利以及社会总体福利水平的影响程度。因此，本书的任务是在分析住房价格上涨对贫富差距加大的作用机制基础上，度量由此引发的家庭福利与社会福利水平的变动程度。

　　住房价格上涨使得本已富裕的有房家庭的固定资产价值增加、融资能力增强以及家庭总效用增加。而对于大多数中低收入无房家庭，房价上涨意味着每期支付的租金成本增加、未来买房的机会成本增加和预防性储蓄增加，进而导致家庭可支配收入减少，总效用降低。富裕的家庭更加富裕，贫困的家庭更加贫困，形成由住房价格上涨导致的"马太效应"。为

---

　　① 马太效应（Matthew Effect）来自美国学者罗伯特·莫顿（Robert K. Merton），描述的是一种"强者愈强、弱者愈弱"的社会心理现象，此后这一术语被引用到经济学领域，反映贫者越贫、富者越富、赢家通吃这一经济学中加大社会收入分配不公的现象。

考察房价波动的"马太效应"生成机制和作用途径，本书在生命周期模型的基础上，建立一个考虑两类家庭行为和住房资产价值的静态模型，通过比较静态分析来阐明房价波动如何促进"马太效应"的生成，以及"马太效应"的强度。

考虑两类家庭：一类是拥有住房的有房家庭，另一类是目前没有住房的租房家庭。有房家庭不再进行住房资产方面的投资，而是把住房资产当作已有的生息资产，计入收入之中，而且可以享受到拥有住房的全部效用和住房价格上涨所带来的财富增值。而无房的租房家庭或者选择一直租房而不进行储蓄，或者为将来购房而进行储蓄。在两类家庭中，收入除用于消费和储蓄外，还投资其他资产。假定其他投资品以股票代替，劳动生产率不变，此处小写字母表示相应变量剔除价格影响之后的实际值。租金 re_t 与房价 p_t 的函数为 $re_t = \eta p_t$，$\eta > 0$ 表示房租随着房价上涨而提高。s_t^u 表示无房家庭为将来购房而进行的储蓄或偿还贷款，当房价上涨时，无房家庭每期需要更多储蓄以用来购买住房，因此 $s_t^u = k p_t$，$k > 0$。住房价格上涨时，有房家庭可以抵押住房获得更多贷款，或者卖出住房获得更多的收益，因此住房资产价值 h_t 与房价的关系为 $h_t = \psi p_t$，$\psi > 0$。两类家庭的目标都是在家庭存活的各期选择最优消费、投资和储蓄规模使得家庭终生效用最大化，本书重点考虑房价对家庭财富和效用的作用机制，不对家庭最优选择进行考量，因此采用静态分析的形式，用瞬时效用函数代表家庭每期的效用。瞬时效用函数采用相对风险厌恶不变（CRRA）形式：

$$u(C(t)) = \frac{C(t)^{1-\theta}}{1-\theta} \qquad (5-29)$$

则有房家庭面临的约束为：$y_t^h = c_t^h + i_t^h$ $\qquad (5-30)$

式中 $y_t^h = L^v h_t^\beta w^\gamma$，$L$ 为劳动，假定家庭提供的劳动不变，h_t 为住房资产价值，w 为股票红利，假定股票收益恒定，y_t^h 表示有房家庭收入，i_t^h 表示有房家庭意愿股票投资，c_t^h 代表有房家庭意愿消费。

无房家庭要进行储蓄 s_t^u 用于未来购房，而且还要支付房租 re_t，y_t^u 表示无房家庭的收入，i_t^u 代表无房家庭的意愿股票投资，c_t^u 为无房家庭意愿消费，因此无房家庭面临的约束为：

$$y_t^u = s_t^u + re_t + i_t^u + c_t^u \qquad (5-31)$$

式中 $y_t^u = L^{\Phi} w^{\varpi}$，L 与 w 的定义与上面相同。由式（5 - 30）可知 $c_t^h = y_t^h - i_t^h$，将其代入式（5 - 29）中并将 y_t^h 展开可得：

$$u_t^h = \frac{[L^{\nu}(\psi p_t)^{\beta} w^{\gamma} - i_t^h]^{1-\theta}}{1-\theta} \qquad (5-32)$$

式（5 - 32）即为有房家庭的瞬时效用函数表达式，u_t^h 代表有房家庭在 t 期的效用。由式（5 - 31）可知 $c_t^u = y_t^u - s_t^u - r_t^u - i_t^u$，将其代入式（5 - 29）中并将 y_t^u 展开可得：

$$u_t^u = \frac{(L^{\varphi} w^{\varpi} - \kappa p_t - \eta p_t - i_t^u)^{1-\theta}}{1-\theta} \qquad (5-33)$$

式（5 - 33）为无房家庭的瞬时效用函数表达式，u_t^u 表示无房家庭在 t 期的效用。式（5 - 32）和式（5 - 33）对房价 p_t 的一阶导数分别为：

$$\begin{cases} [L^{\nu}(\psi P_t)^{\beta} w^{\gamma} - i_t^h]^{-\theta} \cdot L^{\nu} w^{\gamma} \psi^{\beta} \beta p_t^{\beta-1} > 0 \\ -(L^{\varphi} w^{\varpi} - \kappa p_t - \eta p_t - i_t^u)^{-\theta} \cdot (\kappa + \eta) < 0 \end{cases} \qquad (5-34)$$

式（5 - 34）说明住房价格的上涨对于有房家庭来说是一种福利改进，而对无房家庭来说是一种福利损失。这体现出"马太效应"强者越强、弱者愈弱的本质。住房作为家庭的基本生存资料和最重要的财富形式，其价格上涨对两种类型的家庭所造成的后果截然不同，一边持续增加而另一边连续下降，有可能会导致两类家庭的差距无限扩大。但是根据式（5 - 32）和式（5 - 33）可以得出 $\dfrac{d^2 u_t^u}{dp_t^2} < 0$ 且 $\dfrac{d^2 u_t^h}{dp_t^2} < 0$，这表明房价上涨对有房家庭的福利改进和无房家庭的福利损失都是边际递减的，因此房价上涨并不会无限制的使"马太效应"扩大，而是随着房价的上涨呈边际递减趋势。这与现实情况非常吻合，当房价上涨到一定水平时，由于房价太高，投资性需求者和消费性需求者对房价都存在着房价过高的预期，从而不会再购买住房，住房市场形成一种有价无市的局面。银行风险也随着房价的上涨而逐渐积累，当预期房价过高时，银行面临违约的风险加大，因而银行会对采取提高贷款利率或者提高贷款门槛等措施来应对。这两个方面分别作用于住房的供求环节和抵押贷款环节，因而有房家庭不能因为住房价格升高而无限的增加福利。而对于无房家庭说，当过高的房价超越其可支付的极限时，无房家庭的消费性需求被完全挤出，无房家庭会放弃储蓄购房而选择其他消费。且房价过高造成的住房市场有价无市使得租金不会无限上升，而是随着住房成交量的缩减而趋

于平稳，这样房价上涨对储蓄和租金成本的影响就会减弱，从而对无房家庭造成边际递减的福利损失。

5.5 住房价格波动溢出效应实证检验

从上一节的分析中可以看出，住房价格上涨对消费、投资、政府收入和家庭福利同时产生影响，这种影响的必然性原因在于，住房同时具有消费、投资和社会福利三重功能属性，由于这三重功能属性是住房所固有的基本属性，因此住房价格波动的溢出效应也不可避免地涉及消费领域，投资领域和社会生活领域。

5.5.1 住房价格的经济溢出效应检验

为验证本章提出的住房价格波动对构成产出的消费、投资和政府购买都具有影响，以及家庭、企业与地方政府在住房价格波动中的行为选择。笔者利用实际数据考察房价、消费、投资与财政收入①之间的影响关系，由于目前还难以对房价与消费、投资和财政收入之间的结构性关系进行确定性界定，且本书着重通过统计性描述来验证前文的理论模型结论，因此本书采用基于 VAR 模型的脉冲响应函数来考察总消费、总投资、财政收入和 GDP 对住房价格的冲击响应。由于 2006 年是旧"国八条"出台而且是"8·31"大限之后的第一整年，因此变量采用的数据区间为 2006 年第 1 季度至 2012 年第 1 季度，共 25 个观测值，数据来源为中经网数据库和中国统计年鉴。其中，实际房价为商品房销售额与商品房销售面积的比值，总消费由国内消费品零售总额表示，总投资为内资企业投资总额、港澳台商投资企业投资总额、外商投资企业投资总额、个体经营投资总额的总和②，财政收入为地方政府财政收入。本书将相应变量以 2005 年第一季度为基期利用价格指数进行平减，对表现出季节特征的变量利用 X11 方法对其进行季节调整，以去除季节因素的影响。本书实证分析中所有变

---

① 由于缺少关于政府支出方面的数据，本书依据《中华人民共和国预算法》中关于地方政府不允许存在财政赤字的规定，假定地方政府每一期都收支平衡，因此在检验时采用财政收入表示政府支出。

② 我国没有详尽合理的私人部门投资数据，且本书意在考量房价对制造业和高新技术产业投资影响。

量均是以对数的形式出现，首先通过 ADF 方法检验各个变量的平稳性，滞后期数由 AIC 准则确定，结果表明所有变量的对数序列皆为 I（1）变量，其一阶差分构成平稳时间序列，然后利用 Johansen 方法对其进行协整检验，协整检验结果表明住房价格，总消费、总投资和财政收入之间存在着长期的均衡关系。为进一步分析房价上涨对总消费、总投资、财政收入和 GDP 的影响，本书采用基于 VAR 模型的脉冲响应函数分别考察总消费、总投资、财政收入和 GDP 对房价冲击的响应程度。本书根据 AIC 最小准则建立一个 VAR（3）模型，经检验本书的模型显著，且所有特征根根模的倒数都小于 1，说明本书的 VAR 系统是稳定的。在模型中通过给房价 1 个标准差大小的冲击，得到关于总消费、总投资、财政收入和 GDP 的脉冲响应函数图。图 5 - 1 至图 5 - 4 中横坐标表示冲击作用的滞后期数（季度），纵坐标表示冲击反应程度，虚线表示正负两倍标准差。

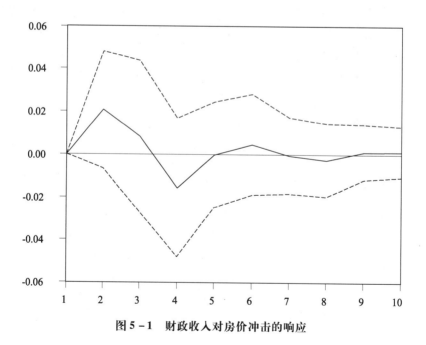

图 5 - 1　财政收入对房价冲击的响应

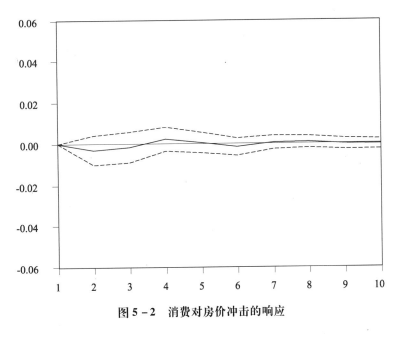

图 5 - 2　消费对房价冲击的响应

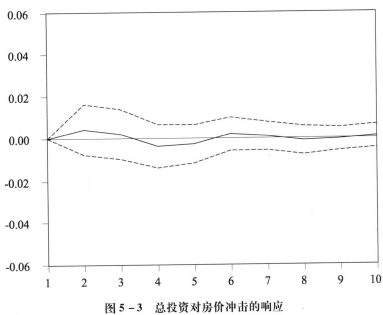

图 5 - 3　总投资对房价冲击的响应

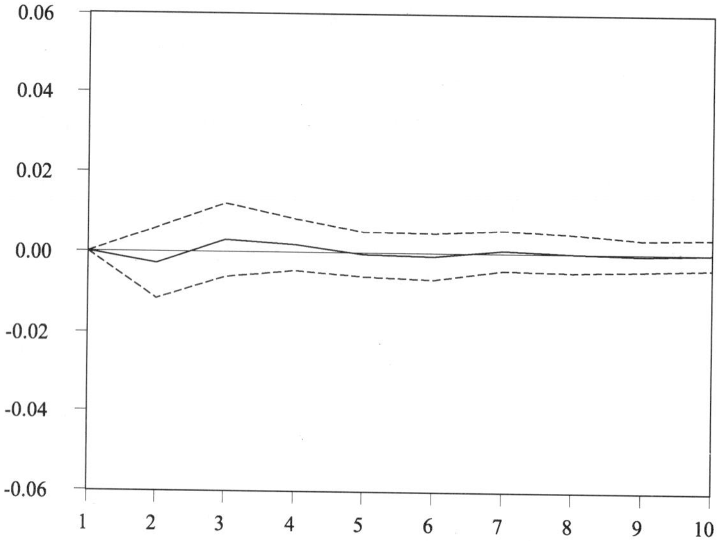

图 5 - 4　GDP 对房价冲击的响应

在图 5 - 1 中，当房价受到 1 个标准差的正向冲击后，财政收入快速增加并在第 2 期达到最高点 0.014，随后逐渐回落并在第 4 期达到最低点至 - 0.015，其后逐渐趋于 0。这说明房价上涨对财政收入存在一个较强的短期促进作用，而对财政收入的长期影响较小。表示地方政府利用土地获得财政收入是不可持续的，土地财政只能暂时增加地方政府的财政支出。因为土地供给有限，地方政府不可能永远依靠土地财政来发展地方经济和完善基础设施建设，在土地供给达到极限时，地方政府面临的最大问题将是如何寻找新的可持续的财政收入增长途径。

在图 5 - 2 中，房价冲击对消费产生一个瞬时的负向影响，在第 2 期达到最小值 - 0.0033，而后围绕 0 值小幅波动并收敛于 0，这说明房价上涨对消费存在着短期的挤出作用。从长期看，房价冲击对消费几乎不产生影响。这是因为房价上涨对拥有住房的家庭来说，虽然住房资产价值增加，但是这种价值增加通常只是账面价值，多数家庭不能依靠出租、出售或者抵押贷款增加消费，这种账面财富的增加对消费的实际拉动作用很小。对于没有住房的家庭来说，则意味着租金成本的增加以及需要更多的储蓄以备未来购房，降低无房家庭的消费。可以看出，房价上涨不但没有促进消费增长，反而在短期内挤出消费，这验证了式（5 - 4）和式（5 -

5）关于两类家庭消费水平的描述。在总消费中，房价上涨导致的有房家庭消费增加被无房家庭消费的减少所抵消。

观察图 5 - 3 和图 5 - 4，房价冲击首先对总投资和 GDP 产生一个正向作用，最大值分别为第 2 期的 0.0036 和第 1 期的 0.0043，而后比较有规律的正负向交替波动并逐渐减小。可以看到，房价上涨对 GDP 确实存在着促进作用，但这种促进作用是短期的。对投资的微弱正向作用是因为模型中的私人投资包括着一部分住房投资和土地投资，当房价上涨时这一部分投资随之增加，造成短期内房价对投资的正向影响。对投资微弱的影响说明，虽然数据中包括投资于房屋和土地的部分，但还是被真实投资所抵消。从长期来看，房价上涨会导致土地等生产要素价格提高，厂商重置成本增加，长期内房价对投资的影响有限，这说明房价上涨造成实体经济领域投资的流出，加剧我国的产业结构失衡。

可以发现，相比于投资和消费，房价上涨对财政收入的短期促进作用较大，而且房价上涨不但没有使得消费增加，反而降低消费。因此可以说，房价上涨主要是通过影响财政支出从而促进产出增长的，这就验证房价上涨会导致财富向房地产开发商和地方政府转移的结论，使得产出增长过分的依靠政府投入。这会加剧我国的收入分配结构失衡、城乡二元结构失衡和区域经济结构失衡状况。

从以上实证分析中可以看出房价上涨确实可以促进产出增长，这种促进作用主要是通过增加政府财政收入，由此使得政府增加支出用于基础设施建设投资、政府购买以及各种补贴等，进而导致产出增长。这种增长模式本质上是依靠政府投入的增长，而不是有效地扩大内需和完善经济结构的可持续增长，其后果是进一步恶化我国的经济结构失衡状况，不利于我国的经济结构调整和产业结构升级，会严重损害经济发展质量。模型的机制表明，房价上涨会使得有房家庭的资产价值升高，增加有房家庭的消费，但是无房家庭却需要减少消费与增加储蓄，用以支付更多的租金成本和未来购房成本。另外，住房作为一种资产，对其价格的上涨预期会使得家庭减少消费和其他方面的投资以投资于住房资产。可见房价上涨：会使有房家庭财富增加，但不一定增加其消费水平；而会使无房家庭减少消费。因此其对总消费的作用，取决于两类家庭在国民经济中的比重与我国居民收入分配结构。

对于企业来说，房价上涨会带动土地价格上涨，引起厂房等基本生产要素价格的上涨,导致厂商生产成本和重置成本的增加,无论是租用资本的厂商还是自有资本的厂商,都会减少资本存量和新增资本。并且,在房价快速上涨的背景下,住房市场的投资收益率远高于实体经济领域,巨大的收益差会使得社会资金脱离实体经济领域而进入住房市场。

对于财政收入,地方政府的效用与房价成正比,房价上涨使得地方政府获得的土地出让金等与住房相关的各项税费增多。在财政收支平衡的假设下,地方政府财政支出会快速增加,用于刺激经济发展和基础设施建设,造成当地土地升值,促进房价的进一步上涨,形成一个住房价格上涨、地方政府支出增加与地方经济增长的螺旋式上升局面。因此,可以认为房价上涨通过对消费、投资与财政收入产生不同的影响,从而对产出产生影响。实证检验结果较好地验证理论模型结论的正确性,并且表明房价上涨对产出增长只存在短期的促进作用,这种短期影响说明房价上涨对产出增长的促进作用是不可持续的。

综上所述,住房同时作为商品和福利品,其价格上涨在短期内可以促进产出增长,但这种促进是通过增加财政支出实现的。而对于消费和投资,住房价格上涨却产生负面影响,这种住房价格的溢出效应会使得我国经济结构失衡的状况更加严重。从房价上涨的这些负面溢出效应中还可以看出,通过发展房地产业来维持经济增长,是一种饮鸩止渴的方式,虽然短期内会有一定效果,但是从长期来看,会严重损害经济发展质量。也可以说,本书证明了房地产业不适宜作为我国的支柱产业。

5.5.2   住房价格的福利溢出效应检验

福利是与人的生活幸福程度相关的概念,既可以指物质方面的安全和富足,也可以指精神上的快乐幸福。本书所指的社会福利是一种集合概念,是全体社会成员在生产和消费过程中所体验到的满意程度的集合,其反映的是全体社会成员的效用总和,是效率和公平的函数。社会总效率水平的提高会改进社会福利,收入分配和生存机会的公平性也左右着社会福利水平。庇古曾经说过:"社会总福利的大小,不仅取决于国民收入总量的多少,而且取决于国民收入在社会成员之间的分配"。而且,从社会福利函数的演进过程中可以看出,尽管各种社会福利函数都有不同的价值标准和道德基础,但几乎都体现出收入分配公平性对社会福利水平的影响。如阿马蒂亚·森社会福利函数:

$$W = \mu(1 - G) \tag{5-35}$$

式中：μ 代表社会收入平均水平；G 为基尼系数。从式（5-35）中 G 前面的符号可以看出，如果 G 变大，也就是收入分配差距加大，会直接导致社会福利水平的降低。虽然高收入阶层收入的提高会使得社会平均收入水平 μ 提高，但高收入阶层收入的提高，在一般情况下表现为中低收入阶层的财富向少数最高收入阶层聚集，由于最高收入阶层占总人口比例非常小，因此 μ 提高的幅度非常有限，几乎可以视其为常数。因此当 G 增加时，社会福利水平 W 会降低。前文分析指出，住房价格上涨引致的有房家庭和无房家庭在收入方面与效用方面差距同时加大，使得我国贫富差距水平随着房价上涨而加大，造成社会福利水平和居民幸福感的降低。

可见房价上涨是通过对家庭财富和效用产生影响，进而影响整个社会福利水平的。房价上涨所引起的贫者更贫和富者更富所造成的直接后果，就是社会收入分配差距的拉大，财富从中低收入家庭转移到少数更富有的家庭手中，这种财富再分配效应关系到每一个社会成员的切身利益，既不利于经济发展又不利于社会稳定。在对房价上涨在社会福利方面的溢出效应进行检验之前，需要对我国的收入分配差距情况进行量化处理，以某一个指标来反映我国的收入分配差距状况，根据惯例，我们可以利用基尼系数表示。

基尼系数是国际上用来综合考察居民内部收入分配差异状况的一个重要分析指标，基尼系数的最大为值 1，最小值为 0，通常收入分配差距的警戒线为 0.4，一般发达国家的基尼系数在 0.24 到 0.36 之间。中国从 2001 年起就没再公布过基尼系数，目前研究中关于中国的基尼系数一般都是通过其他数据自行计算而得到。由于在计算方法和数据选取等方面没有统一的标准，因此各种计算结果之间一般都存在较大差异。如据联合国数据显示：2010 年中国的基尼系数为 0.52，2011 年中国的基尼系数为 0.55。我国成为世界贫富差距最大的国家。但是我国学者根据我国统计部门公布的数据，所计算出的基尼系数要比联合国公布的要低很多。本书意在说明住房价格波动与居民收入分配差距变动之间的定性关系，因此要求数据能反映住房价格与收入分配差距之间的趋势即可。本书并不在基尼系数的计算方法与数据选取等细节问题进行过多讨论，仅根据基尼系数的定义选取我国历年统计年鉴中公布的数据，粗略计算出我国 2005 年至 2010

年的基尼系数，见图 5 - 5：

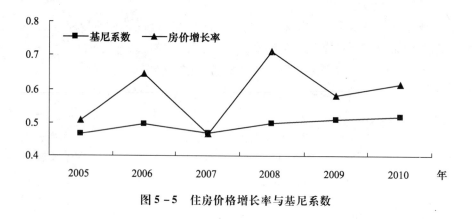

图 5 - 5　住房价格增长率与基尼系数

图 5 - 5 中纵坐标表示住房价格增长率与基尼系数真实值，横坐标表示时间。由于观测值过少，难以用精准的统计方法得出我国的基尼系数与住房价格增长率之间明确的关系。但是从图 5 - 5 中我们还是可以直观地感受到，我国的基尼系数与住房价格增长率基本保持着同向关系。观察图 5 - 5，2005 年我国出台"国八条"之后房价上涨迅速，但是到 2007 年，全球性金融危机使得房价在近 20 年中首次出现下滑，到 2007 年年末房价下降到十年中最低点。基尼系数的变化趋势在此期间与房价波动趋势吻合度较高，尤其是当 2006 年年末房价开始下行时，基尼系数也有下行趋势。房价的下降导致有房家庭的住房财富缩水，而无房家庭可以减少房租和储蓄，两类家庭的财富差距缩小，基尼系数因此而降低。在 2009 年年初，我国出台一系列宽松政策以刺激经济，住房和股票等资产价格迅速上涨，基尼系数在同时期也开始快速上涨。本书只能依靠图 5 - 5 中的数据来假定我国住房价格上涨可以导致基尼系数增加，在此假定的基础上继续进行本书后续的研究，关于此方面作者会在日后研究中改进。

度量社会福利的第一步是通过社会福利函数对社会福利进行量化处理。社会福利函数是对全体社会成员幸福感进行抽象和量化的工具，这一概念最早由 Bergson（1938）提出，后经 Samuelson（1974）的完善，提出伯格森－萨缪尔森社会福利函数，使得社会福利水平可以用函数的规范形式表达，后来又发展出古典社会福利函数、新古典社会福利函数、精英者社会福利函数、罗尔斯社会福利函数和福斯特社会福利函数。但各种福利函数在假设条件和函数形式上都不尽完美，如：古典福利函数只是个体效用的简单加总，而没有考虑到个体之间的差别；精英者福利函数因仅考虑效率而忽视公平；罗尔斯福利函数又过分强调公平问题忽略效率；福斯特社会福利函数是社会平均收入和收入差别的二元函数，忽视低收入阶层。在各种形式的福利函数中，贝努利－纳什社会福利函数同时体现出效率和公平而且又最为简明和便于计算，其基本形式为：

$$W = R \times Y \tag{5-36}$$

式中：R 代表低收入家庭与高收入家庭的人均收入比，收入分配越不公平，R 值越小；Y 代表产出，作为衡量经济增长的指标。在这种度量方法下，倘若一项公共政策在某一期限，通过牺牲社会公平以换取经济增长，或牺牲经济效率以换取社会公平，都会在社会福利函数中得到体现，因此在考察社会福利水平在某一段时间内的动态变动连续性方面，贝努利－纳什社会福利函数更加适合（谢乔昕，2011）。由式（5－36）可以看出，R 为高收入家庭和低收入家庭的人均收入比，分子永远表示高收入家庭，而分母永远表示相对低收入家庭。当低收入家庭的收入增长而导致其转入高收入阶层时，也就是当分子大于分母的时候，分子依然代表高收入家庭，分母依然代表收入家庭，原来的低收入家庭上升到分子中。所以，社会福利函数的最大值为社会分配绝对平等时的社会福利，也就是 $R = 1$ 时 W 最大。从这个角度来看，式（5－36）表明收入分配的不平等使得社会福利水平低于最优值，因此本书使用社会福利最优值与实际值的差来代表社会福利损失，以此来考察房价波动与社会福利损失之间的关系。由于 20 世纪 90 年代是我国住房商品化改革的开端，因此本书变量采用的数据区间为 1991—2011 年，共 21 个观测值，数据来源为中经网数据库和中国统计年鉴。本书在计算中对 GDP 和住房价格利用价格指数进行平减，根据式（5－36）计算出社会福利损失水平[①]，见图 5－6。

图 5－6 中左边纵轴表示社会福利损失，右边纵轴表示住房价格，横轴表示年份。经检验房价变量为 $I(1)$ 序列，而福利损失变量为 $I(2)$ 序列。

---

① 本书所计算的社会福利损失水平只是借用福利经济学相关概念由作者自行计算而得，目的是为了反映趋势，而对数据的精确度不作深入考量。

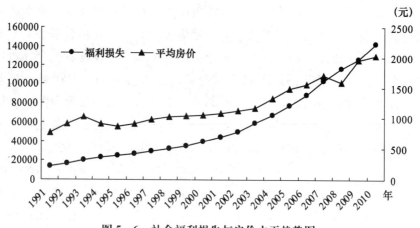

图 5 - 6　社会福利损失与房价水平趋势图

因此本书将福利损失与房价两个变量分别取对数差分，设：p_t 表示剔除价格因素影响的实际房价，N_t 为福利损失。经检验 $\Delta \log p_t$ 与 $\Delta \log N_t$ 皆为 $I(0)$ 序列，经过格兰杰因果关系检验，结果如下（表 5 - 1）：

表 5 - 1　　　　　　　　　　　格兰杰检验结果

原假设	F 统计量	P 值
$\Delta \log N_t$ 不能格兰杰引致 $\Delta \log p_t$	0.00857	0.9275
$\Delta \log p_t$ 不能格兰杰引致 $\Delta \log N$	8.3625	0.0112 * *

注：本文中 * * *、* *、* 分别表示 1%，5% 和 10% 的显著水平下显著。

对 $\Delta \log N_t$ 与 $\Delta \log p_t$ 及其滞后项进行线性回归结果如下（表 5 - 2）：

表 5 - 2　　　　　　　　　　　回归结果

变量	系数	T 统计量
常数项	0.097668	10. 15645 * * *
$\Delta \log p_t$	0.080777	0.944353
$\Delta \log p_{t-1}$	0.234440	2. 892456 * *
$\Delta \log p_{t-2}$	0.077759	0.895485

格兰杰因果关系检验表明，房价能够格兰杰引致福利损失。对两者进

行线性回归的结果也表明，过去一期的房价增长率与当前期的福利增长率显著正相关，系数是 0.234440，说明房价的变动会引起福利变动，这验证了本书的观点。本书在对住房价格福利溢出效应的检验中所用方法稍显简陋，且数据皆为作者根据相关概念自行计算，但本书认为，至少从定性分析角度来讲，所得的实证检验结果还是可以借鉴的。

结合理论模型和实证分析，可以发现住房价格波动对无房家庭和有房家庭产生截然相反的影响，有房家庭获得财富和效用的增加，无房家庭在房价上涨过程中不但损失财富还损失了家庭效用，这种截然相反的影响直接导致两类家庭财富差距的扩大，形成由房价波动导致的"马太效应"。同时，模型机制还表明，这种"马太效应"是随着房价的上涨而呈现边际递减趋势，也就是说，房价上涨不能使得贫富差距无限加大。最后通过分析社会福利函数，发现住房价格上涨不利于社会总福利的改进，并利用实证分析证明住房价格上涨与社会福利损失之间存在着长期均衡关系。

对于我国来说，住房价格波动的溢出效应体现在：住房价格上涨会对家庭的消费、投资、收入和福利均产生影响；同时也会使投资资金流出实体经济领域；也可以对产出产生促进作用，但是这种促进作用是通过增加政府投入而引起的；最后住房价格上涨会降低社会福利水平。可见住房价格波动的溢出效应只能加剧社会矛盾，阻碍经济发展。住房价格波动会产生如此广泛影响的原因就在于住房同时具有消费、投资和社会福利三重功能属性。综合前文关于住房价格波动及其溢出效应的分析，本书认为，住房价格易于上涨并生成泡沫的特性，是由住房具有两种需求类型这一特质所决定的，并且外部影响因素会加快或减缓其泡沫生成的速度。住房价格波动除改变住房市场自身供求结构外，而且还具有溢出效应。这种溢出效应同时涉及经济发展和社会生活，并且基本都是负面影响，这些影响具体表现在对消费、投资、财政收入、收入差距与福利各方面，因此可以说，我国目前的住房市场具有典型的市场失灵特征。

第 6 章

住房市场失灵的原因及解决办法

　　住房被称为特殊商品的最主要原因在于其同时拥有消费、投资和社会福利三重功能属性。本书提出住房三重属性间存在矛盾观点,认为,住房价格无论上涨还是下跌都无法同时达成住房的消费、投资和社会福利目标,必有一个群体在住房价格变化中受到损失,由此导致住房市场天然具有市场失灵倾向,且依靠市场本身无法调节。为验证此观点,本书首先采用斯卢茨基方程将住房价格变化引起的需求变化分解为替代效应和收入效应来分别观察房价对三重属性的影响效应。其次基于(CRRA)效用函数、投资函数和消费函数,从福利、投资和消费三个角度分别进行论证。发现房价上涨可以增加投资群体福利,刺激投资;改善性需求与房价成倒 U 型曲线;福利性需求与房价始终呈现负向关系。最后,利用北京市数据进行实证检验。三种方法都很好地验证了本书关于住房三重属性间存在矛盾的描述,据此可认为此观点是正确且具有实用性的。

6.1　住房市场天然存在市场失灵倾向

　　市场失灵(Market Failures)通常指对于非公共物品而言,由于市场垄断和价格扭曲导致的市场无效率状况特别严重或用于描述市场力量无法满足公共利益的状况。对于我国住房市场而言:第一,我国目前住房价格过高而形成泡沫,高房价同时在经济发展和社会生活领域产生负面影响;第二,我国住房市场属于区域性寡头垄断市场[①];第三,住房的社会福利

---

　　① 邢戬:《住房价格决定机制与住房供给制度研究》,博士学位论文,吉林大学商学院,2013 年,第 43 页。

功能没有得到充分发挥。以上三个特征都比较符合市场失灵的定义，据此可以判断我国已经存在住房市场失灵现象。为找到有效方法来解决我国住房市场失灵问题，我们必须从住房的特殊性出发，抓住矛盾根源，从根本上解决问题。

我国住房领域存在市场失灵，主要原因是以下几点。

第一，住房市场的不完全竞争性。住房生产离不开土地，由于土地本身的稀缺性、差异性、位置的固定性以及住宅用地规划控制等，共同造成了一定区域内住宅区位的独特性、住宅稀缺性以及住宅产品的差异性。正是住房生产所需的土地要素的特性，决定了即便是不存在资本性、政策性进入壁垒，住房市场也难以成为充分竞争的市场，因此，房地产商品的价格往往会偏离完全竞争市场下的均衡价格。现实中，房地产商之间的竞争主要是项目区位邻近房地产商之间的竞争，与项目区位较远的房地产商之间的竞争较弱。因此，在房地产市场上同类项目往往只有少数房地产商进行竞争，在这种区域性寡头垄断市场条件下，开发商很容易形成价格合谋的定价机制，所提供的住房价格往往高于边际成本，而均衡产量低于最优数量，由此产生资源浪费和社会福利的损失。

第二，住房市场交易中存在严重的信息不对称问题。对开发商来说，其对住房的质量、成本非常清楚，信息拥有量较多，但对一般消费者来说，寻求这些信息的成本很高，消费者由于缺乏足够的信息往往被动地接受价格和承担风险。同样，在住房二级市场，售房者、房地产中介机构以及购房者之间信息分布也是不对称的。由于信息不对称，在市场交易发生的前后分别可能引发"逆向选择"和"道德风险"问题，致使市场机制运行的结果缺乏效率。

第三，住房市场存在外部性问题。在住房的生产和消费过程中都存在着外部性，外部性造成私人成本和收益与社会成本和收益的不等。例如，在住房生产过程中产生的噪声污染和建筑垃圾，会给附近居民生活带来不便，因此产生了负的外部性；新增住房建设对原有社区环境资源的占用，绿地减少，产生了对环境的负外部性；政府对城市土地的投资开发，改善了整个城市地区的投资环境，提高了邻近地区的土地价值，产生正的外部性。从宏观层面上看，如果社会中有相当多的人们居住条件非常恶劣，甚至居无定所，不能安居乐业就会带来很多社会问题，如打架斗殴、偷窃抢劫等犯罪现象会增加，流浪行乞等社会问题会增多，从而给社会带来不安定和不和谐。外部性问题的解决显然离不开政府的干预。

第四，住房市场的非均衡性。住房市场均衡，不仅包括住房商品的供给与需求达到平衡，而且还包括建造住房的生产要素的供给与需求也达到平衡。在住房领域仅靠市场机制很难自动达到这样的均衡。首先，住房供给在短期是缺乏弹性的，由于住房建设周期长，所需资金量大，即使价格上涨，供给在短期内也不会迅速增加。其次，住房的修建是以对土地资源和空间的占用为基础的，在中国，土地资源归国家所有，因此住房市场的供给量要受到政府土地政策和土地投放量的影响。再次，住房的位置固定性决定了住房商品不能像其他商品一样在市场上自由流动以平衡供求。在各个区域性市场中，由于地区经济发展水平和居民收入水平不同，其供需状况均不同，价格差异也较大，容易出现局部住房短缺和过剩的非均衡状况。

6.2　三重基本属性相互矛盾

住房的最基本特征，也是住房被称为特殊商品的最主要原因在于住房同时拥有三重功能属性。因此，本书意在对住房的三重功能属性进行深入分析，理清三重功能属性间的内在矛盾与逻辑联系，以此来找出解决住房市场失灵的有效方法。

消费、投资与社会福利是住房的三重基本功能属性，每一种属性的满足都对住房价格提出要求，但所提要求却各不相同，甚至互相矛盾。这种矛盾表现为单纯依靠市场机制至多只能同时满足其中两种功能属性，而损害其他功能属性。

6.2.1　住房价格上涨对三重基本功能属性的影响效应

第一，对消费功能属性的影响效应。住房作为消费品时，购房者重视的是其使用价值。当家庭收入水平提高时，家庭对住房的需求上升，当家庭收入水平下降时，住房需求会随之减小，因此作为消费品时住房可以被认为是正常物品。本书利用斯卢茨基方程将住房价格变化引起的需求变化分解为替代效应和收入效应，下面利用图 6-1 来观察当住房作为消费品时，房价上涨的影响效应。

图 6-1 中 OH 轴与 OG 轴分别表示住房与一般商品的数量，在这里将

住房视为消费品，因此其消费量与效用成正比。在住房价格变化之前，家庭的预算线为 AB，AB 与无差异曲线 U1 的切点为 a，a 点为家庭效用最大化均衡点，在均衡点 a 上对应的是住房的需求量 OH1。当住房价格 P_t 上升而使得预算线由 AB 移动到 AB1 时，新的预算线 AB1 与另一条代表较低效用水平的无差异曲线 U2 相切与点 b，b 点代表住房价格上涨之后家庭的效用最大化均衡，在新的均衡点 b 上，家庭对住房的需求量为 OH2。从均衡点 a 到均衡点 b，家庭对住房的需求减少量为 H2H1，可见由于住房价格的上涨，家庭对住房消费的需求量减小，而家庭总效用由于从无差异曲线 U1 下降到无差异曲线 U2 而减小。

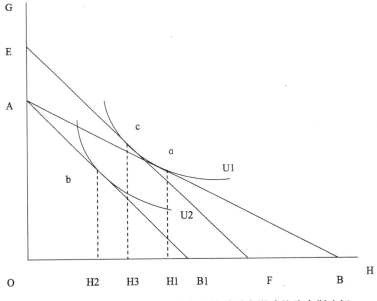

图 6 - 1　住房作为消费品时房价上涨对需求影响的希克斯分解

住房价格上涨的替代效应指的是当房价上涨时，家庭为维持原有效用水平，需要减少住房消费，而增加一般商品购买，以一般商品的消费代替住房消费。而住房价格上涨的收入效应指的是房价上涨相当于家庭实际收入减少，收入水平降低使得家庭的预算线向下平移，在新的预算约束下，家庭会同时减少住房和一般商品消费。在图 6 - 1 中，住房价格的提高导致家庭的效用水平降低，无差异曲线由 U1 下降到 U2，新的均衡点为 U2 上的点 b。为剔除收入效应的影响，需要假设家庭获得一部分货币收入以维持原有的收入水平，使家庭回到原有的无差异曲线 $U1$ 上去。为此，需要作一条平行于 $AB1$ 而又与无差异曲线 $U1$ 相切的补偿预算线 EF。补偿预算线 EF 与原无差异曲线 $U1$ 相切与新的均衡点 c。由预算线 AB 到补偿预算线 EF 的移动过程中，由于两条预算线斜率不同，在两条预算线上，住房价格与一般商品价格之比变大，家庭需要沿着无差异曲线 $U1$ 由 a 点移动到 c 点，减少对住房消费而增加对一般商品消费，也就是以一般商品消费代替住房消费。因此由 a 点移动到 c 点所导致的住房需求的减小量 $H1H3$ 就是住房价格上涨的替代效应，在这里替代效应为负值，说明住房价格上涨时家庭为维持原有效用水平需要减少住房的购买。为剔除收入变化的影响，引入补偿预算线 EF，因此从补偿预算线 EF 回归到预算线 $AB1$ 时所引起的住房消费需求的减少量 $H3H2$ 即为住房价格上涨的收入效应。可以看出当住房价格上涨时，不论是替代效应还是收入效应都为负值。因此，当住房作为消费品时，其价格上涨：一方面会使得家庭降低住房消费；另一方面会使得家庭实际收入减少而降低住房购买，导致住房总需求与家庭总效用的下降，此时房价上涨的总效应为负。

第二，对社会福利功能属性的影响效应。当住房作为社会福利工具时，其满足的是基本居住需求，当家庭收入水平提高时，其住房需求会转变为改善性需求和投资需求，而减少对作为社会福利工具的住房的需求，因此当住房作为社会福利工具时，可以利用低档物品的分析方法对其进行分析。图 6-2 中 OH 轴与 OG 轴分别表示住房与一般商品的数量。在住房价格变化之前，家庭的预算线为 AB，AB 与无差异曲线 $U1$ 的切点为 a，a 点为家庭效用最大化均衡点，在均衡点 a 上对应的是住房的需求量 $OH1$。当住房价格 P_t 上升而使得预算线由 AB 移动到 $AB1$ 时，新的预算线 $AB1$ 与另一条代表较低效用水平的无差异曲线 $U2$ 相切与点 b，b 点代表住房价格上涨之后家庭的效用最大化均衡，在新的均衡点 b 上，家庭对住房的需求量为 $OH2$。从均衡点 a 到均衡点 b，家庭对住房的需求减少量为 $H1H2$，家庭总效用由从无差异曲线 $U1$ 下降到无差异曲线 $U2$。下面利用前文的分析方法观察住房作为社会福利工具时，房价上涨对其需求影响的替代效应、收入效应以及总效应情况。

作为社会福利工具的住房，满足的是基本居住功能。假定这部分消费对于一个家庭来说是为维持生存而必须进行的消费是合理的，因而此时房价上涨的替代效应指的是当房价上涨时，家庭减少住房购买，而增加一般商品购买，而房价上涨的收入效应则是当房价上涨导致家庭的实际可支配收入降低时，家庭由于需要维持最基本的居住需求，被动增加住房支出比例，而减少一般商品的支出比例。图 6－2 表明，住房价格的提高导致家庭的效用水平降低，无差异曲线由 U1 下降到 U2，新的均衡点为 U2 上的点 b。补偿预算线 EF 与原无差异曲线 U1 相切于新的均衡点 c。在预算线 AB 到补偿预算线 EF 的移动中，家庭沿着无差异曲线 U1 由 a 点移动到 c 点，减少对住房的消费而增加对一般商品的消费，也就是以一般商品的消费代替住房消费。因此由 a 点移动到 c 点所导致的住房需求量的减小量 H1H3 就是住房价格上涨的替代效应，在这里替代效应为负值，说明家庭为维持原有效用水平需要减少住房方面的支出。当补偿预算线 EF 回归到预算线 AB1 时引起住房需求的增加，增加量为 H3H2，此为住房价格上涨的收入效应。此时的收入效应为正，原因就是作为社会福利工具的住房为家庭必须消费，当房价上涨导致家庭实际收入降低时，家庭会在可支配收入中增加住房支出比例而减少一般商品的支出比例。可以看出当住房价格上涨时，替代效应为负值，而收入效应为正，但是收入效应的作用小于替代效应，因为家庭对住房的支出并不是因为实际可支配收入增加，而仅是在原有收入下降后增加支出比例。从绝对量来看，住房支出降低，因此总效应此时为负。所以，当住房作为社会福利工具时，作为家庭的基本生存资料，对其的需求具有必然性，导致其价格上涨：一方面会使得家庭降低住房消费；另一方面会使得家庭增加住房支出比例，但收入效应小于替代效应，总效应为负。

　　第三，对投资功能属性的影响效应。当住房作为投资品时，其投资功能要求房价持续上涨，并保持上涨预期，价格与需求同时上升，作为投资品的住房类似于吉芬物品，此时可以利用吉芬物品的分析方法来对其需求变化进行希克斯分解。住房投资通常情况下不以居住为目的，而只将住房视为投资工具，投资人看中的是住房所带来的价差收益和红利收益。替代效应指的是已经上涨的房价导致预期住房收益率降低，投资者减少对住房的投资，而增加其他投资。收入效应则是房价的上涨引致进一步上涨的预期，使得投资者增加住房购买。图 6－3 中住房价格变化之前，家庭的预算线 AB 与无差异曲线 U1 的切点 a，对应的是住房的需求量 OH1。当住房价格 P_t 上升时，新的均衡点 b 代表住房价格上涨之后家庭的效用最大化均衡。从均衡点 a 到均衡点 b，家庭对住房的需求减少量为 H1H2，家庭

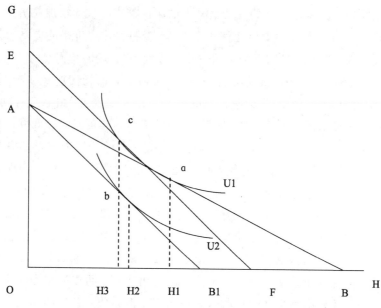

图 6-2　作为社会福利工具时房价上涨对需求影响的希克斯分解

总效用由从无差异曲线 U1 下降到无差异曲线 U2。

图 6-3 表明，由预算线 AB 到补偿预算线 EF 的移动，投资者沿着无差异曲线 U1 由 a 点移动到 c 点，减少对住房的投资而增加对其他投资品的投资，也就是将投资方向由住房转移到其他投资品。因此由 a 点移动到 c 点所导致的住房需求的减小量 H1H3 就是住房价格上涨的替代效应，在这里替代效应为负值。补偿预算线 EF 回归到预算线 AB1 时引起住房需求增加，增加量为 H3H2，此为住房价格上涨的收入效应。此时的收入效应为正，原因是作为投资品的住房其需求曲线斜率为正[①]，当房价上涨而引致进一步上涨预期时，投资者会增加住房需求。从图 6-3 中可以看出当住房价格上涨时，替代效应为负，而收入效应为正，收入效应的绝对值大于替代效应的绝对值，a 点会落在 b 点与 c 点之间，此时总效应为正。因此，当住房作为投资品时，其需求函数向右上方倾斜，导致其价格上涨增加对其的投资需求。住房的物理属性决定了其为优良投资品，相对于其他

---

① 住房作为投资品时需求函数，详见庞晓波、邢戬（2013）《住房价格波动及其泡沫生成机制研究》。

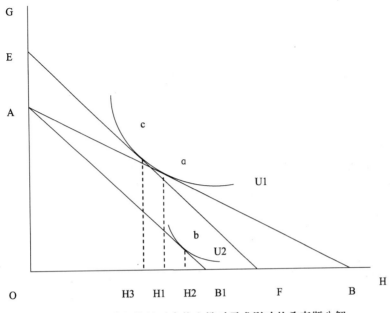

图 6—3　作为投资品时房价上涨对需求影响的希克斯分解

投资品，投资者更倾向于住房。因此，作为投资品的住房，当价格上涨时收入效应大于替代效应，总效应为正。

　　将以上三种情况下住房价格上涨对需求影响的替代效应、收入效应和总效应以列表的形式进行总结，见表 6－1：

表 6－1　　　　　　　　　**价格上涨对住房三重功能属性的影响效应**

功能属性	替代效应	收入效应	总效应
消费	负	负	负
社会福利工具	负	正	负
投资	负	正	正

　　从表 6－1 中可以看出，住房三种功能属性在价格同一方向变化时所产生的总效应存在差异，至多可以同时满足两种功能属性。同理可证，在住房价格下降时，住房三重基本功能属性也不能同时满足。

　　以上分析说明，住房本身所具有的三重基本功能属性对住房价格的要求不尽相同，导致住房价格不论向哪个方向变化都无法同时满足，也可以说住房价格任何一个方向的变化，都会损害住房三重基本功能属性所对应的某一需求群体的利益。可以说，市场失灵是住房市场所天然具有的特性，是住房市场与生俱来的矛盾，这种矛盾已经无法靠市场本身的力量来解决，如 Otto 在《城市经济学》一书中指出："住房市场本身不会自动达到令每个消费者都满意的程度。"

6.2.2 住房价格变化对三类需求群体的影响

从上文分析可以看出，住房的三重基本功能属性，每一重功能属性都有与之对应的需求群体，如投资功能属性对应投资性需求者，消费功能属性对应消费性需求者，社会福利功能属性对应广大中低收入住房困难家庭。并且，住房三重基本功能属性中每一种功能属性的满足，都对住房价格提出了不同的要求，投资功能要求住房价格高涨，消费和社会福利功能要求住房价格维持在较低水平。基于前两个事实，我们认为，住房价格无论如何变化都会损害三个群体中一个或两个的利益。下面本书对此结论进行进一步证明。

6.2.2.1 住房价格上涨对购房者家庭福利的影响

考虑两类家庭：一类家庭拥有住房，已经满足了基本的居住需求，其住房需求或出于改善居住环境和享受目的，或将住房单纯视为资产用于获得资本收益。另一类是目前没有住房的租房家庭。拥有住房的家庭把现有住房资产当作已有的账面生息资产①，计入收入之中，而且可以享受到拥有住房的全部效用和住房价格上涨所带来的财富增值，本书暂且将此类家庭称为非福利性需求家庭。无房的租房家庭或选择一直租房而不进行储蓄，或为将来购房而进行储蓄，其购买住房的目的为满足基本生存需求，暂且称其为福利性需求家庭。假定家庭其他资产以股票代替，劳动生产率不变，此处小写字母表示相应变量剔除价格影响之后的实际值。租金 re_t 与房价 p_t 的函数为 $re_t = \eta p_t$，$\eta > 0$ 表示房租随着房价上涨而提高。s_t^u 表示福利性需求家庭为将来购房而进行的储蓄或偿还贷款，当房价上涨时，福利性需求家庭每期需要更多储蓄用以购买住房，因此 $s_t^u = k p_t$，$\kappa > 0$。住

---

① 对于改善性需求家庭，其原有住房可以在购买新住房时进行出售或出租，以此增加家庭收入。

房价格上涨时，非福利性需求家庭或抵押住房获得更多贷款，或卖出住房获得更多收益，因此住房资产价值 h_t 与房价的关系为 $h_t = \psi p_t$，$\psi > 0$。两类家庭的目标都是在家庭存活各期选择最优消费、投资和储蓄规模使得家庭终生效用最大化，本书重点考虑房价对家庭财富和效用的作用机制，不对家庭最优选择进行考量，因此采用静态分析的形式，用瞬时效用函数代表家庭每期的效用。瞬时效用函数采用相对风险厌恶不变（CRRA）形式：

$$u(C(t)) = \frac{C(t)^{1-\theta}}{1-\theta} \qquad (6-1)$$

则非福利性需求家庭的约束为：

$$y_t^h = c_t^h + i_t^h \qquad (6-2)$$

式中 $y_t^h = L^v h_t^\beta w^\gamma$，$L$ 为劳动，假定家庭提供的劳动不变，h_t 为原有住房资产价值；w 为其他资产红利，假定其收益恒定，y_t^h 表示非福利性需求家庭收入，i_t^h 表示非福利性需求家庭意愿股票投资，c_t^h 代表非福利性需求家庭意愿消费。

福利性需求家庭要进行储蓄 s_t^u 用于未来购房，而且还要支付房租 re_t，y_t^u 表示福利性需求家庭的收入，i_t^u 代表福利性需求家庭的意愿股票投资，c_t^u 为福利性需求家庭意愿消费，因此福利性需求家庭面临的约束为：

$$y_t^u = s_t^u + re_t + i_t^u + c_t^u \qquad (6-3)$$

其中 $y_t^u = L^\phi w^\varpi$，L 与 w 的定义与上面相同。由式（6-2）可知 $c_t^h = y_t^h - i_t^h$，将其代入式（6-1）中并将 y_t^h 展开可得：

$$u_t^h = \frac{[L^v (\psi p_t)^\beta w^\gamma - i_t^h]^{1-\theta}}{1-\theta} \qquad (6-4)$$

式（6-4）即为非福利性需求家庭的瞬时效用函数表达式，u_t^h 代表非福利性需求家庭在 t 期的效用。由式（6-3）可知 $c_t^u = y_t^u - s_t^u - r_t^u - i_t^u$，将其代入式（6-1）中并将 y_t^u 展开可得：

$$u_t^u = \frac{(L^\phi w^{\varpi} - \kappa p_t - \eta p_t - i_t^u)^{1-\theta}}{1-\theta} \qquad (6-5)$$

式（6-5）为福利性需求家庭的瞬时效用函数表达式，u_t^u 表示福利性需求家庭在 t 期的效用。式（6-4）和式（6-5）对房价 p_t 的一阶导数分别为：

$$\left[L^v \left[\psi p_t \right]^\beta w^\gamma - i_t^h \right]^{-\theta} \cdot L^v w^\gamma \psi^\beta \beta p_t^{\beta-1} > 0$$

$$- \left(L^\varphi w^w - \kappa p_t - \eta p_t - i_t^u \right)^{-\theta} \cdot \left(\kappa + \eta \right) < 0 \qquad (6-6)$$

式（6-6）说明住房价格的上涨对于非福利性需求家庭来说是一种福利改进，而对福利性需求家庭来说是一种福利损失。住房作为家庭基本生存资料和最重要财富形式，其价格上涨对两种类型的家庭所造成的后果截然不同，一方持续增加，而另一方连续下降，这就会导致两类家庭的差距无限扩大。但根据式（6-4）和式（6-5）可以得出 $\dfrac{d^2 u_t^u}{d p_t^2} < 0$ 且 $\dfrac{d^2 u_t^h}{d p_t^2} < 0$，这表明，房价上涨对非福利性需求家庭的福利改进，和福利性需求家庭的福利损失都是边际递减的，因此房价上涨并不会无限制的使"马太效应"扩大，而是随着房价的上涨呈边际递减趋势。这与现实情况非常吻合，当房价上涨到一定水平时，由于房价太高，两类家庭都存在着房价过高的预期，从而不会再购买住房，住房市场形成一种有价无市的局面。银行风险也随着房价的上涨而逐渐积累，当预期房价过高时，银行面临违约的风险加大，因而银行会对采取提高贷款利率或者提高贷款门槛等措施来应对。这两方面分别作用于住房的供求环节和抵押贷款环节，因而非福利性需求家庭不能因为住房价格升高而无限的增加福利。对于福利性需求家庭说，当过高的房价超越其可支付的极限时，福利性需求家庭被完全挤出，其会放弃储蓄而选择其他消费。同时房价过高造成住房市场有价无市使得租金不会无限上升，而是随着住房成交量的缩减而趋于平稳，这样房价上涨对储蓄和租金成本的影响就会减弱，从而对福利性需求家庭造成边际递减的福利损失。

6.2.2.2　住房价格上涨对三类需求群体行为的影响

这里观察住房价格变化对三类家庭消费决策行为的影响，以此角度对本书观点进行进一步证明[①]。

首先考察住房价格上涨对投资性需求的影响，从微观层面来讲，住房除是一种必备消费品之外，还具有投资和升值的功能，其投资收益分为两部分：一是租金收入，相当于红利；二是资产收益，来自房价的变化。本书将住房视为一种投资工具，考虑投资工具价格的上涨对投资者行为的影

---

①　由于当住房价格上涨与下跌时的分析过程类似，因此本书只分析住房价格上涨时的情形。

响。除利率外，此处依然用小写字母表示相应变量剔除价格变动后的实际值，考虑现有住房，房价为 p_t，租金为 re_t，固定利率为 r，假设在 t 期，家庭投资 i_t 用于购房，i_t 可以购买 i_t/p_t 单位的住房，在 $t+1$ 期可获得租金收益为：$(re_t \cdot i_t)/p_t$，也可以卖掉住房资产获得 $(p_{t+1} \cdot i_t)/p_t$。因此 $t+1$ 期的期望总收益为 $E_t\left[\dfrac{1}{(1+r)} \times \dfrac{(re_{t+1}+p_{t+1})i_t}{p_t}\right]$，假设家庭是最优规划的，则消费的变化不会导致预期效用的变化，因此成本应等于期望总收益：

$$dc_t = E_t\left[\frac{1}{(1+r)} \times \frac{(re_{t+1}+p_{t+1})i_t}{p_t}\right] \qquad (6-7)$$

两边消掉 i_t，并同时乘以 p_t，得到：

$$p_t = E_t\left(\frac{re_{t+1}+p_{t+1}}{1+r}\right) \qquad (6-8)$$

式（6-8）可以理解为家庭最优规划的一阶条件。考虑到当住房市场无泡沫时，满足：

$$\lim_{i \to \infty} E_t\left[\frac{p_{t+i}}{(1+r)^i}\right] = 0 \qquad (6-9)$$

利用期望迭代法则对（6—8）式进行迭代，可得：

$$p_t = E_t\left[\frac{re_{t+1}}{(1+r)} + \frac{re_{t+2}}{(1+r)^2} + \cdots + \frac{re_{t+i}}{(1+r)^i}\right] + E_t\left[\frac{p_{t+i}}{(1+r)^i}\right] \qquad (6-10)$$

将式（6-9）代入到式（6-10）式中，得到：

$$p_t = \sum_{i=1}^{\infty} E_t\left[\frac{re_{t+i}}{(1+r)^i}\right] \qquad (6-11)$$

式（6-11）说明在无泡沫的条件下房价是预期未来租金的折现值，我们可以将式（6-11）理解为住房的基础价格。如果住房市场存在泡沫，这里在住房基础价格之上加一个确定性泡沫 b 来表示，此时存在泡沫的房价为：

$$p_t = \sum_{i=0}^{\infty} E_t\left[\frac{re_{t+i}}{(1+r)^i}\right] + (1+r)^t b \qquad (6-12)$$

因为式（6-12）在各期都成立，因此：

$$p_{t+1} = \sum_{i=1}^{\infty} E_{t+1}\left[\frac{re_{t+1+i}}{(1+r)^i}\right] + (1+r)^{t+1} b \qquad (6-13)$$

对式（6-13）两边同时除以 $(1+r)$，然后同时取期望，再利用期望迭代法则，可以得出：

$$p_t = E_t \left(\frac{re_{t+1} + p_{t+1}}{1+r} \right) = \sum_{i=0}^{\infty} E_t \left[\frac{re_{t+i}}{(1+r)^i} \right] \qquad (6-14)$$

可以看出式（6-14）与式（6-11）相同，这说明在住房市场存在泡沫的时候，住房价格依然满足家庭一阶条件，此时家庭愿意支付多于未来现金流的贴现值，因为他们预期到住房价格将持续上升，也就是说房价上涨会诱使家庭减少消费，或其他方面投资从而投资于住房资产。

其次，考察住房价格上涨对改善性需求的影响。这里假定改善性需求家庭已经拥有住房，其购房支出源于改善居住环境和享受目的，而并非用于投资。但其本身所具有的住房可以作为账面资产，当房价上涨时可用于出租或出售以增加家庭收入用于购买新住房。假设改善性需求家庭的消费为 C_t^g，C_t^{hh} 为改善性住房消费，定义家庭每期收入为 Y_t，改善性需求家庭的边际消费倾向为 λ_t^h。为简便分析，假定家庭的新住房支出 C_t^{hh} 与房价收入比和房价存在正向关系 $C_t^{hh} = \tau \nu_t P_t$，其中 τ_1 为参数，表示改善性需求家庭对新住房的购买意愿，$\nu_t = P_t / Y_t$ 代表房价收入比。因此改善性需求家庭的消费可以表示为：

$$C_t^g = (Y_t + \alpha P_t - C_t^{hh}) \lambda_t^h \qquad (6-15)$$

这里 $0 < \alpha < 1$ 代表住房升值收益转化为家庭财富的部分，整理式（6-15）可得：

$$C_t^g = Y_t \lambda_t^h + \alpha \lambda_t^h P_t - \lambda_t^h \tau_1 \frac{P_t^2}{Y_t} \qquad (6-16)$$

可见改善性需求家庭消费是房价的二次函数，呈倒 U 形曲线，说明改善性需求家庭消费最初随着房价上涨而提高，但是当房价上涨到最高点 $P_t = \alpha Y_t / 2\tau_1$ 时，改善性需求家庭已经难以承受高房价所带来的压力，开始逐渐减少消费。这说明房价上涨对改善性需求家庭的消费，存在一个从促进到抑制的转化过程，这一转化说明在住房价格上涨初期，住房的消费属性和投资属性可以同时满足。但是当房价持续上涨到最高点 $P_t = \alpha Y_t / 2\tau_1$ 后，房价的继续上涨开始损害改善性需求家庭的利益，此时这两种基本功能属性对价格的要求已经存在矛盾，因此在不可能三角中，用一条实线来表示这种条件协同关系。

最后，考察房价上涨对福利性需求的影响，假定福利性需求家庭为当前没有住房的中低收入家庭，其购买住房的目的为满足基本生存需求，

C_t^n 为福利性需求家庭基本生存开支，λ_t^u 为福利性需求家庭的边际消费倾向，C_t^{uh} 为福利性需求家庭住房开支，$C_t^{uh} = \tau_2 \nu_t P_t$，其中 τ_2 为参数，表示福利性需求家庭对住房的购买意愿。则福利性需求家庭消费为：

$$C_t^u = (Y_t - C_t^n - C_t^{uh}) \lambda_t^u \qquad (6-17)$$

整理可得：

$$C_t^g = Y_t \lambda_t^u - C_t^n \lambda_t^u - \lambda_t^u \tau_2 \frac{P_t^2}{Y_t} \qquad (6-18)$$

从式（6-18）可知福利性需求家庭消费是房价的二次函数，同样呈倒 U 型曲线，但此时函数最高点为 $P_t = 0$，这说明福利性需求家庭消费与房价上涨保持着至始至终的逆向关系，只要房价开始上涨，就会使得福利性需求家庭减少消费。这是因为无房的福利性需求家庭需要承受房价上涨所带来的全部成本，而无法享受到房价上涨带来的财富升值。并且，对于中低收入家庭来说，除基本生存支出外，住房支出几乎占家庭收入全部，房价的上涨直接导致福利性需求家庭生活水平的降低。同时福利性需求家庭为了购买住房不得不减少生存性支出，造成了福利性需求家庭效用大幅度降低。因此，住房的福利功能属性无法与投资功能属性产生交集，但可以与住房的消费属性产生一定交集，这源于多数分析中将住房的福利属性隐含到消费属性中。

6.2.3　基于中国住房市场的实证检验

上文理论模型机制表明，住房所具有的消费、投资和社会福利属性分别位于不可能三角的三个顶点，住房价格任何一个方向的变动都至少会损害三重属性所对应群体中的一个。当房价上涨时，拥有住房的改善性需求家庭和投资性需求家庭，会因为住房资产值的提高而增加效用，而福利性需求家庭的效用随房价上涨而减小。从家庭消费行为来看，改善性需求家庭的消费支出会随着房价上涨而先增后减，当房价上涨到最高点 $P_t = \alpha Y_t / 2\tau_1$ 时，改善性家庭为了维持新住房支出，不得不减少其他消费。而福利性需求家庭因为要承受房价上涨的全部成本，因此其消费支出与房价成天然反向关系。为检验住房三重属性间存在矛盾观点的正确性和实用性，在此本书利用实证分析方法进行进一步证明。因为住房价格、家庭边际消费倾向受宏观经济环境、投资环境、文化差异等多方面因素影响，我国各地区存在较大差异，因此本书选取一线城市中比较有代表性的北京市数据。其中，家庭收入 Y_t 用城镇人均可支配收入表示，实际房价 P_t 用商品房销售额除以商品房销售面积表示，家庭消费 C_t 用城镇家庭人均消费性支出表示，住房消费 C_t^h 用城镇人均居住支出表示。对于三类需求群体的划分，为配合我国统计口径，本书认为，拥有商品房和原有私房的家庭属于投资性需求家庭，拥有房改私房和商品房的家庭属于改善性需求家庭，而目前租赁公房和租赁私房的家庭属于福利性需求家庭。因为投资性需求家庭和改善性需求家庭均以拥有商品房为特征，因此本书将投资性需求家庭和改善性需求家庭比例中各自取商品房所占比例的 1/2，将计算出的三类家庭各自所占比例与家庭收入阶层对应，本书分别计算得出三类家庭收入和消费数据。由于 2006 年是旧"国八条"出台而且是"8·31"大限之后的第一整年，因此变量采用的数据区间为 2006 年第 1 季度至 2012 年第 1 季度，共 25 个观测值，数据来源为中经网数据库和中国统计年鉴。住房价格对家庭消费行为的影响程度会随着时间和家庭收入等一系列影响因素的改变而不断变化，这种变化反映出了三种不同类型家庭对于房价变化的不同反映，进而可以从一个侧面揭示出住房价格变化对于三类家庭的影响效应，因此本书采用基于卡尔曼滤波算法的变参数状态空间模型进行估计。本书对变量 Y_t，C_t，C_t^h，P_t，以 2006 年第 1 季度为基期利用价格指数进行平减。由于 P_t，Y_t，C_t，C_t^h 均表现出一定的季节性特征，因此本书使用 X11 方法对其进行季节调整，以去除季节因素的影响。根据式（6 - 16）和式（6 - 18）可以构造如下状态空间模型：

测量方程：$C_t = sv1_t \times Y_t + sv2_t \times P_t + sv3_t \times C_t^h + \omega_t$

状态方程：$sv1_t = sv1_{t-1} + \xi_t^1$，$sv2_t = sv2_{t-1} + \xi_t^2$，$su3_t = su3_{t-1} + \varepsilon_t^3$　　（6 - 19）

　　这里为简化实证分析过程，状态向量采用简单递归形式，ω_t，ξ_t^1，ξ_t^2，ε_t^3 为独立同分布的残差项，方差一定且非序列相关。

　　本书利用 ADF 方法检验各个变量的平稳性，滞后期数由 AIC 准则确定。经检验，投资性需求家庭、改善性需求家庭和福利性需求家庭的 Y_t，C_t，C_t^h 以及 P_t 均为一阶单整序列。通过估计上述模型，本书得到三类家庭的 $sv2_t$ 结果，既房价变化对家庭消费水平影响的变化趋势，如图 6 - 4、图 6 - 5、图 6 - 6 和图 6 - 7：

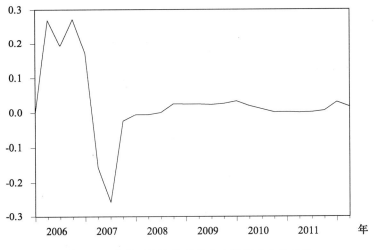

图 6 - 4　房价对投资性需求家庭消费响应的变化

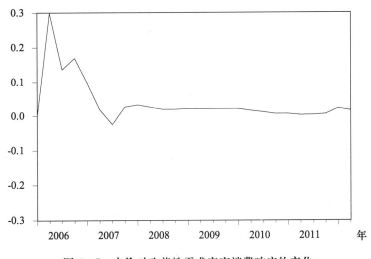

图 6 - 5　房价对改善性需求家庭消费响应的变化

图 6 - 4 为住房价格对投资性需求家庭消费水平影响的变化趋势，从图 6 - 4 中可以看出在 2006—2008 年金融危从产生到结束期间，房价对投资性需求家庭消费水平的影响具有较大的波动性。2006 年 1 季度—2007 年 1 季度这种影响从 0.01 上升到 0.27 左右，在金融危机期间出现了跳跃式下降，最低点达到了 - 0.25，金融危机之后逐渐回复到正值。2010 年 1

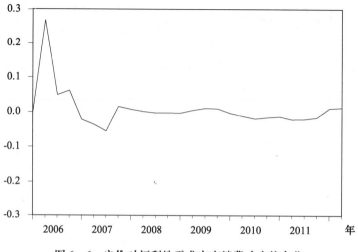

图 6-6 房价对福利性需求家庭消费响应的变化

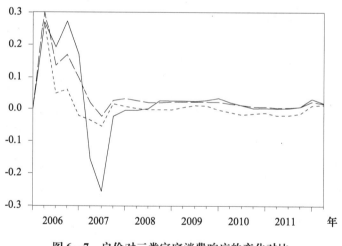

图 6-7 房价对三类家庭消费响应的变化对比

季度开始逐渐收敛到 0，到 2011 年年底又开始出现上升趋势。2009 年 1 季度，我国开始实行一系列救市措施，导致住房价格快速上涨，这期间房价对投资性需求家庭消费的影响程度逐渐提高。到 2011 年 3 季度，我国开始出台一系列房价调控政策，主要针对投资（投机）性购房，因此投资性需求家庭受到一定冲击，导致住房价格对于投资性需求家庭消费影响减小，但是到了 2012 年 1 季度，我国住房价格又开始快速上涨，各地方政府与中央政府在房价调控政策执行方面进行博弈，住房市场投资逐渐升温，此时房价对投资性购房家庭消费影响增大。可以看出，住房价格对投资性购房家庭消费水平存在推动作用，这说明投资性购房家庭在房价上涨中获得了效用的增加。

图 6 - 5 为住房价格对改善性需求家庭消费水平影响的变化趋势，图 6 - 5 中数据显示在金融危期间，房价对改善性需求家庭消费水平的影响同样具有较大的波动性。2006 年 2 季度到 2007 年 3 季度这种影响从最高点 0.32 下降到 - 0.02 左右。金融危机结束后快速上升至 0.032，而后呈逐步下滑趋势，到 2010 年 4 季度开始逐渐收敛到 0，2012 年 1 季度再次出现上升趋势。在金融危机期间，住房价格对投资性需求家庭消费的影响出现较大波动，甚至出现了负值。北京市房价在金融危机后由于受到救市政策的刺激，出现了持续快速上涨，在上涨阶段初期，改善性需求家庭消费随房价上升而提高，房价上涨对善性需求家庭消费的影响程度逐渐加大。但是此后这种影响却逐渐减小，在 2011 年房价水平达到最高点时，房价前系数收敛为 0，既房价上涨对改善性需求家庭不产生影响，直到 2012 年，房价在受到多种调控因素影响而抑制住上涨趋势后，这种影响才再一次产生。这说明住房价格对于已经拥有住房的改善性需求家庭来说，会产生一定的财富效应，房价在最初上涨时会增加改善性需求家庭的账面财富，导致改善性需求家庭增加消费。但是当房价过高时，由于改善性需求家庭需要支出更多用于购置新住房，因此这部分支出会抵消原有住房的财富增值，导致住房价格上涨对于改善性需求家庭消费的影响逐渐减弱，直至为 0。这验证了前文理论模型机制中关于改善性需求家庭消费与房价呈倒 U 形函数关系的推断。

图 6 - 6 为住房价格对福利性需求家庭消费水平影响的变化趋势，可以看出在 2009 年初房价快速上涨初期，住房价格对于福利性需求家庭消费的影响保持在 0 点左右，从 2010 年 1 季度开始逐渐下降为负值，在 2011 年 3 季度达到最低点 - 0.021。这说明在金融危机结束后至今的这一段房价持续上涨期间，房价在上涨初期对福利性需求家庭消费不产生影响。这是因为在金融危机之后，多数福利性需求家庭由于受到金融危机影响，其在做出购房决策时难以对住房价格进行有效预期，同时由于多数福利性需求家庭为低收入家庭，不具备信息优势。因此在房价上涨初期，福利性需求家庭没有意识到房价会出现长期持续快速上涨，其购房决策多数

为观望或等待房价下跌。此时刚性需求还没有形成。因此房价上涨对于福利性需求家庭的消费不产生实质影响。到 2010 年 1 季度，房价已经经历将近一年的快速上涨，此期间北京的平均住房价格上涨了 62%，国家已经出台多项调控政策，但收效甚微。此时福利性需求家庭意识到住房价格将会持续上涨，累积的住房需求逐渐演变为刚性需求，福利性需求家庭为了购房不得不大规模消减其他方面开支，甚至生存支出。因此住房价格对于福利性需求家庭消费的影响开始表现为负值，这表示房价上涨会降低福利性需求家庭消费，从而降低福利性需求家庭效用水平和收入水平，极大损害了福利性需求家庭的利益。图 6 - 7 对比了住房价格变化对三类不同家庭的影响，图中实线表示投资需求家庭，长虚线表示改善性需求家庭，短虚线表示福利性需求家庭，从图 6 - 7 中可以看出，同一时期房价变化对三类家庭消费产生了截然不同的影响。

住房除了作为一种最终产品而为人所消费外，还是一种投资价值很高的金融产品，当今世界与住房有关的金融衍生产品不计其数，同时住房与人民生活有着天然联系，直接关乎着一个国家的民生建设。因此不能仅从产业经济的角度来分析住房市场，更重要的是将住房作为一种金融产品和福利工具来进行分析。本书正是基于此点认识而将住房视为独立的投资品展开分析，从住房的基本功能和物质特征出发，归纳出同时拥有消费属性、投资属性和福利属性是住房最本质也是区别于其他投资品的最重要特征。对于住房的研究必须全面考虑这三重功能属性，否则会难以正确阐明住房价格的波动特征和泡沫形成机制，实证研究也往往难以得出理想的结果，同时在政策制定时也会因为找不到房价上涨的真正原因而使得政策效果不理想。

通过研究，本书发现住房天然所具有的三重功能属性间存在着矛盾，反映到住房价格方面表现为三重功能属性的充分发挥，分别对住房价格提出了不同的要求，也就是说住房价格不论如何变化都会损害一部分住房需求群体的利益。正因如此，我国的房价调整政策执行难度巨大，导致了房价调控政策失灵。

研究发现，住房的消费属性和福利属性所对应需求群体，在房价上涨初期，存在着利益一致性，而这部分一致性源于房价在低位时福利性需求隐含在消费性需求中，而当房价继续上涨时，消费性需求中的纯居住性需求逐渐被高房价挤出，此时市场中仅剩下改善性需求。改善性需求需要更大、更宽敞的住房，同时改善性需求家庭一般已经拥有住房，房价上涨一方面增加其家庭账面财富；另一方面增加其新购房支出。在可以完全互相抵消之前，也就是房价上涨到改善性需求家庭可以承受的最高点之前，改善性需求家庭与投资性需求家庭的利益保持一致。而当房价超出最高点时，改善性需求家庭利益开始与投资性需求家庭不一致。投资性需求家庭购买新住房不以居住为目的，仅考虑住房资产升值收益，因此与其收益房价成正比。相比于福利性需求家庭，其在购房性质和利益归属方面截然不同，因此两者不存在利益共同区间。

以上三种方法都较好地证明了本书观点，因此本书认为：住房三重基本功能属性相互矛盾是客观存在的，是住房这种特殊商品所固有的矛盾。如想从本质上控制住房价格所带来的一系列经济和社会问题，政府在制定政策时就必须考虑到住房的这种矛盾，否则就难以达到理想的政策效果。邢戬（2013）在博士毕业论文中关于双规制住房供给制度的证明中，曾经基于住房三重基本功能属性相互矛盾观点，对双轨制住房供给的有效性进行了论证，模型机制表明，双轨制住房供给可以较好地解决住房三重基本功能属性相互矛盾问题，通过实行两套价格形成机制来同时满足住房三类需求群体的利益。此种做法已经在德国、新加坡、美国等发达国家得到了验证，因此本书认为，有效解决我国住房三重基本功能属性相互矛盾难题的有效办法中，应该包括实行双轨制住房供给制度。

6.3　我国现行住房供给体系无法调节住房市场失灵

目前，我国的情况是，在住房市场化运作的背景下，住房三重基本功能属性所对应的几个需求群体存在着一定的博弈。具有信息优势和融资实力的投资性需求者占据上风，导致房价快速上涨，房价的上涨导致开发商更倾向于供给高级住宅，使得高层次消费需求和投资需求得到满足，住房的社会福利功能属性被严重抑制，随着房价的进一步上涨，住房的消费功能属性和社会福利功能属性一同被抑制。这一过程引发住房价格波动的一系列负面溢出效应，这种负面的溢出效应，连同住房价格本身的泡沫化倾向，共同决定我国住房市场存在着比较严重的市场失灵现象。从住房所具有的特殊性质来说，住房市场失灵是由住房的本质属性所决定的，是住房市场与生俱来的矛盾，这种矛盾已经无法靠市场本身的力量来解决，如 Otto 在《城市经济学》一书中指出："住房市场本身不会自动达到令每个消费者都满意的程度。"当市场自身无法解决无效率以及利用市场力量无法满足公共利益时，就需要政府来调节市场，弥补市场缺陷，政府对市场进行调节的最有力和直接的手段就是制度。

讨论4　住房财富与家庭消费

本讨论环节通过建立一个简单的消费和住房选择模型来讨论和区分内生和外生变量分别对住房财富的影响，暂不解释住房财富为何会存在以及住房财富本身的意义。模型假定家庭永久存在，家庭具有当前和未来对非住房的消费偏好 c_t，以及住房消费偏好 h_t，则家庭面临的最大化效用为：

$$\max E_t \sum_{t=0}^{\infty} \beta \ (u \ (c_t) \ + v \ (h_t)) \tag{1}$$

式（1）中 β 代表贴现因子，E_t 是期望值。这是一个标准的家庭行为偏好函数，模型考虑到了生命周期和初始禀赋、内生劳动供给以及住房消费与一般商品消费之间的不可分割性，本模型没有考虑住房的持有期限。则家庭面临如下预算约束：

$$c_t + q_t h_t + s_t = Y_t + q_t h_{t-1} + R_t s_{t-1} \tag{2}$$

式中 q_t 表示房价，s_t 代表家庭所持有的股票和政府债券等非住房财富，R_t 为非住房财富的收益，Y_t 是家庭劳动收入。观察式（2），方程右边衡量了 t 期末家庭的总可用资源。如果不考虑资产组合的调整成本，这些资源可以用于一般商品消费，以及积累住房财富和非住房财富。在暂时不考虑一般均衡的情况下，家庭可以视 q_t、R_t 和 Y_t 为具有一定随机性的外生变量，则此时家庭的策略是消费一般商品 c_t，住房 h_t 和金融财富 s_t。在这个简单的模型中 q_t、R_t 和 Y_t 的随机变化可以用来表示住房财富波动、非住房财富波动和收入波动。因此，如果给定初始条件，则家庭的最大化问题解决可以考虑为将家庭的最优消费作为滞后一期的住房财富 h_{t-1}、非住房财富 s_{t-1}，以及新一期的 q_t、R_t 和 Y_t 的函数，此即为基本消费函数。

一个不能忽视的问题是在模型中解释非住房财富消费如何对住房财富造成冲击。先考虑一个最简单情形，由于住房存在巨大调整成本，因此家庭不会在任意连续两期内改变居住条件，即对任何 t 时刻都有 $h_t = h_{t-1}$。

易知 q_t 与家庭消费行为不相关，因此 $q_t h_t = q_t h_{t-1}$ 在每期都成立，也就是说可以在家庭预算约束中消除住房财富。直观上看，高住房财富 $q_t h_{t-1}$ 对应着高住房成本 $q_t h_t$，这正好抵消了住房财富增加对于与非住房消费所产生的财富效应。当 q_t 上升时，每一单位的家庭财富增加，但除非家庭改变住房支出，否则住房财富的增加不会导致更多的消费。Buiter（2008）的研究也表明除非家庭会根据房价变化而减少住房方面的消费，否则住房财富就不能成为家庭的净财富。

假如庭可以在两期内改变住房消费，则会产生一定的替代效应和资产置换。当房价上涨时，所谓的替代效应会使得家庭减少住房需求，由此而节省下来的财富可以用于非住房消费。这种情况下，住房财富上涨的短期效应即为刺激消费。消费的影响因素非常多，消费上涨可以反映家庭财富的变化。如果考虑到单个家庭的消费消费，这种影响会更大，因家庭会在所有的支出项目上重新进行最优分配，从而提高总效用。然而，消费的部分上涨仅仅反应了资产置换的经济效益，也就是通过减少住房消费增加非住房消费，家庭从而达更高效用。

不可否认的是，本模型在解释内外生变量对住房财富的影响时，存在以下几方面缺陷：

首先，上述理论严格假定住房价格变动单纯为外生，如果改变这个假定会使结果发生改变。考虑一种情况，房价发生变化是因为家庭对住房和非住房商品的偏好发生了变化，比如家庭决定住更大更好的房子而不是出去吃大餐。在此情形下，房价上涨与消费缩减有关，因为住房价格变化是消费偏好转移的结果。经验证据显示，房价与住房投资呈同方向变动，这支持了房价是住房需求变化的结果而不是供给变化的结果的观点。

其次，考虑借款约束，在发达金融市场中，家庭可以通过二次抵押、产权贷款或信用贷款等金融工具而比较容易的买房。考虑一个具有高边际消费倾向且受流动性约束的家庭，其可以在房价上涨的任何时候借入更多资金，这样就使得住房财富变化与总消费变化之间具有更大的相关性。而且，如果低收入家庭具有比平均水平更高的消费倾向，则住房财富变化所产生的总影响效应会更大，因为在这种情况下，住房财富相对于其他非住房财富，其分配更加均匀。

再次，本模型没有考虑生命周期和住房持有期限问题，模型中一个代表性家庭的住房消费模式是恒定的。实际上住房财富变化导致的消费变化取决于家庭是否会在将来调整住房方面的支出。有数据显示，住房财富在达到老年之前的生命周期中是递增的，老年之后则会平稳。可见，生命周期选择在房价上涨时对消费隐含着负面影响，如果考虑到租房者想变成住房拥有者，有房者想换个大房子，则房价上涨意味着需要进行更多的储蓄。

最后，一个应该考虑的问题是住房财富的持续变化是如何与其他形式的财富变化发生关系的。从历史数据来看，住房变化的收益比股票价格变化的收益更具持久性，住房方面的消费会在住房财富增加到一定范围内受到住房财富的影响。

家庭在解决了跨期最优选择问题之后，可以产生一个总消费方程，这里消费被表示为收入和财富的函数，此时家庭基于住房财富的边际消费倾向是正是负取决于其他基本面因素。

在现实世界中，尤其是考虑到宏观经济整体，应该假定财富是内生的，其波动是由当前或者未来的技术进步、偏好、税收或其他经济基本因素决定的。这些基本因素反过来也会影响消费和财富本身。因此，关于财富和消费的关系是很难理清的。

第 7 章

我国住房市场制度及国际比较

通过前面章节分析可知，需求的动态性决定住房价格易于生成泡沫，且其泡沫具有一定黏性。制度性和结构性等外部因素可以起到助推或平抑住房价格上涨的作用。住房价格变化除改变住房市场本身供需结构外，还具有不可忽视的溢出效应，这种溢出效应涉及一个国家的经济发展和民生建设等方方面面。问题在于，住房价格变化，尤其是住房价格上涨的溢出效应对我国来说是负面的。这种负面影响带有必然性的根本原因就在于无论住房价格如何变化都会损害某一群体的利益。综合来看，我国住房市场面临的主要问题为：住房价格过高形成泡沫，并且高房价同时在经济发展和社会生活方面产生负面影响。这是一种典型的市场失灵，且这种市场失灵情况靠市场本身已经无法调节，必须辅以政府干预和调节才能得到有效治理，而政府调节最有力且直接的方式就是制度。

7.1 我国住房市场制度体系

凯恩斯认为，对市场进行完全的自由放任是不行的，为防止市场失灵，应该由政府对市场进行干预和管理。对于易生泡沫的住房市场，市场失灵现象更加普遍，因此住房市场更需要政府的干预。一般情况下，政府以政策或制度方式对市场进行调节，在住房市场中，按照调节对象可将调控政策和制度分为需求端调节措施与供给端调节措施。本书第 3 章的分析表明，近年来我国出台的一系列房价调控政策，无法有效调节住房市场失灵。而本书第 4 章和第 5 章的分析表明，我国意在规范和管理住房市场的一系列制度和规则反而助推房价泡沫的形成，并且扩大房价泡沫溢出效应的负面影响。因此有必要对我国现行的各类住房市场政策与制度进行仔细梳理，理清其逻辑关系，找出导致住房市场失灵的制度根源，据此来发现解决之道。

7.1.1　我国的土地制度

土地是一种自然资源，也是一种经济资源，土地与住房具有天然联系。土地的固定性、区位效益性和稀缺性决定住房的供给方式区别于经济体中其他商品，因此土地制度与土地市场管理制度会对住房市场产生决定性影响。土地制度包括土地所有制度和土地使用制度，《中华人民共和国宪法》第十条规定：城市土地属国家所有，农村和城市郊区土地除有规定外归集体所有，宅基地也属于集体所有。《中华人民共和国土地管理法》规定：我国土地实行全民所有制和集体所有制。这决定在我国土地所有权不允许进入流通领域，也决定国家征用土地的过程不属于市场行为，因为在土地所有权交易中，"买方"和"卖方"都是国家，因此，我国的土地市场只能是土地使用权市场[①]。我国的土地市场分为三级，分别为：土地一级市场，国家将土地使用权投入市场，是土地使用权出让市场，具有完全垄断性质；土地二级市场，土地经营者初步开发后将土地使用权转让给土地使用者，是土地使用权转让市场，具有寡头垄断和垄断竞争性质；土地三级市场，土地使用者通过房产交易将依附其上的土地使用权转让给消费者，是土地使用权的有偿转换市场，具有寡头垄断和垄断竞争性质。在此种土地制度下，政府几乎垄断土地市场的所有环节，从规划土地到征收土地，从收购土地到储备土地，从土地估价到所有权的转让，所有环节均由政府来运作。下面详细分析我国土地使用权出让过程中的各种制度与规定，并分析其对我国土地价格的影响。

土地使用权出让是指国家以土地所有者的身份将土地使用权在一定年限内让与土地使用者，并由土地使用者向国家支付土地使用权出让金的行为。土地使用权的出让方式主要有以下三种：招标出让、挂牌出让和拍卖出让，一般情况下简称为"招拍挂"。2002年国务院颁布的《招标拍卖挂牌出让国有土地使用权规定》中明确规定：我国商业、娱乐和商品房等各类经营用地必须以招标、拍卖或者挂牌方式出让。2004年国土资源部和监察部联合下发的《关于继续开展经营性土地使用权招拍挂出让情况

---

① 后文中土地市场均指土地使用权市场。

执法监察工作的通知》更是对招标、拍卖和挂牌的土地出让方式做出更细致的规定。自此以后,我国各类土地使用权的转让均以招、拍、挂方式进行。所谓招标指的是由各级地方政府土地主管部门发布招标公告,邀请社会上的特定或不特定公民与法人组织来参加国有土地使用权投标,最后根据投标结果来确定土地使用权归属。如果严格执行招标的有关规定与原则,则以招标方式出让土地使用权,只需投标人符合招标标准即可,不必一定是出价最高者才能中标。但是现实情况是,由于土地财政的存在,地方政府的财政收入直接与土地出让金挂钩,地方政府有激励只以价格作为招标准则,造成的后果就是招标最终会采用价高者得的原则;拍卖指的是国有土地使用权必须以拍卖方式进行,土地出让方发出拍卖公告,竞买方也就是各级开发商进行公开竞价,根据出价来确定最终的土地使用权归属。拍卖由于是在现场进行竞价,虽然保证交易过程的公平性,但是后果就是造成土地价格的直线上升;挂牌指的是各级地方政府主管部门发布挂牌公告,在规定期限内挂牌公布出让土地的交易条件,根据土地净买入的报价来更新挂牌价格,以挂牌最后期限时的出价为准成交土地使用权。这三种方式的本质都是价高者得,直接抬高我国土地价格,增加开发商的建房成本,最后这部分成本会反应在房价中转嫁给购房者。

从 2004 年正式实施土地招、拍、挂制度以来,我国的商品房价格与土地平均成交价格均持续上涨,这种巧合绝非偶然。王岳龙(2012)曾利用干预分析模型,对招、拍、挂制度进行政策评估,结果显示,招、拍、挂制度的全面实施使得全国平均房价提高 15% 左右,且对我国西部地区房价的影响要强于东部地区。

7.1.2　土地财政

严格来说,土地财政不属于住房市场调节制度的范畴,但其对住房市场的影响却不可忽视,可以说地方政府在执行房价调控政策、城镇住房改革、保障房建设、监管开发商和抑制投机等与土地和住房有关的活动中,全部采取消极行为的最主要原因就是土地财政。地方政府的消极行为直接推动土地价格和住房价格的上涨。因此有必要对具有中国特色的土地财政进行详细讨论。本书第 4 章已经对土地财政做出简要分析,这里在第 4 章分析的基础上,对土地财政的内涵、外延及其对地方政府行为的影响做更深层次的分析。土地财政,通常情况下是指政府通过出让土地使用权所获得的收入。从财政学角度来讲，财政收入指的是以税收为主的一般预算收入，不包括土地出让金，因此可以说土地出让金是一种预算外收入，不属于财政收入的范畴。2006 年《国务院关于加强土地调控有关问题的通知》中指出，土地出让总价款纳入地方预算管理，实行收支两条线。结合财政学定义可知，土地出让收入是政府收入的一种形式，而政府收入是包含财政收入的，严格意义来说，土地财政的说法值得推敲。从这一点来说，土地财政占地方总收入的比重要比目前流行的说法小，也就是说土地财政并没有想象中那么严重。但是，目前土地财政的概念被扩大化，除土地出让收入外还包括与土地有关的税费收入，如房产税、营业税、土地增值税等，概念的扩大化导致土地财政定位的模糊。由于本书要对土地出让收入和土地相关税费均做出深入分析，因此这里采用财政学上关于土地财政的定义，即土地财政为土地出让所获得的收入。关于土地财政的定义，也可参考高聚辉（2006）关于土地财政范围的讨论，他们认为，土地财政包括四方面内容，即土地出让金收入，低价出让工业用地获得的招商引资收入，地方房地产业与相关产业链发展所增加的地方税收入和土地抵押融资贷款。这四点几乎囊括所有与土地有关的财政收入的内容，属于广义的土地财政概念。

由于存在级差地租以及土地价值的区位差异，我国不同地区间的土地价格差别很大，东南沿海的土地价格要比西南内陆高很多，这直接造成地方政府土地出让收入的差异。相对于西南内陆，东南沿海地区的地方政府所获得的土地收入多，但是其他税费等预算内收入也多，相应的由于城市人口密度更大，城市化水平更高，对基础设施建设的要求也高，导致政府支出也高，所以我们很难确定各地方政府对土地财政的依赖程度孰大孰小。顾乃华（2011）的研究表明，我国土地财政强度呈现东高西低格局，造成这种区域差异的原因为我国发展条件各不相同的地区间均进行着一场GDP 锦标赛。从广义概念看，土地财政正是这场锦标赛里各地区手中最重要的筹码，土地财政的地区间差异也由此而来。基于以上分析，本书不对土地财政的地位和作用做出武断评价，只通过列出事实来说明土地财政的出现，导致地方政府在客观上存在推动地方房价上涨的激励，列示出土地财政存在的一些先天性不足，以此来引起人们对此方面问题的重视。

从本身性质来看，土地是不可再生的稀缺资源。在人们可以利用的土地中，一部分需要供给基础设施建设，一部分要作为耕地使用（这决定土地是不能无限出让的），因此土地出让收入是不可持续的，这也注定土地财政的不可持续性。同时，土地财政收入也不是一个稳定的收入源，受国家宏观调控政策影响较大：国家放松调控时，土地市场量价齐升，土地财政收入就会增多；当国家调控政策收紧或抑制房价时，土地成交量下降，土地财政收入也随之减少。比如 2009 年，受到国家刺激经济等一系列政策的影响，房地产市场迅速升温，"地王"频出，地方财政收入也随之增加。但是到 2010 年下半年，连续的房价和土地调控政策出台，房地产市场降温，土地成交量减少，土地财政收入也开始缩水。土地财政的这两种先天不足已经引起人们的重视，多篇文章中也已提出过土地财政的种种弊端，本书将此类观点综合整理并结合个人认识提出对土地财政的如下几点评价：

第一，土地财政确实可以增加地方财政收入，缓解地产政府财权与事权不对称的尴尬局面。政府收入的增加保障政府职能的实现，土地出让收入作为预算外收入成为地方政府的第二财政，增加地方政府的事权处理能力，扩大职能范围，以前因财力不及所拖延的基础设施建设项目可以得到解决。从这点来说土地财政确实促进民生发展和社会进步。从财政学角度来说，"一级事权，一级财权"，分税制改革之后，中央占总收入的分成越来越大，2003 年将分成改为中央约占 60%，地方占40%，而且还有继续向中央集中的趋势。结果造成地方财政困难，财权减少但事权却在增加，导致地方政府在地方民生项目建设上显得捉襟见肘。而土地出让金收入可由地方处理，缓解地方政府财权事权不统一的困境，使得地方政府有能力推进城市化改革和建设交通、医疗、教育等基础设施。

第二，土地财政推动房地产业的发展。房地产业位于很多基础产业链的终端，其快速发展带动诸多关联产业，我国很多学者利用投入产出表计算过房地产业的带动效应，甚至有人以此来断定房地产业应该作为我国国民经济的支柱性产业。

第三，土地财政与房价的互相推动使得房地产业成为暴利行业。在暴利的驱使下，很多制造业等实体经济领域企业将资金转移到房地产市场，参与买地建房。对土地需求的增加造就一个个"地王"。土地价格高涨，引起厂房等生产资料成本增加，投资资金减少与生产成本增加共同限制多数企业的扩大再生产活动，造成社会产量降低和科技发展速度减缓。同时房价的上涨导致贫富差距加大，使得大量社会财富从广大人民群众手中转移到政府、银行和少数房地产商手中。从这一点来看，土地财政无疑对加剧社会分配不公负有责任。

第四，土地财政的不可持续性和不稳定性导致地方政府存在潜在的财政风险。土地是不可再生的，因此土地财政是一种一次性收入，这种预算外一次性收入最科学的用法是用于突发性或者非经常性开支。但是，现实情况是，很多地方政府将土地财政收入用于经常性开支，这种经常性开支一般情况下是具有黏性的，遇到财政困难时，短期内很难通过减少经常性开支项目来节约财政支出，因此一旦出现土地财政收入大规模降低的情况，地方政府将面临巨大的财政风险，因此将依靠土地财政形容为地方政府的"寅吃卯粮"行为是不无道理的。

从以上分析中可以看出，土地财政利弊共存，短期内可以缓解地方财政压力，发展地方经济，但是同时却伴随着财政风险，使得地方政府成为房价上涨的巨大推手，造成政府利益与人民利益对立的尴尬局面。究其根源，地方政府的财权与事权不统一是罪魁祸首，造成这种不统一格局的原因有两个：一是地方与中央分税模式，目前中央在税收中分走 60%，2005 年后又开始中央与地方共同负担出口退税，地方的财政压力越来越大，所承担的责任也越来越大；二是地方缺乏一整套与土地有关的税费政策，土地收入已成为很多地方政府的救命稻草。由于我国官员考核制度的原因，各地都唯 GDP 第一，几乎不考虑地方的长期经济发展，因此土地财政也成吃子孙粮的同义词，这是造成财政风险的制度性因素。从这两方面看，土地财政对于地方政府来说也是一种无奈，如卢洪友（2011）检验地方政府实施土地财政行为的根源，认为与财政收入竞争冲动相比，地方政府采用土地财政实则是缩小地方真实财力缺口，提高公共服务供给水平的无奈之举。最主要的是，土地价格与地方政府财政收入挂钩，这使得地方政府具有抬高土地价格的激励。土地的价值直接与依附其上的地上物的价值有关，也就是与住房价格有关，因此，地方政府还存在推动房价上涨的动力。住房市场中的消费性需求者和投资性需求者基本都已经认识到这个问题，两者在制定购买决策时都很少采取观望等待的策略。正因为如此，我国的住房价格才表现出只涨不跌的特征。

7.1.3　住房供求相关制度

在我国住房市场，各级开发商是城镇居民面对的唯一住房供给者[①]，这决定了住房市场具有某种垄断性质。本书前面的分析表明，共同区域内的各开发商间进行价格合谋，使得住房市场具有寡头垄断性质，并且任何一方都不会选择降价来破坏这种价格合谋，这种合谋保证开发商垄断利润的最大化，直接后果就是房价高涨。

根据 1994 年建设部颁布的《城市商品房预售管理办法》规定，我国城镇商品房销售采取预售形式，也就是开发商将在建或尚未开工的商品房先出售给购房者，购房者根据合同规定支付购房款并在房屋竣工及验收合格后取得房屋所有权的一种买卖形式。商品房预售制度给予开发商更大的信息优势，加大住房市场的信息不对称。本书 4.2 节对此问题进行深入研究，并用理论模型证明商品房预售制度为开发商转移风险、获取信息、控制市场和维护垄断地位提供制度支撑。

关于二手房，本书主要讨论投机者手中用于出售以获得价差收益的住房。我国住房市场税费主要针对住房的交易环节，对于住房持有环节却鲜有相关税费方面的规定，这使得我国投机者住房持有成本偏低，时间成本偏小，一定程度上增加投机者收益。2010 年国务院转发的发改委《关于2010 年深化经济体制改革重点工作的意见》中提出，要"逐步推进房产税改革"，2011 年上海市发布《上海市开展对部分个人住房征收房产税试点的暂行办法》，规定向当地居民第二套以上住房征收房产税；同年，重庆市政府也下发《重庆市人民政府关于进行对部分个人住房征收房产税改革试点的暂行办法》以及《重庆市个人住房房产税征收管理实施细则》。上海和重庆成为房产税试点地区，但时至今日，我国并未全面实施房产税，对于投机者来说，较低的住房持有成本依然是其选择投机住房的重要原因之一。

从资金供给层面来说，银行参与到住房供给与需求的几乎全部环节。我国房地产开发商的自有资金比例最低为 35%，其余部分由银行承担。

---

① 根据建设部 2008 年颁布的《房屋登记办法》规定：我国城镇居民自建房屋不予登记产权，而对于农村自建房，规定房屋所有权转让，受让方不是农村集体经济组织成员的，不予受理，如果必要转让，也只能在本村集体内部办理。也就是说我国农村自建房只能在村内买卖。

由于住房本身所具有的位置固定性、增值保值性、耐久性等良好性质，银行更倾向于为开发商提供贷款支持。

在简要讨论影响我国住房供给方面的制度安排后，有必要考虑影响住房市场需求层面的制度性因素。通过前文分析可知，住房需求分为消费性需求和投资性需求。对于消费性需求来说，我国人口众多，决定我国住房市场拥有巨大的潜在消费性需求；城市化进程加快，使得我国城镇人口与日俱增，致使住房市场消费性需求增长率加快；我国城镇居民人均收入水平的提高决定家庭拥有更多的收入来改善居住条件，增加对住房的需求；我国的传统观念使得家庭更倾向于买房，中国人自古以来就以居者有其屋为准则，拥有住房的家庭在心理层面的满足感更强，而租房家庭总是有居无定所的不安感，这些都是保证我国住房刚性需求不可忽视的因素。对于投资性需求，由于我国近年来实行宽松的货币政策，货币投放量加大导致我国的通货膨胀率上升。投机者为对冲通货膨胀风险需要选择良好的投机工具。但我国资本市场相对落后，可投资保值品种较少，住房由于其良好的物理性质成为投机者的首选，这是我国住房市场投资性需求旺盛的一方面原因。同时，我国处于经济结构失衡状态，诸多产业得不到良好发展，尤其是制造业对外依赖较严重。在 2008 年金融危机期间，我国许多制造企业面临倒闭，造成社会游资的增加。而住房市场投资收益率高且风险小于其他行业的特点，使得住房市场成为社会游资的聚集地，这是我国住房市场投资性需求旺盛的另一方面原因。

将以上讨论的各类住房市场相关制度与影响住房供求的结构性因素进行归纳，可以发现：影响需求的因素多为结构性因素，对于住房市场来说，这些结构性因素属于外生影响因素。而可以对住房供给造成影响的几乎全部为住房市场制度方面因素。外生影响因素虽然可以影响住房价格，但是不能通过改变外生变量的方法来解决内部矛盾，根本的方法还是从住房市场内部找原因和解决办法。因此，必须从住房的供给端找原因，找出影响我国住房供给的制度根源。从前文讨论可知，我国住房市场自身存在的各类问题，如房价收入比高、住房空置率高、存在泡沫等，以及由住房问题引发的一系经济和社会问题，都可以由一个共同线索串联起来，即房价高涨。在这些问题中，房价高涨或为决定因素，或为最终结果，或者就是问题本身，也就是说各种住房相关问题归根到底都是住房价格的问题。在本节的进一步分析中，以住房价格高涨并形成泡沫为最终结果，对引起住房价格高涨的各种制度性影响因素和结构性影响因素从供给层面、需求层面和政府监管层面进行全面的整理，并以图 7 - 1 的形式呈现出来。力求理清各因素间的相互影响和因果关系，从中找出导致房价高涨的最根本原因。

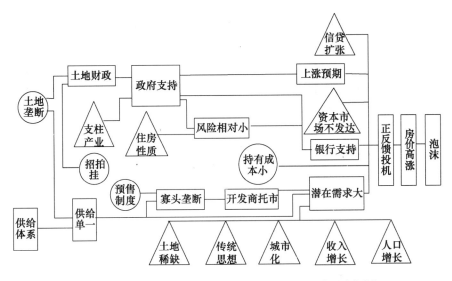

图 7 - 1　我国住房市场相关制度性与结构性影响因素框图

在图 7 - 1 中，圆圈表示制度性因素，三角形标记表示宏观经济因素或短期内无法变更的外生决定因素，方形表示内生决定因素。通过前文对泡沫的分析可知，住房价格泡沫形成的主要原因是正反馈投机者的加入。正反馈投机者进行投机活动的保证是拥有资金支持，这点反应在信贷扩张和银行支持上。强大的潜在需求是正反馈投机活动得以进行下去的最根本保障，因为具有大量的刚性需求作支撑，正反馈投机者更有信心进行投机活动。持续上涨的预期使得住房市场中的正反馈投机者越来越多。因为住房本身具有优良的性质和政府支持，使得银行敢于承担房价泡沫的风险。而大量的潜在需求的存在，除其他一些外生宏观经济因素等的影响外，最主要的原因是我国住房供给系统单一化。这种单一化：一方面体现在供给主体单一，表现为家庭只能向开发商购买住房；另一方面体现在供给客体单一，我国目前实际住房供给以商品房为主体，经济适用房购买难度大而廉租房等保障性住房还没有形成规模，这种单一形式的供给导致我国住房市场累积大量潜在需求。需求的大量积累与住房价格过高有关，住房价格过高的一个主要原因是开发商为获得垄断利润而将房价抬高。除此之外，寡头垄断使得开发商有实力将房价维持在高位，商品房预售制度巩固开发商的垄断地位。对于住房价格的上涨预期，地方政府由于土地财政的原因，存在推动和支持房价上涨的激励，而地方政府增加土地财政收入的制度保障为招、拍、挂的土地出让制度和土地的国家垄断，国家对土地的垄断决定土地财政归属权，也决定我国住房供给的单一性。综合以上讨论并结合图 7-1，可知我国住房价格高涨的根源在于国家对土地所有权的垄断以及由此导致的住房供给单一化。国家拥有土地所有权是《中华人民共和国宪法》规定的，这一点不容改变，而可以改变的是我国的住房供给制度。本书认为，导致我国住房市场失灵的最根本制度性因素在于国家对土地的垄断以及由此决定的我国住房供给系统单一化。而有效的解决办法就在于改变我国住房供给系统单一化的局面，使得住房市场中具备两种或两种以上住房供给形式。

中国香港是以政府为主导，民间和私人机构共同参与的、保障房供应和商品房供应共存的双轨制住房供给市场制度，相比于其他国家和地区，香港的住房供应制度更加细致。建立针对不同阶层、不同需求的多层次社会住房供给制度。除富人可以享有的私人永久住房外，主要还有面向低收入家庭的公租屋，面向中低收入家庭出售的居屋，具体为"居者有其屋"和"私人机构参建居屋"计划。前者由政府免费划拨土地给房委会，房委会负责建房并以远低于市场价格的优惠价格出售给符合条件的家庭。后者则是以招标的形式将土地批租给房产商，房产商按照政府规定的标准将住房建成后，以约定价格出售给市民。在公租屋和居屋的分配方面，香港政府主要在两个方面采取控制措施：第一，是从收入、资产、家庭成员、教育背景和社会关系等方面对购买和承租家庭进行资格审查，且购买和承租家庭每隔一定时间向政府申报一次资产，对于不符合资格的家庭，需缴纳额外费用或者迁出。第二，是严格限制房屋二次交易时间，家庭在购买居屋后 10 年内不得转售，如有正当理由必须将房屋转售，则只能由房委会进行回购，10 年后在补齐地价差额后才可对房屋进行交易。同时还有面向中等收入家庭的夹心层住房，这类住房价格略高于政府承建住房，低于商品房，由房屋协会负责开发和规划，主要针对的是那些收入条件不符合公租房和居屋申请资格，而又难以购买私人住房等商品房的中间阶层，因此被称为夹心层住房。为保证多层次住房供给制度得以成功实施，香港政府首先成立专门负责机构，分别为房委会和房屋协会，两大机构全权负责公房的规划、开发、分配、维护和运营等全部环节。公房建设的资金主要由政府免费划拨土地并提供专项拨款和贷款，以及两大机构出租或出售公房所得构成，这两方面稳定的资金来源为公房的建设提供坚实的保障。同时在分配方面，香港也有详细的规定用以保证公房分配的公平性。

7.2　德国住房市场制度体系

在世界上的任何国家，住房市场与相应房地产市场在国民经济运行中都有着举足轻重的地位，其平稳有序发展对一个国家的宏观经济发展和社会稳定有着积极作用。相反，一个无序发展的房地产市场会拖累整个国民经济，从资本市场到实体经济领域都将遭受巨大冲击，甚至会导致金融危机或严重的经济结构失衡，更有甚者会引致经济危机。如 1989 年日本经济危机、1997 年亚洲金融危机和 2007 年美国金融危机，每一次危机的发生都与住房市场失灵有关。住房市场作为房地产市场的最重要一环，同样决定着整个房地产市场的发展质量。当前我国住房市场的某些运行特征与这三次金融危机中当事国的住房市场特征非常相似，如房价上涨过快、投资性需求旺盛和住房价格泡沫等。其产生的一系列社会和经济问题已经对我国经济发展造成实质性危害，调整住房市场使之有序发展已经迫在眉睫。因此中央多次出台调控政策，且调控力度越来越强。但是，却很少有调控政策能达到预期目标，甚至有调控政策反而加剧住房市场的无序发展状况。与此同时，国际上有很多成功规范住房市场的范例，例如德国、新加坡、中国香港地区，甚至美国都有很多值得我们学习的先进经验。在为我国住房市场寻求规范化、制度化解决办法之前，有必要对国际上的成功范例进行归纳整理，总结成功经验和失败教训，为规范我国住房市场提供现实参考。

德国可以说是目前世界上住房市场发展最完善的国家，其房价调控工作做的也最好（付颖哲，2011）。与我国不同，德国政府将住房视为一种社会福利工具，德国政府的第一要务是保障居民住房。在对住房市场的定位上，德国就是成功的，它突出住房最基本的功能，这是所有调控政策的出发点，保证以此为根本所衍生出的各类制度和政策的合理性。在抑制投机方面：第一，利用税收控制投机，德国用于出售的住房首先要缴纳1.5%的不动产税和3.5%的交易税，还要缴纳约15%的赢利税，对于出租的住房要缴纳房租收入25%的所得税，对于自住的房屋则除基本的土地税外，几乎不缴纳任何税费。通过税收来加大住房投机成本，降低投机者的利润空间，而对于自住者则尽量减少税费负担，一方面压制投机需求，另一方面保障消费需求，进一步保证住房的社会福利性质。第二，地上权制度，地上权是一种物权，指的是在他人所有的土地上拥有的建筑权及其转让和继承权，权利人只需对土地所有权人缴纳一定的权利金，即可在他人土地上享受限定物权和自己所建筑的建筑物所有权，也就是说，地上权赋予权利人在别人土地上盖房并拥有房屋产权的权利，而土地所有人在不失土地所有权的情况下可获得稳定的土地增值收入。地上权制度使得土地使用人无须大量贷款就可获得土地使用权，这使土地供给市场十分灵活，也拓宽住房市场的供给渠道，有效避免垄断的产生。同时，政府作为二战后大量无主之地的所有权人，可以自由利用手中土地来调节住房市场的供求关系，土地供给弹性的加大有效减少对于土地和住房的投机。第三，二战后德国一直在实行先存后贷合同储蓄计划，也就是购房者需要先存入购房款的50%左右才可以获得贷款支持，而且贷款利率采用固定利率，这种贷款方式一方面加大投机人的贷款成本，抑制投机；另一方面又保证住房真实需求贷款的安全性，规避资本市场的大部分风险。而在立法上，德国法律将从高房价或高租金中获得暴利的行为视为犯罪，房地产商、售房者以及出租人都要承担相应的法律责任甚至是刑事责任，比如根据《经济犯罪法》有关规定，购房成交价超出合理房价20%就构成违法，售房人将面临巨额罚款，如果超过50%，就构成犯罪，售房人将面临刑事处罚。可见，德国利用税收、法律、土地制度和贷款政策有效的抑制住房市场中的投机行为，使得住房充分发挥其基本居住功能，成功地控制住房价。

7.3　美国住房市场制度体系

2007 年美国金融危机是由美国住房市场信用危机所引起的，但并不能说明美国的房地产体系是失败的。相反，无论是从房地产金融体系还是从政府调控系统来说，美国的房地产市场体系都是当今世界一流的，值得我们学习的地方非常多，可以归纳为如下几点：第一，美国拥有世界最发达的房地产金融市场，不论是一级市场还是二级市场都领先于世界其他国家。从一级市场来看，美国有 5000 多家房地产金融机构，其中绝大多数都可以直接向美国家庭提供贷款支持，而且贷款种类十分丰富，有固定利率抵押贷款、浮动利率抵押贷款、渐进还款抵押贷款和逆向抵押贷款等针对不同收入层次、不同年龄层次、不同家庭结构的贷款品种。从二级金融市场来说，住房抵押贷款证券的出现使得抵押贷款可以自由交易，极大地提高资金的流动性，使得投融资能力获得极大增强。为控制风险，美国的抵押保险体系也十分发达，设立以信用为标的的住房抵押信用保险。为增加保障能力，其住房抵押保险采取政府与私营保险机构合营的模式，在住房抵押贷款证券化方面，美国政府一直在积极监管和规范，制定《房地产投资信托法》等法律法规来规范住房抵押贷款证券化的运营，使得住房抵押贷款证券化产品成为信用等级与国债相当的金融产品。第二，美国拥有健全的住房市场宏观调控体系。从法律角度来说，早在 1934 年美国就出台实施《国民住宅法》，此后又出台了《城市住房发展法》《公房管理改革法》等全国范围的法规，其各州政府也对房产交易、土地分区、保障房建设等方面制定详尽的法规，保证在房地产市场的各个环节都有相关法律规范。在财税调节手段上，美国主要是依靠税收手段，在房地产市场过热时，采取增税或减少税收优惠等手段来给房地产市场降温；在房地产市场低迷时，通过采取免税、减税、延税、退税等手段来刺激房地产市场。在土地规划方面，各州政府在联邦政府的统一规划下，将土地划分为商业区、住宅区、工业区等不同区域，以达到控制土地开发节奏和规范房地产市场结构的目的。这种行政强制手段对于房地产市场和城市的长期发展具有十分重大的意义，避免重复规划、二次开发等问题，既节省资源又稳定市场预期。第三，美国拥有十分完备的保障房建设制度。从 1990 年开始，美国开始逐步实施 LIHTC（Low-Income Housing Tax Credit）方案，从字面意思来看，该方案主要针对低收入家庭进行税收补贴和抵免，此方案规定由地方政府和开发商共同规划土地区域，可获得税收支持的保障房租金的设定以地区平均收入水平为基准，政府对其的补贴由建成后中低收入租户的比例来决定。在实际操作中，为鼓励开发商和地方政府供给保障房，给予地方金融管理机构在项目审批时以非常大的裁量权。该方案在增加保障房供给方面起到重大作用。从 1995 年至今，累计完成 2 万余个廉租房建设项目，然而，LIHTC 计划也存在着种种不足，比如在低收入群体的需求没有得到有效满足的同时，却出现空置廉租房。还有就是运营和维护资金无法解决，导致房屋在达到服役年限后缺乏资金进行修葺、改造和系统升级。目前美国财政支持力度最大的是 HCVP（Housing Choice Voucher Program）计划，这是一个基于需求端的扶持计划，特点是直接对低收入家庭进行财税补贴，比如政府为低于城市平均收入水平 80% 的家庭发放租房券，用以为低收入家庭提供租房补贴。这种做法一方面给予低收入家庭更大的自由去选择居住地址，另一方面使得房东获得足够的租金收入用以改善出租房居住条件。可以说，LIHTC 计划和 HCVP 计划对我国的保障房建设都有着实际借鉴意义。虽然美国金融危机的导火索是住房市场，但是与我国有着本质的不同，前面分析美国的住房供给体系和所有权制度，可以发现美国家庭基本都可以满足住房需求，美国的保障房建设计划如 LIHTC 和 HCVP 为普通美国家庭拥有住房提供很大的支持。从本质上来说，美国也是实行的保障性住房与商品房同时供给的双轨制住房供给制度，在这种制度安排下，次贷危机与由此引起的房价泡沫只是发生在商品房供给领域，没有波及保障性住房领域，也就是说，双轨制供给将商品房价格泡沫锁定在资本市场，而没有将泡沫影响波及普通家庭的住房需求。而在我国却不是这样，在以商品房供给为主体的供给体制下，住房价格快速上涨与泡沫的形成同时影响到经济和社会生活领域，根据第 5 章的讨论可知，住房价格上涨的溢出效应在我国这种现行的住房供给制度下具有必然性。

7.4　新加坡住房市场制度体系

新加坡在解决住房问题方面取得举世瞩目的成就，解决住房问题在新加坡是一项基本国策，足见政府对住房问题的重视程度和解决住房问题的决心。到目前为止，著名的"居者有其屋"计划可谓得到圆满执行，新加坡已经成为人人有房住的国家。在新加坡，住房主要分为组屋和私人住宅两类。组屋，也叫公房（Public Housing），主要面对的是广大中低收入家庭。私人住宅如同我国的商品房，主要依靠供求规律，由市场决定其价格。不过，在新加坡私人住宅一般都是面向高收入家庭的高级公寓或豪华别墅。目前大约有 85% 的公民居住在政府提供的组屋中，15% 的富人选择豪宅和别墅等商品房。这是一种成功的双轨制住房供给体系，富人自由选择市场化的商品房，而中低收入家庭居住在由政府提供的公共住房。商品房价格可以根据供求规律和投资环境的改变自由变动，不管商品房价格如何剧烈波动，都不会对广大居民的居住权造成威胁。具体来说，政府对土地的控制非常严格，为确保组屋建设所需的土地，新加坡政府颁布《土地征用法》，规定政府有权以低于市场价标准征用土地用于建设公共组屋，土地价格一旦敲定就不许随意更改，严禁哄抬地价。新加坡政府先后颁布一系列法律法规用于规范住房市场，为广大中低收入家庭享有住房权提供充足的法律保障，同时也对炒卖公共组屋、利用组屋牟利等行为进行有效控制和严厉打击。比如《住房发展法》明确住房发展的目标、方针、政策，指定建屋发展局来统一管理公共组屋的建设和经营，又有《建屋局法》《住宅法》和《特别物权法》等条例来严格控制组屋的转租、转售问题，在法律上保证公共组屋建设的顺利进行。在资金供给方面，新加坡的公共组屋建设所需资金由建屋发展局统一调配，每年的政府预算中有一部分为公共组屋建设的专项拨款，由建屋发展局管理，同时，政府还提供住房开发贷款和按揭贷款用于支持组屋的开发和需求，政府贷款由建屋发展局将购房者的按揭还款汇集后偿还。而在需求环节，新加坡实行中央公积金制度，规定每个雇员和劳工必须定期缴纳收入的一定比例作为住房公积金，由中央公积金局统一管理，这笔公积金可以作为雇员的购房、医疗和养老费用，不可挪作他用。一般情况下，购房者在购买组屋时只需缴纳售价的 20%，剩余部分由建屋发展局垫付，购房者利用公积金就可在 5—10 年内将后续房款还给建屋发展局，购买的组屋必须住满 5 年以上才可以出售。必须要说的是，新加坡政府规定，一个家庭只能拥有一套住房，当家庭收入水平提高后，政府允许家庭购买更舒适的豪宅、别墅等商品房，但是必须将原所住组屋原价退还政府。对新加坡住房市场体系做一个简单总结，可以发现：首先，从制度上保证住房的居住功能，在供给体系上隔绝商品房价格波动对组屋的影响。其次，对稳定组屋价格、控制组屋投机进行严格的规定，已经上升到法律层面。国家对土地和建设资金的控制保证土地价格和房屋供给的稳定性。这些是新加坡住房体系成功的根本保障。

对中国香港、德国、美国、新加坡等四个国家和地区的经验进行总结和归纳，可以发现如下五个共同点：第一，各国家和地区政府都将住房视为社会福利工具，都将解决居民住房问题视为政府的第一要务。第二，都采用针对不同社会阶层的多层次住房供给制度。对商品房和保障房都采取两套开发、运营和分配体系，都由政府主导保障房建设，将商品房交给市场，从本质上来讲，采用的都是双轨制住房供给制度。第三，相关法律体系健全，都拥有专门的法律法规来规范住房市场，通过法律手段来稳定房价、抑制投机、保证住房分配的公平性。第四，都拥有健全的金融体系来为保障房建设提供资金支持。第五，都有专门的机构来规划和运营保障房，负责保障房后续的维护和升级，并通过出租和出售等手段经营保障房以回笼建设资金。

7.5 发达国家住房市场的共性——双轨制

根据 7.1 节对我国各类住房供给制度进行的综合分析，可以对我国住房市场各类相关制度和影响因素之间的逻辑关系做出初步判断：导致我国住房市场投资性需求旺盛进而产生住房价格泡沫的制度根源是我国的公有化土地制度，公有化土地制度在我国住房市场中所造成的结果就是目前单一化的商品房供给系统。从根本上解决我国住房市场失灵的方法可以考虑开放我国土地产权市场。但是我国宪法规定："土地的社会主义公有制是我国土地制度的核心"。可见我们无法通过自由开放土地产权市场的方法来解决住房市场失灵问题。因此，我们只能退而求其次，考虑从我国的住房供给系统进行优化和改革。本节的目的是通过综合比较我国与其他成功解决住房市场问题的国家和地区的住房供给相关制度，找出我国住房供给相关制度的不足之处，并通过总结先进经验来发现适合我国的住房供给制度。结合本书前面的分析，本书采用列表的形式将各国与住房供给有关的制度和规则进行总结，见表 7-1。

分析表 7-1，在政府对于住房的定位上，德国、美国、新加坡和中国香港地区都将住房视为一种社会福利工具，甚至在新加坡，解决住房问题被作为一项基本国策。而在我国，政府一度将房地产业视为支柱产业，虽然近年来很少采用此种说法，但是从房地产业开发投资与房地产业增加值对 GDP 的贡献度，以及产业关联性等现实情况来看，房地产业在我国的国民经济中依然具有支柱产业的地位。从表 7-1 中还可以看出，四个国家和地区本质上采取的都是双轨制的供给形式，政府负责保障房的开发和分配，而将商品房交给市场。且四个国家和地区都拥有一套完整的法律体系来保证住房市场尤其是保障房市场的正常运行。在资金支持和管理方面，四个国家和地区也都有专门的机构来为保障房建设资金提供稳定的资金支持。在抑制投机方面，双轨制的供给形式切断保障房市场与商品房市场的价格关联，商品房作为一项资本，交给市场来定价，保障房的交易由政府全程指导，其中稳定保障房价格与控制保障房投机的最有力措施就是房屋所有权归国家和地区所有，普通家庭只拥有居住权或限定产权。综合来看，这四个国家和地区对住房的定位从根本上保证了住房的社会福利功能得到发挥，通过采用多层次的双轨制住房供给系统同时实现了住房消费、投资与社会福利三重功能的同时满足。住房的社会福利功能和基本消费需求通过保障房供给来满足，而住房的投资功能和高端消费需求由市场化的商品房供给来满足。我国虽然在法律保障、资金支持和所有权制度等方面的制度安排都与这些国家和地区都存在差别，但从经济学角度来讲，最根本的差别在于我国目前仍然以商品房供给为主体。这种供给方式不但无法控制住房泡沫的生成，反而会加快泡沫生成的速度，同时也决定了房价快速上涨必然出现负面溢出效应。而本章所列各个国家和地区的实践经验都说明，实行双轨制住房供给制度可以有效解决住房市场失灵问题（见表7-1）。

表7-1　　　　　　我国与典型国家和地区的住房供给制度综合比较

	德国	美国	新加坡	中国香港	中国
政府定位	社会福利工具	社会福利工具	社会福利工具	社会福利工具	曾被确定为支柱产业
供给方式	供给渠道广泛，既有保障房又有商品房	政府参与保障房建设，商品房由市场化运作	保障房与商品房同时供给的双轨制住房供给	多层次的灵活双轨制	商品房为主体的单一化供给
法律保障	法律体系完善	法律体系完善	法律体系完善	法律体系完善	政策调控为主，法律缺失

续表

	德国	美国	新加坡	香港	中国
资金支持	先存后贷方式的合同储蓄	商品房金融市场发达，保障房资金由政府管理	政府统一管理的公积金	政府划拨与住房经营所得	银行贷款或家庭储蓄
所有权	地上权	商品房私有，保障房国家所有	商品房私有，保障房国家所有	商品房私有，保障房限制产权	仅有限制年限的使用权
抑制投机	立法限制与税收，针对供需两端	商品房放开	商品房放开	立法限制与税收，针对供需两端	政策调控，主要针对需求端调控

　　基于以上分析，本书认为实行双轨制住房供给制度是解决我国住房市场失灵问题的有效方法，双轨制住房供给制度在世界多个国家和地区的成功实施，是本书观点最好的现实例证，而理论层面上的证明会在本书第8章进行。

讨论 5　住房财富与家庭消费
——进一步讨论

　　目前 FRB/US 模型是关于住房财富与消费关系研究中比较常用的模型，这是美联储常用的研究美国经济的计量模型之一，模型中有一个模块描述的就是作为总财富函数的家庭消费行为及其构成。Brayton 和 Tinsley（1996）利用此模型预测美国家庭有形净资产的边际消费倾向在 5% 到 10% 之间。还有一些研究着重于找出度量和估计住房财富的方法，但目前可以达成共识的是，多数基于时间序列数据的研究所得到的结论与 FRB/US 模型的结论基本相同，唯一的差异就是有些研究认为住房财富具有较大弹性，而有些研究认为弹性较小（Poterba，2000）。Carroll 和 Otsuka（2006）基于时序数据方法计算并分析了住房财富增加作用于消费的长期效应和短期效应，通过分析美国数据，他们发现住房财富每变化 1 美元对消费所产生的直接边际效应是 2 美分，总影响效应大约是 8 美分，远大于其他类型金融资产所产生的影响。Quigley 和 Shiller（2005）发现在很多发达国家中，总房价和总消费之间存在很大的关联性。据权威部门估计，全球范围的家庭消费的住房财富弹性大约为 0.11%。Quigley 和 Shiller（2005）通过分析包括美国各州的面板数据，认为美国家庭消费的住房财富弹性在 0.03 和 0.18 之间。

这其中最重要的问题是，基于总量数据的研究很难将时间序列数据自相关所带来的影响剔除，也就是说要么无法预计间接的财富效应，要么就把家庭的储蓄行为与家庭财富的增加颠倒因果。Iacoviello 和 Neri（2010）利用一个将消费和住房财富视为内生变量的结构化均衡模型，模型中同时考虑了技术进步、消费偏好和货币政策等影响因素。这一模型证实了消费与住房财富存在正向关系，但这种正向关系似乎仅是由于将可以同时对这两个变量产生同一方向影响的变量考虑进来，如偏好的变化，利率和技术进步。虽然这样，他们的模型还是比较好地反映出了流动性约束所带来的影响。此结论验证了 Muellbauer 和 Murphy（2008）的研究，他们曾质疑住房抵押和首付约束是解释房价波动对于短期消费波动作用的关键这一普遍观点。

同时，从微观家庭层面展开消费与住房财富关系方面的研究也有很多，且越来越多，这些研究主要观察家庭对于住房财富价值变化所作出的反应，还有就是如何在影响消费的众多因素中将住房财富所带来的影响鉴别出来。Campbell 和 Cocco（2007）利用 1988 – 2000 年英国家庭支出和地区房价数据，得出年轻有房家庭消费对于住房价格上涨具有较小的正向反应，而年长有房家庭的反应较大，并利用文中的住房财富和消费均值计算出年轻有房家庭关于住房财富的边际消费倾向为 0.06，而年长有房家庭的边际消费倾向为 0.11。Mian 和 Sufi（2009）在他们提出的借贷作为家庭基础资产的基础上研究有房家庭对于家庭资产升值的反应，他们发现有房家庭会大量增加贷款以应对家庭资产价值的变化，余下的部分才是用来满足日常消费和改善居住环境等其他生活支出。

本书认为住房财富是一个家庭财富的重要组成部分，因为家庭存在预

坡国立大学的讲话中明确阐述我国住房政策的原则，再次强调我国建设双轨制住房供给制度的决心。

可见，自20世纪90年代我国就认识到双轨制住房供给的必要性，并将此作为房改的目标，但是到2007年，我国政府仍然在表态要建立双轨制住房供给体系。时至今日，我国的城镇住房制度改革仍在进行中，仍然在探索和完善适合我国的住房制度。根据本书第3章对经济适用房的分析，经济适用房原本出于体现社会关怀、让利于民的指导思想，但是在实施过程中却暴露很多我国住房制度的不足。

经济适用房本身的运作模式从总体上看有许多不足，主要体现在：

第一，目标定位过高。我国经济适用房的设计思路是15%的高收入家庭通过市场购买高档房，5%的贫困家庭由政府提供廉租房，80%的中低收入家庭依靠经济适用房。总体来看，我国的福利性住房占整个住房供给的85%，"保障轨"目标过高，我国目前的经济发展水平难以支撑。

第二，建设集中，将经济适用房集中于城市边缘地带。建立经济适用房小区，最初是本着统一管理、便于操作和容易实施的原则。但从社会学角度看，此种将弱势群体集中的做法容易导致社会阶层分化，人为造就贫民区，加剧社会矛盾。

第三，质量问题。由于限制利润，开发商往往在经济适用房建设中敷衍了事，导致经济适用房的房屋质量、周边设施或配套服务方面存在问题。

第四，保障错位。开发商经常钻我国收入审核缺陷的空子，在建设中"偷梁换柱"，将经济适用房建设成豪宅，使得经济适用房小区成为富人区，社会福利是富人的福利。

出现这种经济适用房"不经济"状况的原因在于：

第一，经济适用房拥有产权，其本质上是一种政府调控下的低价商品房；

第二，经济适用房比普通商品房价格低10%—20%，在这种差价的吸引下，投资者更乐于投资经济适用房，导致经济适用房需求增大，价格升高，加大普通家庭购买经济适用房的难度；

第三，经济适用房普遍存在面积过大，购买主体界定不明晰、监管不力等问题，使得中低收入家庭买不起或买不到，高收入家庭可以随意购买，导致经济适用房丧失保障特性。据住建部介绍，我国2011年计划筹建的 1000 万套保障房中有 600 万套是产权型的（其中 200 万套是经济适用房、400 万套属于棚户区改造），其余为廉租房和公租房。根据前文分析，具有产权的保障房具有向商品房转化的激励，则在我国真正意义上的保障房应该为廉租房和公租房。依据《城镇廉租住房管理办法》对于廉租房的定义，廉租房本质上是一种由政府提供的租金相对低廉的普通住房，是完全意义上的福利性住房。廉租房的完全福利性也决定开发和建设廉租房对于开发商和地方政府来说，是一种有投入无产出的公益行为。在现实中，经济适用房可以通过出售来回收投资并具有一定的利润，而廉租房和公租房的建设资金和土地则主要依靠中央或各级地方政府划拨。经济适用房可以为开发商创造利润、为地方政府增加财政收入，保障房则需要开发商做贡献，地方政府也需要贡献土地与划拨资金。资金问题导致开发商与地方政府在保障房建设选择中，都倾向于经济适用房而不愿开发廉租房和公租房，这是一直以来我国保障房建设中经济适用房大行其道，而廉租房和公租房没有实质进展的主要原因。

鉴于以上事实，本书认为，在廉租房建设力度不足，经济适用房"不经济"的现实背景下，我国当前的住房市场依然以商品房供给为主，还没有真正建立起基于住房福利属性的保障房供给系统，双轨制中的"保障轨"还没有成型。我国建立起真正的双轨制住房供给制度需要首先解决三个问题：（1）对保障房进行明确定位，明晰保障房的内涵和外延，杜绝因定位模糊而使得保障房向商品房转化；（2）建立起一套保证廉租房和公租房建设的资金供给制度；（3）双轨制住房供给采取制度化建设方式，我国历来惯用政策方式来促进保障房建设，而缺少规范化、强制化的制度手段，我国需要像德国、新加坡等一样，将住房市场纳入制度化管理轨道。

8.1.2　我国的保障房建设进展

资金问题是保障房建设的短板，保障房建设所需资金除上级政府的专项转移支付和中央财政划拨外，绝大多数建设支出由地方政府承担（唐志新，2011）。财权与事权不统一的困境已经使得地方政府对土地财政形成依赖，而保障房建设需要地方政府再划拨土地和资金，这导致保障房建设在资金方面难以得到地方政府的全力支持。

根据 2011 年"两会"报告，关于 1000 万套保障性住房的 1.3 万亿元资金支持，中央和地方各级政府可提供的只有 5000 亿元，其余的 8000 亿元来自社会投入和被保障对象。根据审计署报告，北京、上海、重庆等市（省、区）中的 22 个城市，从土地出让收入中提取的保障房建设资金比例没有达到要求，也就是这 5000 亿元左右的政府支持资金也被高估，实际的保障房资金缺口比预想的要大。在实际操作中，来自政府方面的保障房建设资金大致包括土地出让金的一定比例划拨，中央财政支持和公积金贷款，这三部分构成 5000 亿元左右的政府支持资金，而剩下的 8000 亿元左右缺口需要靠社会力量来补齐。

从 2011 年的保障房建设情况来看，我国各方面社会力量开始加入保障房建设，并且很多实质性的工作已经开展，从这方面来说，我国多年来对强调加大保障房建设力度的各项政策和措施已经产生效果，我国的双轨制住房供给制度建设也看到希望。各种社会力量中开发商和商业银行最为重要，从开发商方面来看，我国的一些房地产企业已经开始探索性的进入保障房领域，比如招商地产、保利地产、首创地产和万科地产等大型房地产企业已经将保障房纳入其新一年的战略规划中。有些房地产企业已经付出行动，如中天城投与贵州省政府签署框架协议，在"十二五"期间计划投资约 200 亿元，参与建设 20 万套保障性安居住房；万科地产制定 2011 年保障房开工超过 200 万平方米的目标，并且耗资约 12 亿元在上海竞得土地用来建设保障房；绿地集团也准备投资 500 亿元用于保障房建设。这些房地产企业如此重视保障房开发的主要原因为：

第一，保障房的利润率虽然规定只有 5% 左右，但是其稳定性强，可以为房地产企业创造一个高于贷款利息的收入流，为资金周转增加灵活性；

第二，保障房开发的系统性风险较小，有国家政策扶持，不容易受频繁变化的调控政策影响；

第三，土地的稀缺性造成开发商获得新增土地的难度越来越大，很多房地产企业现有的开发项目只能维持两年左右，如果没有新增土地储备，将会产生大量闲置资金，在此背景下，房地产企业开始进入保障房建设领域。

商业银行与我国的房地产市场联系紧密，从竞标土地到项目开发，每一步都有商业银行参与。但由于保障房建设工程浩大且资金回笼较慢，商业银行起初对保障房项目开发的态度并不积极，但在国家开发银行向国务

院提交一份关于解决保障房建设资金供给的议案后①，我国五大商业银行
也开始加大力度支持保障房建设。2010 年我国五大商业银行对保障房建
设项目的支持力度开始加强，2011 年更是在信贷规模上实现快速增长。
至 2010 年；工商银行累积发放保障房开发贷款 94.15 亿元，支持 30 余万
套保障房的建设；建设银行共计发放保障房开发贷款 44.3 亿元，并与德
国施威比豪尔住房储蓄银行共同出资建立专门从事住房储蓄业务的中德住
房储蓄银行，并承诺为天津市保障性住房建设提供总额 200 亿元的贷款支
持；中国银行也在积极试点开展连接住建部和公积金中心的保障房建设贷
款业务；农业银行从 2008 年起已经累计实现保障房贷款 126 亿元，支持
项目超过 160 个；交通银行批准保障房开发贷款 308 亿元，支持 91 个保
障房建设项目。同时社保基金和保险基金也开始加入到保障房建设中来。

综上所述，由于国家政策上的大力扶持、社会各界的广泛关注，各大
银行、保险和基金等金融机构以及各大房地产企业，都开始积极参与到保
障房建设中来，保障房建设正在如火如荼地进行。如果国家的政策支持力
度不变且宏观经济运行环境稳定，我国保障房建设从社会资金角度来说，
已经初具规模。地方政府方面，首先，因为需要政府在土地转让收入中划
拨大约 10% 资金用于保障房建设，直接减少地方政府的财政收入。其次，
保障房建设用地需要由地方政府划拨，导致地方政府可用于出让商品房项
目开发的土地减少，进一步减少地方政府的土地转让收入。再次，保障房
建设需要的各种配套设施还需要地方政府负责，财权减小，事权增加，进
一步加剧一直困扰地方政府的财权事权不对称难题。可见，当前保障房建
设的主要难题在于难以获得地方政府的全力支持，否则中央与地方的博弈
会永远进行下去，地方政府将会成为制度化、规模化实施双轨制住房供给
制度的障碍。

8.2 实行住房双轨制供给制度的必要性

住房双轨制供给指的是住房市场中同时存在两套供给系统：一套是商
品房供给系统，交给市场来运作；另一套是保障房供给系统，由政府来引

---

① 该方案建议在 1 万亿发债额度的基础上增加国务院特批发债额度，以设立一笔专项基金
为保障房建设提供资金支持。

导开发建设与分配。我国的商品房市场已经发展多年，虽然存着市场失灵，但总体来讲，已经形成一个完整的市场体系。因此本书只针双轨制中的"保障轨"来展开讨论。

保障房供给系统由供给主体、供给客体和供给内容三方面组成①。供给主体指的是保障房的供给者，结合国际经验与我国《经济适用住房管理办法》和《城镇廉租住房管理办法》中的相关规定，我国的保障房供给主体应该是地方政府与开发商。供给客体指的是保障房的保障对象，在现实中强调公平分配。根据《经济适用住房管理办法》和《城镇廉租住房管理办法》的规定，我国的保障性住房主要面对的是城镇低收入住房困难家庭。由于目前缺乏规范和系统的审核标准，我国存在保障房分配不公的现象，真正的住房困难家庭没有获得保障，而不符合保障标准的家庭却挤占有限的保障房资源。供给内容指的是需要供给什么样的保障房，从经济适用房的经验来看，其没能发挥政策预期效果的根本原因在于经济适用房拥有产权，2007年7部委联合发布《经济适用住房管理办法》，其中第三十条规定：经济适用住房购房人拥有有限产权，这里的有限产权指的是不满5年不得直接交易上市的限制。对于住房这种具有长期投资价值的资产来说，经济适用房与一般商品房的差别不大。鉴于此，本书认为，我国未来双轨制住房供给制度建设中的保障房所要遵循的首要原则就是无产权，否则会重蹈经济适用房的覆辙。从保障房建设的国际经验来看，多数国家的保障房供给，由具有限定产权的保障房和只租不售的无产权公租房构成，但结合我国特定的政治经济环境，限定产权的保障房已被事实证明不具实效性。因此廉租房和公租房是比较适合在我国推广的保障房模式。虽然目前普遍认为，公租房是解决社会夹心层住房问题的一种过渡性住房，但是通过良好的制度设计可以将廉租房和公租房变为家庭的长期住房，"只租不售"的特点杜绝其成为投资品的可能，因此我国未来双轨制住房供给制度建设中的保障房，所要遵循的第二条基本原则应是"只租不售"。借鉴香港公租屋的经验，我国的保障房应该具有可继承性，因为我国存在收入差距大、人口众多和社会竞争激烈等问题，在一定程度上形成厉以宁所说的社会阶层凝固化，有些家庭长时间无法提高收入来购买商品房，甚至几代人都无法改变现状。为充分发挥保障房的社会福利功能，

---

① 此处参照福利社会学关于福利社会供给系统的研究来划分。

保障房应该具有可继承性，只有这样才能消除低收入家庭居无定所的不安感，真正体现社会关怀。

8.3　新假设条件下的重新推导—— 双轨制可行性的理论证明

综合以上分析，我国双轨制住房供给制度建设应具备的基本特征是商品房交给市场、保障房由政府引导，将保障房供给主体定为各级地方政府和开发商，供给对象定为城镇低收入住房困难家庭。最重要的是作为供给内容的保障房应遵循无产权、只租不售和可继承这三点基本原则。

在严格遵从保障房无产权、只租不售与可继承三条基本原则的基础上，我们考虑双轨制住房供给中的两种情况：

第一种情况，保障房价格（租金）[①] 由政府根据当地人均收入和经济发展状况统一制定，则家庭使用保障房的成本固定，此时可以认为保障房价格为常数。在商品房市场方面，由于商品房不再拥有巨大的刚性需求作为支撑，商品房的购买者或为改善居住环境的高收入家庭，或为投机者。正常的商品房市场包括改善性需求和投机性需求，则依据第 4 章的分析框架，此时的需求函数为：

$$h_t = \alpha_0 - \alpha_1 p_t + (p_t - p_{t-1})k \qquad (8-1)$$

由第 4 章分析可知，式（8-1）中：$\alpha_0 - \alpha_1 p_t$ 表示消费性需求，在这里代表改善性需求；$(p_t - p_{t-1})k$ 代表投机性需求；h_t 为商品房需求；p_t 表示 t 期房价；k 为正反馈投机者的正反馈系数，综合反映正反馈投机者的融资能力和风险偏好；α_0 代理除价格和预期之外其他影响需求的因素；α_1 表示需求的价格弹性，α_1 前取负号意味着改善性需求与房价成反比。在不考虑二手房的情况下，此时商品房的供给者依然是开发商，开发商会根据自身的预算安排、房屋存量、成本等因素调整供给量以实现利润最大化，则供给函数为：

$$s_t = \beta_0 + \beta_1 p_{t-1} \qquad (8-2)$$

式中：s_t 代表 t 期住房供给；p_{t-1} 表示 $t-1$ 期房价；β_0 代理住房存量与开发成本等供给的影响因素；β_1 为供给弹性，$\beta_1 > 0$。当市场出清时 $h_t = s_t$，

---

① 在只租不售原则下，保障房价格仅指租金，后面的讨论不再特意说明。

可得：

$$\alpha_0 - \alpha_1 p_t + (p_t - p_{t-1})k = \beta_0 + \beta_1 p_{t-1} \qquad (8-3)$$

则依据第 3 章的推导过程可得均衡解为：

$$p_t = (p_0 - p_t^e)\left(\frac{k+\beta_1}{k-\alpha_1}\right)^t + p_t^e \qquad (8-4)$$

式中：p_t^e 表示住房的均衡价格；p_0 为期初价格。分析式（8-4），在刚性需求存在的情况下，由于 $k>0$，$\alpha_1>0$，$\beta_1>0$，因此 $|k+\beta_1| = k+\beta_1$ $>k>|k-\alpha_1|$ 成立，当 $t\to\infty$ 时，房价 p_t 会在自身的作用下背离均衡价格迅速上涨并形成泡沫。但是在双轨制住房供给中，商品房市场不存在刚性需求，这就导致房价泡沫形成的决定因素之一的需求弹性 $\alpha_1\to0$ 不成立。相反，改善性需求家庭由于有保障房作后备，当认为商品房价格不合理时，家庭可以选择观望，因此其需求弹性非常大，即此时 α_1 非常大。由于保障房的开发与建设由政府统一规划与管理，开发商只能在政府的调配下进行保障房开发，开发商可自主决定供给量的空间很小，此时可以认为供给弹性 $\beta_1\to0$。而此时反映投机者融资能力和风险偏好的系数 k，也因为具有信息优势的投机者掌握市场上不存在刚性需求的事实而变小，以至于使得 $|k-\alpha_1| > |k+\beta_1|$，根据式（8-4）可知，商品房价格会趋于向均衡价格收敛，而不会发散形成泡沫。当商品房市场由于外部经济因素刺激而完全成为投机市场时，需求函数为：

$$h_t = p_t k - p_{t-1} k \qquad (8-5)$$

此时的均衡条件为：

$$p_t k - p_{t-1} k = \beta_0 + \beta_1 p_{t-1} \qquad (8-6)$$

解得：

$$p_t = (p_0 - p_t^e)\left(\frac{k+\beta_1}{k}\right)^t + p_t^e \qquad (8-7)$$

此时商品房市场完全演变为资本市场，投机者购买商品房完全是为通过出售而获得价差收益，因此购买者在购买成功之后立刻转变为市场的供给者，此时的商品房供给应考虑二手房供给，因此供给弹性 β_1 与房价 p_t 成正比。在存在上涨预期的情况下，$k>0$，则根据式（8-7）可知，此时房价会迅速上涨而形成泡沫。但是，由于存在双轨制住房供给系统，商品房价格泡沫不会影响保障房价格，因为保障房价格由政府根据当地人均收入和经济发展状况统一制定，也就是说，不论商品房市场形成多大泡沫，都不会对中低收入家庭的居住需求造成威胁。

第二种情况，政府适当放开保障房价格，在严格控制投机的情况下，保障房价格由供求关系决定。此时，保障房的需求函数为：

$$h_t = \alpha_0 - \alpha_1 p_t \tag{8-8}$$

假定此时保障房由开发商来供给①，供给函数可以表述为：$s_t = \beta_0 + \beta_1 p_{t-1}$，市场出清时：

$$\alpha_0 - \alpha_1 p_t = \beta_0 + \beta_1 p_{t-1} \tag{8-9}$$

解得：

$$p_t = (p_0 - p_t^e)\left(\frac{\beta_1}{-\alpha_1}\right)^t + p_t^e \tag{8-10}$$

由于保障房的开发与建设由政府统一规划与管理，开发商只能在政府的调配下进行保障房开发，开发商可自主决定供给量的空间很小，此时可以认为供给弹性 $\beta_1 \to 0$。p_0 为期初价格，可以认为是政府指导价，当保障房需求存在弹性时②，$\alpha_1 > 0$，则根据式（8-10）可知，保障房价格会收敛于均衡价格 p_t^e。此时的商品房价格的波动特征与第一种情况相似，虽然需求弹性较第一种情况小，但不影响最终结论。

综上所述，在双轨制住房供给体制下，当保障房价格由政府控制时，不存在浮动空间，此时，如果商品房价格未形成严重泡沫，则商品房市场中改善性需求与投机性需求并存，商品房价格收敛于均衡价格。如果商品房市场由投机性需求主导，则商品房价格会迅速上涨形成泡沫，但由于保障房价格由政府控制，商品房市场中形成的泡沫不会威胁到一般家庭的居住需求。当保障房价格由供求关系决定而自由浮动时，如果商品房价格收敛于由商品房市场决定的均衡价格，则保障房价格最后也会收敛于由保障房市场决定的均衡价格。

可见，双轨制供给可以有效平抑住房价格波动，同时也可以有效调节我国的住房市场失灵状况。根本原因在于，双轨制供给打破住房的不可能三角，使住房的三重基本功能属性在两套平行系统中得以同时实现，将住房价格变化的溢出效应的负面影响降低甚至消除。而双轨制的平行系统也可以将风险进行隔绝，某一套系统中的风险不会传递到另一套系统中去，

①　根据美国、新加坡等国的做法，此种假设是合理的。
②　如商品房市场价格收敛时，一部分家庭会选择购买商品房。

这一机制又进一步增强双轨制供给制度对于住房市场失灵状况的调节能力。这一过程如图 8 - 1 所示。

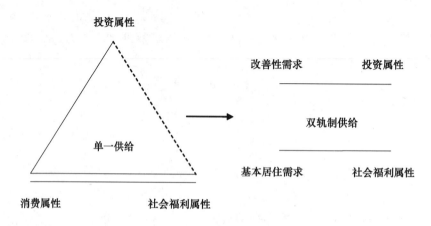

图 8 - 1   双轨制供给制度打破住房"不可能三角"

8.4   新调控政策的框架设计

对于住房市场来说，双轨制供给的最基本要求是市场中同时存在两套并行供给系统：一套是完全市场化的商品房供给系统，另一套是由政府干预和主导的保障房供给系统。两套系统既相互独立又存在联系，共同组成住房市场的双轨制供给系统。目前，我国住房市场面临的主要问题是保障房供给严重不足，而商品房市场过度发展，进而引发诸多经济和社会问题，造成住房市场失灵的情况发生。本节的任务是对我国需要实行的双轨制住房供给制度提出基本设计框架和基本原则，目的是通过严格的概念界定来保证双轨制住房供给制度的有效实施，尽量避免因定位模糊而削弱双轨制住房供给制度施行效果。在保障房的概念界定上，必须做到与商品房严格区分，不能存在交集，否则市场的力量会将保障房逐步转化为实际意义上的商品房，我国的经济适用房就是一个典型例子。在上一节的分析中得出保障房应遵循无产权、只租不售和可继承这三条基本原则，其中无产权与只租不售原则使保障房与商品房具有本质区别。

在双轨制住房供给制度的实际操作中，应注意资金支持、土地供应、住房分配，后续维护和经营等五个环节。我国商品房供给系统中的这五个环节已经基本成型，因此本书重点讨论保障房供给中这五个主要环节须要具备的特征。

资金支持方面。目前，我国保障房建设主要存在以下三方面问题：第一，融资渠道狭窄，社会参与程度低。虽然有一部分社会力量参与到保障房建设中，但我国保障房建设资金目前依然主要来源于财政拨款、公积金增益和土地出让金，而这三个渠道全部来源于政府，直接导致政府财政自由裁量权的缩水。对于社会资本，虽然我国出台的《关于认真做好公共租赁住房等保障性安居工程金融服务工作的通知》中表示加大力度支持保障房建设项目的资金支持，但事实上社会资本进入保障房建设领域依然存在一定的政策壁垒，而且缺乏有效的保障房经营模式，导致社会资本无法获得投资收益。第二，融资方式缺乏创新。这与我国金融市场缺乏创新有关，我国金融市场发展缓慢且不成熟，无法支撑保障房的融资模式创新。第三，公积金增益虽然在政策上规定为保障房建设的主要资金来源，但实际上我国住房公积金用途一直不明确，在保障房建设方面起到的作用较小。美国和新加坡等国在此方面的做法是值得借鉴的，美国的金融市场非常发达，既有针对不同收入层次、不同年龄层次和不同家庭结构的丰富贷款品种，也有住房抵押贷款证券等衍生工具，同时还有 LIHTC 和 HCVP 等政府补贴建房计划；新加坡的保障房建设资金由建屋发展局统一调配，每年的政府预算中有一部分作为公共组屋建设的专项拨款，由建屋发展局统一管理。两者在具体融资方式上虽存在差异，但是在资金管理和调配方面都设有一个专门部门来负责管理和实施，且主要的资金都来自政府补贴和拨款。鉴于我国金融市场的发展程度和住房市场的现实情况，我国的保障房建设资金应以政府拨款为主，鼓励社会资本参与保障房建设，同时设立一个专门部门对此全面负责。

土地供应方面。我国目前保障房建设用地主要以行政划拨为主，市场化运作为辅，而发达国家的做法一般是由政府进行统一规划，在此基础上进行具体的开发和运作。对于我国来说，政府规划的一个最大障碍是地方政府参与到土地收益分配中，这使得地方政府在保障房建设用地的规划中难以做到客观公正。因此需要一个独立部门对各地方的土地使用进行整体规划，该部门应直接向中央负责，不参与地方土地出让收益的分配，该部门所指定的规划标准和具体方案，地方政府必须严格执行。

住房分配方面。保障房分配重要的是贯彻公平性原则，如陈伯庚

（2008）认为，分配的公平性是从住房的社会性所引申出来的客观要求，更是保障性住房应有之意。从前文分析可知，发达国家和地区的政府通常将住房定位为一种社会福利工具。由社会福利的定义可知公平性是社会福利的核心和保障，可见保障房分配的公平性是双轨制住房供给制度的基本要求。为保证分配公平性，本书在借鉴其他国家经验并结合我国实际情况的基础上，提出我国的保障房分配应遵循抛开户籍、公开审核、限定户型、严惩违规、一户一档和实行轮候等六个基本原则。抛开户籍指的是放开户籍限制，体现的是地域性公平；公开审核是指对申请人资格公示，接受社会监督；限定户型的目的是降低保障房对高收入家庭的吸引力；严惩违规是指对公示期内或者在每年的定期审核中，发现不符合居住条件的家庭给予严惩；一户一档是为便于管理和资格审核，对家庭收入和人口变动情况进行实时归档，为公开审核提供便利；轮候是指对符合资格的申请人进行排序，此次没有申请成功的申请人下次的申请顺序会提前，申请人可以对申请成功时间有一定把握。

后续维护与管理方面，保障房在建成并分配后需要配套物业管理和房屋维修升级服务，美国就曾出现过保障房因管理混乱、年久失修而被荒废和遗弃的现象。我国保障房市场中的配套物业管理应该由保障房规划和开发部门统一管理，可参照目前的市政设施管理细则来制定保障房的后续管理制度。

如何经营保障房以获得稳定的收益，是提高地方政府和社会资本参与保障房建设积极性的关键。本书第4章的分析发现，地方政府在整个住房制度体系和住房市场中是承上启下的关键一环，无论是住房制度的具体执行还是监督管理住房市场参与者，都由地方政府来实施。即使存在一个直接对中央负责的专门机构来全权负责保障房的规划与开发，规划方案的具体实施也需要地方政府来操作。因此，地方政府的积极配合，是双轨制住房供给制度的建立和顺利实施的重要前提和保证。地方政府的积极配合必须以有效解决地方政府的土地财政依赖为前提。一个较具可行性的方法是通过保障房的合理经营为地方政府提供财政收入，经营保障房所获取的稳定收益可以作为地方财政的可持续收入来源，有效缓解地方政府对土地财政的依赖，进而提高地方政府参与保障房建设与管理的积极性。在保障房实际经营中一个最重要的问题是，制定具体的保障房租金标准以及各项税费。因为这直接关系到中低收入家庭的保障房居住成本，如果成本过高，会增加家庭负担，达不到保障目的。如果租金过低或税费水平过低，则保障房开发难以回收资金，影响后续开发。因此保障房租金应参照当地人均收入水平和物价水平统一制定，并在社会监督下定期调整。而水、电、煤气和采暖等方面应与商品房市场统一标准，这样既体现公平性又可消除寻租激励。在税收方面，保障房由于其产权归国家所有，目的是为中低收入住房困难家庭提供保障，因此应该对保障房家庭实行免税。

近年来，我国政府关于住房价格方面的调控较多采用政策方式，而政策一般是方向性或指导性的，作为制度的指导与补充。而制度则是带有强制性的行为准则（郑贵廷，2003）。按照诺斯的定义，制度指的是"一系列被制定出来的规则，守法程序和行为的道德伦理规范，旨在约束个人的行为"。我国住房市场目前缺乏一套制度来约束住房市场中开发商捂盘惜售、制造预期、合谋垄断以及投机者炒房等各类市场参与者的行为。目前发布的各种政策和措施，多数以"通知""讲话"和"办法"等形式出现，这种指导性调控方式对市场约束力不足。另外一个问题是，政策发布比较频繁，一般只能在短期内达到预期效果，从长期来看，不具有持久性和稳定性，因此政策的长期效果不明显。我国住房市场失灵问题难以解决的原因中不乏政策出台过于频繁。据不完全统计，我国从 2003 年至 2012 年经国务院、各部委与央行等下发的各项有关住房市场的"办法""通知"等调控政策总计达 60 项之多。因此，有必要对我国的双轨制住房供给进行制度化建设，在制度的约束下，对市场各参与主体的行为进行规范化、标准化处理。无论在商品房市场还是在保障房市场中任何一个环节，任何一个节点都做到有据可循、有证可查和有法可依。尤其对于地方政府，本书在前面讨论中，已经证实地方政府无论在住房市场政策执行，还是在住房价格决定过程中，都是承上启下的关键环节。由于土地财政的存在，地方政府效用与房价成正比，因此地方政府在与中央关于扩大保障房建设规模的博弈中采取消极对策，由此导致我国的住房双轨制供给制度一直没能得以建立。如果双轨制住房供给具有一套完整的法律法规等制度标准，则无论是对开发商还是投机者，都会有一套规范的准则对其进行约束。对于地方政府，也可以有一套规则来对其在保障房建设中所采取的消极行为进行规范。

结　论

作者用一明一暗两条线索来提领全书。明线索为住房价格，由住房价格将住房市场各方面问题串联起来，以分析住房价格的决定过程、影响因素与现实表现为开端，深入分析住房价格变化对经济和社会生活各方面的影响和作用机制，从中发现我国存在住房市场失灵现象，并提出解决方法为政府调控。本书的暗线索为住房所具有的两种需求类型和三重功能属性这一特殊性质，住房价格所表现出的各种独有特征都由住房这种特殊性质所决定，住房价格的各种负面溢出效应也由此而引起。通过研究本书得出以下几个主要结论：

第一，我国住房市场目前存在房价收入比高、住房空置率高和投资性需求旺盛等现实问题，可以认为我国住房价格存在泡沫。

第二，住房的两种需求随住房价格变化而相互转化，其消费性需求更倾向于向投资性需求转化，引起住房价格上涨并形成泡沫，且住房价格泡沫不易破裂。具体而言，当消费性需求主导住房市场时，住房价格向其均衡价格收敛；当消费性需求与投资性需求并存时，住房价格迅速上涨并形成泡沫；当住房市场由投资性需求主导时，住房价格上涨速度减缓，存在泡沫破裂的可能，但由于住房存在消费和福利功能，住房价格泡沫较难破裂；如果房价下跌幅度较大，则最低点为其均衡价格，泡沫不会骤然破裂。同时，我国住房价格还受多重外生因素的影响，包括制度因素、经济因素以及住房市场关联主体之间的博弈行为，外生影响因素连同住房价格内生决定机制共同决定了我国目前的房价特征。

第三，住房价格变化对经济和社会生活均产生影响，可称为住房价格的溢出效应。住房价格的溢出效应多为负面影响，且这种负面影响带有必然性。具体而言，住房价格变化会影响家庭消费和投资决策，影响企业投资行为，甚至影响政府行为；住房价格变化还能改变家庭永久收入水平，有房家庭和无房家庭的收入分配差距随房价上涨而扩大，扩大趋势随房价边际递减。本书实证分析结果较好证明了上述观点与结论，同时还说明房地产业不适宜作为我国的支柱产业。

第四，住房同时具有消费、投资和福利功能决定了住房价格的溢出效应对我国经济和社会发展具有影响。住房的三重功能分别对住房价格都提出不同要求，使得住房价格面临三难选择，无论房价如何变化都会损害一部分群体利益。同时住房三重功能属性也决定住房需求的转化方式，进而决定住房价格。可见住房三重功能属性既决定住房价格运动特征，也决定住房价格溢出效应，又决定了住房天然存在市场失灵倾向。住房市场失灵靠市场本身无法解决，必须依靠政府进行调控。

第五，我国住房市场相关制度总体而言在推动房价上涨，尤其土地财政，导致地方政府在执行调控政策时倾向采取消极策略。通过分析住房市场相关政策和制度间的逻辑联系，本书发现导致我国住房市场失灵的制度根源是以商品房供给为主体的住房供给系统。

第六，双轨制住房供给制度可以有效平抑房价波动，打破住房的不可能三角，利用两种供给方式和两种价格来保证住房三重基本功能属性得以同时实现。在双轨制供给假定下：当保障房价格完全由政府控制时，商品房价格向其均衡价格收敛；当保障房价格由供求关系决定而自由浮动时，保障房价格随商品房价格收敛于各自的均衡价格。

参考文献

中文参考文献

[1] 白钦先：《我国房地产业的金融负外部性考察》，《经济评论》2011年第6期。

[2] 陈伯庚：《论住房制度改革中的公平与效率——纪念城镇住房制度改革30周年》，《中国房地产》2008年第6期。

[3] 陈灿煌：《房价上涨与城市居民收入差距的关系》，《统计与决策》2007年第22期。

[4] 陈国富、卿志琼：《财政幻觉下的中国土地财政——一个法经济学视角》，《南开学报》（哲学社会科学版）2009年第1期。

[5] 陈学彬：《当代金融危机的形成、扩散与防范机制研究》，上海财经大学出版社2001年版。

[6] 陈彦斌、邱哲圣：《高房价如何影响居民储蓄率和财产不平等》，《经济研究》2011年第10期。

[7] 昌忠泽：《房地产泡沫、金融危机与中国宏观经济政策的调整》，《经济学家》2010年第7期。

[8] 邓卫、宋杨：《住宅经济学》，清华大学出版社2008年版。

[9] 付颖哲、徐策：《德国抑制土地和房地产投机的经验》，《宏观经济管理》2011年第2期。

[10] 高聚辉、伍春来：《分税制、土地财政与土地新政》，《中国发展观察》2006年第11期。

[11] 顾乃华、王晓霞、陈雄辉：《我国土地财政的区域差异与成因——基于省际面板数据的实证研究》，《产经评论》2011年第2期。

[12] 况伟大：《空间竞争，房价收入比与房价》，《财贸经济》2004年第

7 期。

[13] 金德尔伯格：《经济过热经济恐慌及经济崩溃：金融危机史》，北京
大学出版社 2000 年版。

[14] 况伟大：《预期、投机与中国城市房价研究》，《经济研究》2010 年
第 9 期。

[15] 况伟大：《空间竞争、价格合谋与房价》，《世界经济》2006 年第
1 期。

[16] 李成武：《中国房地产财富效应地区差异分析》，《财经问题研究》
2010 年第 2 期。

[17] 李德智、李启明：《我国房价与城镇家庭贫富差距的长期均衡与短
期波动：1987—2008》，《经济问题探索》2010 年第 11 期。

[18] 李宏瑾：《我国房地产市场垄断程度研究——勒纳指数的测算》，
《财经问题研究》2005 年第 3 期页。

[19] 刘红梅、张志斌、王克强：《我国土地财政收入研究综述》，《开发
研究》2008 年第 1 期。

[20] 卢洪友、袁光平、陈思霞、卢胜峰：《土地财政根源："竞争冲动"
还是"无奈之举"？——来自中国地市的经验证据》，《经济社会体
制比较》2011 年第 1 期。

[21] 楼继伟、王水林：《中国公共财政：推动改革增长和构建和谐社
会》，中国财政经济出版社 2009 年版。

[22] 梁云芳、高铁梅、贺书平：《房地产市场与国民经济协调发展的实
证分》，《中国社会科学》2006 年第 3 期。

[23] 梁云芳、高铁梅：《我国商品住宅销售价格波动成因的实证分析》，
《管理世界》2006 年第 8 期。

[24] 梁云芳、高铁梅：《中国房地产价格波动区域差异的实证分析》，
《经济研究》2007 年第 8 期。

[25] 林跃勤：《房价失控与政府调控》，《宏观经济研究》2010 年第
5 期。

[26] 梁运文、霍震、刘凯：《中国城乡居民财产分布的实证研究》，《经
济研究》2010 年第 10 期。

[27] 孟晓苏：《七年过后论房地产周期》，《中国投资》2005 年第 3 期。

[28] 庞晓波、邢戬：《高房价如何加剧经济结构失衡探析》，《现代财经

（天津财经大学学报）》2012 年第 12 期。

[29] 庞晓波、邢戬：《住房价格波动及其泡沫生成机制研究》，《当代经济研究》2013 年第 1 期。

[30] 任荣荣、郑思齐等：《预期对房价的作用机制：对 35 个大中城市的实证研究》，《经济问题探索》2008 年第 1 期。

[31] 沈悦、刘洪玉：《住宅价格与经济基本面：1995—2002 年中国 14 城市的实证研究》，《经济研究》2004 年第 6 期。

[32] 尚宇梅：《经济适用房建设中地方政府与中央政府的博弈分析》，《商业研究》2007 年第 10 期。

[33] 唐在富：《中国土地制度创新与土地财税体制重构》，经济科学出版社 2008 年版。

[34] 谭政勋：《我国住宅业泡沫及其影响居民消费的理论与实证研究》，《经济学家》2010 年第 3 期。

[35] 唐志新：《保障性住房建设融资困境与实现途径》，《金融纵横》2011 年第 6 期。

[36] 王国军、刘水杏：《房地产业对相关产业的带动效应研究》，《经济研究》2004 年第 8 期。

[37] 王美涵：《我国财政收入体制特征和改革路径》，《财经论丛》2007 年第 5 期。

[38] 王美涵：《土地出让金的财政学分析》，《财政研究》2005 年第 4 期。

[39] 王岳龙：《土地招拍挂制度在多大程度上提升房价？——基于"8·31大限"的干预分析模型研究》，《财贸研究》2012 年第 3 期。

[40] 王子龙、许箫迪：《房地产市场财富效应理论与实证研究》，《财贸经济》2008 年第 12 期。

[41] 肖本华：《我国的信贷扩张与房地产价格》，《山西财经大学学报》2008 年第 1 期。

[42] 徐滇庆：《房价高涨加剧贫富分化，财富转移效应助长泡沫经济》，《中国房地产报》2006 年 3 月 27 日。

[43] 谢乔昕、孔刘柳：《社会公平、经济增长与财政支出关系探析——基于社会福利函数的角度》，《山东财政学院学报》2011 年第 3 期。

[44] 谢识予：《经济博弈论》，复旦大学出版社 1997 年版。

［45］项卫星、李宏瑾：《市场供求与房地产市场宏观调控效应——一个理论分析框架及经验分析》，《经济评论》2007 年第 3 期。

［46］尹伯成：《当前我国房市走势的基本分析》，《现代经济探讨》2009年第 1 期。

［47］袁冬梅、刘建江：《房价上涨对居民消费的挤出效应研究》，《消费经济》2009 年第 3 期。

［48］余华义：《经济基本面还是房地产政策在影响中国的房价》，《财贸经济》2010 年第 3 期。

［49］杨建荣：《住房价格中的投资属性与消费属性研究》，博士学位论文，中国社会科学院，2012。

［50］原鹏飞、魏巍贤：《房地产价格波动经济影响的一般均衡研究》，《管理科学学报》2012 年第 03 期。

［51］于维生：《博弈论与经济》，高等教育出版社 2007 年版。

［52］尹向飞、陈柳钦：《城镇居民收入差距、财富差距、收入增长与房价关系的因果检验：1992—2006》，《河北经贸大学学报》2008 年第 6 期。

［53］易宪容：《大规模建设保障性住房需要面对的困难》，《学习月刊》2011 年第 7 期。

［54］杨永华：《论房价和房价收入比》，《经济学家》2006 年第 2 期，第64—69 页。

［55］袁志刚、樊潇彦：《房地产市场理性泡沫分析》，《经济研究》2003年第 3 期。

［56］周彬、杜两省：《"土地财政"与房地产价格上涨：理论分析和实证研究》，《财贸经济》2010 年第 8 期。

［57］赵奉军、王先柱：《城市住房空置率统计的国际经验与初步估计》，《现代经济讨论》2011 年第 9 期。

［58］郑贵廷、庄慧彬：《在制度框架下研究经济人假设——从完全理性到适应性理性》，《吉林大学社会科学学报》2003 年第 6 期。

［59］《中国统计年鉴》2000 年至 2012 年各期。

［60］周京奎：《房地产投机理论与实证研究》，《当代财经》2004 年第 1 期。

［61］周京奎：《房地产价格波动与投机行为——对中国 14 城市的实证研

究》，《当代经济科学》2005 年第 7 期。

［62］张完定、贾金宇、王丽萍：《基于正需求曲线房地产市场价格分析—对高房价的一种解释》，《发展研究》2011 年第 3 期。

［63］张维迎：《博弈论与信息经济学》，上海人民出版社 1995 年版。

［64］赵息、孙继国：《中国房地产价格与地方财政收支关系的实证研究》，《华东经济管理》2012 年第 2 期。

［65］张晓蓉、唐国兴、徐剑刚：《投机泡沫的混合理性正反馈模型》，《金融研究》2005 年第 8 期。

［66］张晓蓉：《投机泡沫与市场失灵——基于行为金融理论的解释》，《浙江金融》2007 年第 4 期。

［67］张亚丽、梁云芳、高铁梅：《预期收入、收益率和房价波动——基于 35 个城市动态面板模型的研究》，《财贸经济》2011 年第 1 期。

［68］赵志君：《收入分配与社会福利函数》，《数量经济技术经济研究》2011 年第 9 期。

英文参考文献

［1］Adair A. S., Berry J. N., McGreal W. S. Land availability, housing demand and the property market ［J］. *Journal of Property Research*, 1991, 8 (1): pp. 59 - 69.

［2］Adam K., Kuang P., Marcet A. House price booms and the current account ［R］. *National Bureau of Economic Research*, 2011, pp. 77 - 122.

［3］Agnello L., Schuknecht L. Booms and busts in housing markets: determinants and implications ［J］. *Journal of Housing Economics*, 2011, 20 (3): 171 - 190.

［4］Attanasio O. P., Blow L., Hamilton R., et al. Booms and busts: Consumption, house prices and expectations ［J］. *Economica*, 2009, 76 (301): 20 - 50.

［5］Banks J., Blundell R., Oldfield Z., et al. Housing price volatility and downsizing in later life ［M］. *Research findings in the economics of aging*. University of Chicago Press, 2010: 337 - 379.

［6］Barker K., Review of housing supply ［J］. *Delivering Stability: Secu-*

ring our, 2004, pp. 949 – 971.

[7] Barlevy G. , Fisher J. Mortgage choices and housing speculation [D] . Working paper. 2011, pp. 580 – 638.

[8] Barlow J. Controlling the housing land market: some examples from Europe [J] . *Urban Studies*, 1993, 30 (7): 1129 – 1149.

[9] Beltratti A. , Morana C. International house prices and macroeconomic fluctuations [J] . *Journal of Banking & Finance*, 2010, 34 (3): 533 – 545.

[10] Bjornland H. C. , Jacobsen D. H. The role of house prices in the monetary policy transmission mechanism in small open economies [J] . *Journal of financial stability*, 2010, 6 (4): 218 – 229.

[11] Black A. , Fraser. P. , Hoesli. M. House prices, fundamentals and bubbles [J] . *Journal of Business Finance & Accounting*, 2006, 33 (9 – 10): 1535 – 1555.

[12] Blanchar O. , Kahn C. The Solution of Linear Difference Equations under Rational Expectation [J] . *Econometric*, 1980: 1305 – 1311.

[13] Bosch M. , Carnero M. , Farré L. Information and discrimination in the rental housing market: Evidence from a field experiment [J] . *Regional Science and Urban Economics*, 2010, 40 (1): 11 – 19.

[14] Bowen W. M. , Mikelbank B. A. , Prestegaard D. M. Theoretical and empirical considerations regarding space in hedonic housing price model applications [J] . *Growth and Change*, 2001, 32 (4): 466 – 490.

[15] Boyle M. A. , Kiel K. A. A survey of house price hedonic studies of the impact of environmental externalities [J] . *Journal of Real Estate Literature*, 2001, 9 (2): 117 – 144.

[16] Buiter, Willem H. Housing wealth isn. t wealth [J] . *C. E. P. R. Discussion Papers*, 2008, pp. 50 – 66.

[17] Burk A. A reformulation of certain aspects of welfare economics [J] . *The Quarterly Journal of Economics*, 1938, 52 (2): 310 – 334.

[18] Calhoun C. A. OFHEO house price indexes: HPI technical description [J] . *Office of Federal Housing Enterprise Oversight*, 1996, pp1 – 32.

[19] Camerer C. Bubbles and fads in asset prices [J] . *Journal of Economic*

Surveys, 1989, 3（1）: 3–41.

[20] Campbell J. Y. Household finances [J] . *The Journal of Finance*, 2006, 61（4）: 1553–1604.

[21] Campbell S. D. , Davis M. A, Gallin J, et al. What moves housing markets: A variance decomposition of the rent-price ratio [J] . *Journal of Urban Economics*, 2009, 66（2）: 90–102.

[22] Cannari L. , Nucci F. , Sestito P. Geographic labour mobility and the cost of housing: evidence from Italy [J] . *Applied Economics*, 2000, 32（14）: 1899–1906.

[23] Caplin A. , Leahy J. Trading frictions and house price dynamics [J] . *Journal of Money, Credit and Banking*, 2011, 43（s2）: 283–303.

[24] Capozza D. R. The Efficiency of Speculation in Urban Land [J] . *Environment and Planning*, 1976, A, 203–15.

[25] Carliner G. Income elasticity of housing demand [J] . *The Review of Economics and Statistics*, 1973, 55（4）: 528–532.

[26] Carroll C. D. , Otsuka M. , Slacalek J. How large are housing and financial wealth effects? A new approach [J] . *Journal of Money, Credit and Banking*, 2011, 43（1）: 55–79.

[27] Case K. E. , Shiller, R. J. A Decade of Boom and Bust in the Prices of Single Family Homes: Boston and Los Angeles [J] . *New England Economic Review*, 1994, March-April, 40–51.

[28] Case K. E. , Shiller, R. , J. Is there a bubble in the housing market? [J] . *Brookings Papers on Economic Activity*, 2003, 2003（2）: 299–362.

[29] Case K. E. , Shiller, R. , J. The efficiency of the market for single-family homes [J] . *The American Economic Review*, 1989: 125–137

[30] Case K. E. , Quigley, Shiller J. R. Comparing Wealth Effects: The Stock Market versus the Housing Market [P] . *NBER Working Paper*, 2005: 8606–8616.

[31] Chen A. China's urban housing reform: price-rent ratio and market equilibrium [J] . *Urban Studies*, 1996, 33（7）: 1077–1092.

[32] Cheshire P. , Sheppard S. Estimating the demand for housing, land,

and neighbourhood characteristics ［J］. *Oxford Bulletin of Economics and Statistics*, 1998, 60 (3): 357 –382.

［33］ Clayton J. Rational expectations, market fundamentals and housing price volatility ［J］. *Real Estate Economics*, 1996, 24 (4): 441 –470.

［34］ Clayton J. Rational Expectations, Market Fundamentals and Housing Price Volatility ［J］. *Real Estate Economics*, 1996, 24 (4): 411 –470.

［35］ Clayton J. , Miller N. , Peng L. Price-volume correlation in the housing market: causality and co-movements ［J］. *The Journal of Real Estate Finance and Economics*, 2010, 40 (1): 14 –40.

［36］ Collyns C. , Semlali A. S. Lending booms real estate bubbles and the A-sian crisis ［M］. International Monetary Fund, 2002.

［37］ Coulson N. E. , Kim, M. S. Residential investment, non-residential in-vestment and GDP ［J］. *Real Estate Economics*, 2000, 28 (2): 233 –247.

［38］ Davis D. Urban households: supplicants to a socialist state ［J］. *Chinese families in the post-Mao era*, 1993: 50 –66.

［39］ De Long, Bradford J. Did J. P. Morgan's Men Add Value? A Historical Perspective on Financial Capitalism ［J］. NBER Working Paper 3426. 1990.

［40］ Díaz A. , Luengo, Prado M. J. The Wealth Distribution with durable goods ［J］. *International Economic Review*, 2010, 51 (1): 143 –170.

［41］ Disney R. , Gathergood J. , Henley A. House Price Shocks, Negative Equity, and Household Consumption in the United Kingdom ［J］. *Journal of the European Economic Association*, 2010, 8 (6): 1179 –1207.

［42］ Dorsey R. E. , Hu H, Mayer W. J. , et al. Hedonic versus repeat-sales housing price indexes for measuring the recent boom-bust cycle ［J］. *Journal of Housing Economics*, 2010, 19 (2): 75 –93.

［43］ Dreger C. , Zhang Y. Is there a bubble in the Chinese housing market? ［J］. *Urban Policy and Research*, 2012: 1 –13.

[44] Dusansky R. , Wilson P. W. The demand for housing: Theoretical considerations [J] . *Journal of Economic Theory*, 1993, 61 (1): 120 –138.

[45] Dynarski M. Residential attachment and housing demand [J] . *Urban Studies*, 1986, 23 (1): 11 –20.

[46] Edin P. A. , Englund P. Moving costs and housing demand: Are recent movers really in equilibrium? [J] . *Journal of Public Economics*, 1991, 44 (3): 299 –320.

[47] Engelhard G. V. Tax subsidies and household saving: evidence from Canada [J] . *The Quarterly Journal of Economics*, 1996, 111 (4): 1237 –1268.

[48] Englund P. Ioannides Y. M. House price dynamics: an international empirical perspective [J] . *Journal of Housing Economics*, 1997, 6 (2): 119 –136.

[49] Fallis G. , Smith L. B. Uncontrolled Prices in a Controlled Market: the Case of Rent Controls [J] . *American Economic Review*, 198474 (1): 193 –200.

[50] Feng L. Heterogeneous Boundedly Rational Expectation and Urban Housing Price Volatility [J] . *China Real Estate*, 2012 (22): 006.

[51] Frappa S. , Mésonnier J. S. The housing price boom of the late 1990s: Did inflation targeting matter? [J] . *Journal of Financial Stability*, 2010, 6 (4): 243 –254.

[52] Gauger J. , Snyder, T. C. Residential fixed investment and the macro economy: has deregulation altered key relationships? [J] . *The Journal of Real Estate Finance and Economics*, 2003, 27 (3): 335 –354.

[53] Gayer T. , Kip Viscusi W. Housing price responses to newspaper publicity of hazardous waste sites [J] . *Resource and Energy Economics*, 2002, 24 (1): 33 –51.

[54] George Fallis. Housing economics [M] . Butterworths (Toronto and Boston), 1985.

[55] George P. Baker. Incentive Contracts and Performance Measurement [J] *Journal of Political Economy*, Vol. 100, No. 3, Jun. , 1992:

598 – 614.

[56] Gerlach S. , Peng, W. Bank lending and property prices in Hong Kong [J] . *Journal of Banking & Finance*, 2005, 29 (2): 461 – 481.

[57] Girouard N. , Kennedy M. , Van Den Noord P. , et al. Recent house price developments: the role of fundamentals [J] . Available at SSRN 1618196, 2006.

[58] Glaeser E. L. , Gyourko J. , Saiz A. Housing supply and housing bubbles [J] . *Journal of Urban Economics*, 2008, 64 (2): 198 – 217.

[59] Glaeser E. L. , Luttmer E. F. P. *The misallocation of housing under rent control* [R] . National Bureau of Economic Research, 1997.

[60] Goodhart C. , Hofmann B. Asset Prices, Financial Conditons, and the Transmission of Monetary Policy [A] . Paper prepared for the conference on Asset Prices Exchange Rates and Monetary Policy [C] . Stanford U-niversity, 2001, Februry.

[61] Goodman A. C. An econometric model of housing price, permanent income, tenure choice, and housing demand [J] . *Journal of Urban Economics*, 1988, 23 (3): 327 – 353.

[62] Goodman A. C. Estimating equilibrium housing demand for "stayers" [J] . *Journal of Urban Economics*, 2002, 51 (1): 1 – 24.

[63] Goodman A. C. , Kawai M. Functional form, sample selection, and housing demand [J] . *Journal of Urban Economics*, 1986, 20 (2): 155 – 167.

[64] Gordon H. , McCormick B. Housing Market, Unemployment and Labour Market Flexibility in the UK [J] . *European Economic Review*, 1987, 31 (3): 615 – 641.

[65] Gould J. R. , Henry S. G. B. The effects of price control on a related market [J] . *Economica*, 1967: 42 – 49.

[66] Green R. K. Follow the leader: how changes in residential and non - residential investment predict changes in GDP [J] . *Real Estate Economics*, 1997, 25 (2): 253 – 270.

[67] Green R. , Hendershott P. H. Age, housing demand, and real house prices [J] . *Regional Science and Urban Economics*, 1996, 26 (5):

465 – 480.

[68] Greenspan A. The crisis [J]. *Revista de economía institucional*, 2010, 12 (22): 15 – 60.

[69] Guntermann K. , L. , Norrbin, S. C. Empirical tests of real estate market efficiency [J]. *The Journal of Real Estate Finance and Economics*, 1991, 4 (3): 297 – 313.

[70] Gupta R. , Jurgilas M. , Kabundi A. The effect of monetary policy on real house price growth in South Africa: A factor-augmented vector autoregression (FAVAR) approach [J]. *Economic Modelling*, 2010, 27 (1): 315 – 323.

[71] Gyourko J. , Linneman P. Equity and efficiency aspects of rent control: An empirical study of New York City [J]. *Journal of Urban Economics*, 1989, 26 (1): 54 – 74.

[72] Han L. The effects of price risk on housing demand: Empirical evidence from us markets [J]. *Review of Financial Studies*, 2010, 23 (11): 3889 – 3928.

[73] Hansen J. L. , John P. Formby, and James Smith W. Estimating the Income Elasticity of Demand for Housing: A Comparison of Traditional and Lorenz-Concentration Curve Methodologies [J]. *Journal of Housing Economics*, 1998. 7 (4): 328 – 342.

[74] Hanushek E. A. , Quigley J. M. The dynamics of the housing market: A stock adjustment model of housing consumption [J]. *Journal of Urban Economics*, 1979, 6 (1): 90 – 111.

[75] Harter-Dreiman M. Drawing inferences about housing supply elasticity from house price responses to income shocks [J]. *Journal of Urban Economics*, 2004, 55 (2): 316 – 337.

[76] Hatemi J. A. , Roca E. How globally contagious was the recent US real estate market crisis? Evidence based on a new contagion test [J]. *Economic Modelling*, 2011, 28 (6): 2560 – 2565.

[77] Haughwout A. , Lee D. , Tracy J. , et al. Real estate investors, the leverage cycle, and the housing market crisis [R]. Staff Report, Federal Reserve Bank of New York, 2011.

［78］ Haurin D. R. , Chung E. C. The demand for owner-occupied housing: implications from intertemporal analysis ［J］ . *Journal of housing economics*, 1998, 7 (1): 49 – 68.

［79］ Hendershott A. Bubbles in Metropolitan Housing Markets ［J］ . *Journal of Housing Research*, 1996: 191 – 208.

［80］ Himmelber C. , Mayer C. , Sinai T. Assessing high house prices: Bubbles, fundamentals, and misperceptions ［R］ . National Bureau of Economic Research, 2005, 19 (4): 67 – 92.

［81］ Hirata H. , Kose M. A. , Otrok C. , et al. Global house price fluctuations: Synchronization and determinants ［R］ . National Bureau of Economic Research, 2012.

［82］ Hofmann B. The determinants of private sector credit in industrialised countries: Do property prices matter? ［D］ . BIS Working Papers. 2001.

［83］ Horioka C. Y. Tenure choice and housing demand in Japan ［J］ . *Journal of Urban Economics*, 1988, 24 (3): 289 – 309.

［84］ Hott C. Explaining house price fluctuations ［R］ . Swiss National Bank, 2009.

［85］ Hui E. C. M. , GU Q. Study of Guangzhou house price bubble based on state-space model ［J］ . *International Journal of Strategic Property Management*, 2009, 13 (4): 287 – 298.

［86］ Hwang M. , Quigley J. M. Housing price dynamics in time and space: predictability, liquidity and investor returns ［J］ . *The Journal of Real Estate Finance and Economics*, 2010, 41 (1): 3 – 23.

［87］ Iacoviello, Matteo, and Stefano Neri. Housing market spillovers: Evidence from an estimated dsge model ［J］ . *American Economic Journal: Macroeconomics*, 2010, 2 (2): 125 – 164.

［88］ Ibrahim M. H. House price-stock price relations in Thailand: an empirical analysis ［J］ . *International Journal of Housing Markets and Analysis*, 2010, 3 (1): 69 – 82.

［89］ James M. Poterba. Global Warming: A Public Finance Perspective ［J］ Center for Energy and Environmental Policy Research, Massachusetts Institute of Technology, 1993.

[90] Jegadeesh N. , Titman S. Returns to buying winners and selling losers: Implications for stock market efficiency [J] . *The Journal of Finance*, 1993, 48 (1): 65 – 91.

[91] John M. Quigley and Steven Raphael. The Economics of Homelessness: A View from North America. [J] *European Journal of Housing Policy*, 2001, 1 (3): 323 – 337.

[92] John M. Quigley. Why Should the Government Play a Role in Housing? A View from North America [J] . *Housing Theory and Society*, 1999: 201 – 203.

[93] Karl E. Case, Robert J. Shiller. Is There a Bubble in the Housing Market? [J] *Economic Studies Program*, 2, 2003: 299 – 362.

[94] Kenny G. , Modelling the demand and supply sides of the housing market: evidence from Ireland [J] . *Economic Modelling*, 1999, 16 (3): 389 – 409.

[95] Keskin B. Hedonic analysis of price in the Istanbul housing market [J] . *International Journal of Strategic Property Management*, 2008, 12 (2): 125 – 138.

[96] Keynes J. M. The General Theory of Employment, Interest, and Money. [M] . 1936.

[97] Khandani A. , Andrew W. Lo. Illiquidity Premia in Asset Returns: An Empirical Analysis of Hedge Funds, Mutual Funds, and US Equity Portfolios [R] . Sloan MIT Working Paper. 2009.

[98] Kindleberger C. P. Economic Response: Comparative Studies in Trade, Finance, and Growth [M] . Cambridge, Mass. : Harvard University Press, 1978.

[99] Kishor N. K. Does consumption respond more to housing wealth than to financial market wealth? If so, why? [J] . *The Journal of Real Estate Finance and Economics*, 2007, 35 (4): 427 – 448.

[100] Kuethe T. H. , Pede V. O. Regional housing price cycles: a spatio-temporal analysis using US state-level data [J] . *Regional Studies*, 2011, 45 (5): 563 – 574.

[101] Kuttner K. N. Low Interest Rates and Housing Bubbles: Still No Smok-

ing Gun ［C］. Conference "The role of central banks in financial stability: How has it changed." 2012.

［102］ Kuznets S. Long - term changes in the national income of the unite states of America since 1870 ［J］. *Review of Income and Wealth*, 1952, 2 (1): 29 – 241.

［103］ Laferrère A. Hedonic housing price indexes: the French experience ［J］. *The Economics of School Choice*, 2005 (21): 271 – 287.

［104］ Laura M. Kingsbury. The Economics of Housing as Presented by Economists, Appraisers, and the Evaluating Groups ［M］ King's Own Crown Press, 1946.

［105］ Lee L. F. , Trost R. P. Estimation of some limited dependent variable models with application to housing demand ［J］. *Journal of Econometrics*, 1978, 8 (3): 357 – 382.

［106］ Lin S. K. , Tsai I. , Chen M. C. , et al. The Valuation of Mortgage Insurance Contracts under Housing Price Cycles: Evidence from Housing Price Index ［J］. *Journal of Financial Studies*, 2012, 20 (3): 49.

［107］ Liu Z. , Wang P. , Zha T. Land-price dynamics and macroeconomic fluctuations ［R］. National Bureau of Economic Research, 2011.

［108］ Long J. B. , Shleifer A. , Summers L. H. , et al. Positive feedback investment strategies and destabilizing rational speculation ［J］. *The Journal of Finance*, 1990, 45 (2): 379 – 395.

［109］ Lundberg P. C. , Olson B. M. Hydraulic fluid supply system having active regulator: U. S. Patent 8, 192, 176 ［P］. 2012 – 6 – 5.

［110］ MacLennan D. *Housing economics: An applied approach* ［M］. London: Longman, 1982.

［111］ Maclennan M. The Long Run Price Elasticity of Supply of New Construction in the United States and the United Kingdom ［J］. *Journal of Housing Economics*, 2001, 10 (3): 278 – 306.

［112］ Maisel S. J. A theory of fluctuations in residential construction starts ［J］. *The American Economic Review*, 1963, 53 (3): 359 – 383.

［113］ Maisel S. J. Changes in the rate and components of household formation ［J］. *Journal of the American Statistical Association*, 1960, 55

(290): 268 – 283.

[114] Malpezzi S. , Mayo S. K. Getting housing incentives right: a case study of the effects of regulation, taxes, and subsidies on housing supply in Malaysia [J] . *Land Economics*, 1997: 372 – 391.

[115] Mayer C. J. Taxes, income distribution and the real estate cycle: Why all houses do not appreciate at the same rate [J] . *New England Economic Review*, 1993: 39 – 50.

[116] Mayer C. , Sinai T. Bubble Trouble? Not Likely [J] . *Wall Street Journal*, 2005, 9: pp. 19 – 27.

[117] Mian, Atif R. , and Amir Su. House prices, home equity – based borrowing, and the u. s. house – hold leverage crisis [J] . NBER Working Papers 15283, National Bureau of Economic Research, 2009, August.

[118] Miles W. Housing Investment and The US Economy: How have the relationships changed? [J] . *Journal of Real Estate Research*, 2009, 31 (3): 329 – 349.

[119] Miles W. Irreversibility, uncertainty and housing investment [J] . *The Journal of Real Estate Finance and Economics*, 2009, 38 (2): 173 – 182.

[120] Modigliani F. , Miller M. H. Corporate income taxes and the cost of capital: a correction [J] . *The American Economic Review*, 1963, 53 (3): 433 – 443.

[121] Muellbauer J. , Murphy A. Booms and busts in the UK housing market [J] . *The Economic Journal*, 1997, 107 (445): 1701 – 1727.

[122] Murphy A. A dynamic model of housing supply [J] . Available at SSRN 2200459, 2013.

[123] Navarro I. A. Housing Markets on Cocaine: Explaining the Relationship between Cocaine Exports and Local Housing Markets in the Andes [J] . *Journal of Housing Research*, 2013, 22 (1): 59 – 74.

[124] Nelson A. C. , Genereux J. , Genereux M. Price effects of landfills on house values [J] . *Land economics*, 1992: 359 – 365.

[125] Neutze M. The supply of land for a particular use [J] . *Urban Studies*,

1987, 24 (5): 379 – 388.

[126] Oksanen E. H. Housing demand in Canada, 1947 to 1962: Some pre-
liminary experimentation [J]. *The Canadian Journal of Economics and
Political Science/Revue canadienne d'Economique et de Science politique*,
1966, 32 (3): 302 – 318.

[127] Ortalo M., Francois, and Sven R. Housing Market Dynamics: On the
Contribution of Income Shocks and Credit Constraints [J]. *Review of
Economic Studies*, 2006, 73 (2): 459 – 485.

[128] Otto A., Davis and Andrew B. Whinston. The Economics of Urban Re-
newal, Law and Contemporary Problems [M]. 1961: 105 – 117.

[129] Pan L., Xu J. Housing price and fertility rate [J]. *China Economic
Journal*, 2013: 1 – 15.

[130] Peng R., Wheaton W. C. Effects of restrictive land supply on housing in
Hong Kong: an econometric analysis [M]. Joint Center for Housing
Studies, Harvard University, 1993.

[131] Poterba J. M., Weil D. N., Shiller R. House price dynamics: The role
of tax policy and demography [J]. Brookings Papers on Economic Ac-
tivity, 1991, 1991 (2): 143 – 203.

[132] Quigley J. M. Housing demand in the short run: an analysis of polyto-
mous choice [M]. Explorations in Economic Research, 1976, 3
(1): 76 – 102.

[133] Quigley J. M. Real Estate Prices and Economic Cycles [J]. *Interna-
tional Real Estate Review*, 1999, 2 (1): 1 – 20.

[134] Rapach D. E., Strauss J. K. Differences in housing price forecastability
across US states [J]. *International Journal of Forecasting*, 2009, 25
(2): 351 – 372.

[135] Reed R. G.. The changing nature of the rent or buy decision: implica-
tions for the real estate market [C]. ARES 2004: Proceedings of the
20th American Real Estate Society conference 2004. ARES, 2012.

[136] Rios-Rull V., Sanchez V. Aggregate Shocks and House Price Fluctua-
tions [C]. conference Housing, Financial Assets and the Economy,
London School of Economics, May. 2009.

[137] Robert E. , Lucas Jr. Adjustment Costs and the Theory of Supply [J] . *Journal of Political Economy Publication Info*, 1967 (8): 321 – 334.

[138] Robert Hall. Stochastic Implications of the Life Cycle-Permanent Income Hypothesis: Theory and Evidence [J] . *Journal of Political Economics*, 1978, Vol. 86.

[139] Robst J. , Deitz R. , McGoldrick K. M. Income variability, uncertainty and housing tenure choice [J] . *Regional Science and Urban Economics*, 1999, 29 (2): 219 – 229.

[140] Rosenthal L. Income and price elasticities of demand for owner-occupied housing in the UK: evidence from pooled cross-sectional and time-series data [J] . *Applied Economics*, 1989, 21 (6): 761 – 775.

[141] Saiz A. The geographic determinants of housing supply [J] . *The Quarterly Journal of Economics*, 2010, 125 (3): 1253 – 1296.

[142] Samuelson P. A. *Foundations of Economic Analysis* [M] . Cambridge: Harvard University Press, 1947.

[143] Sang H. L. , Wong G. W. Privatization of Public Housing: Did it Cause the 1998 Recession in Hong Kong? [J] *Contemporary Economic Policy*, 2006, 24 (2): 262 – 73.

[144] Skinner J. Housing wealth and aggregate saving [J] . *Regional Science and Urban Economics*, 1989, 19 (2): 305 – 324.

[145] Smith B. A. , Tesarek W. P. House prices and regional real estate cycles: Market adjustments in Houston [J] . *Real Estate Economics*, 1991, 19 (3): 396 – 416.

[146] Smith T. R. , Clark W. A. V. Housing market search behavior and expected utility theory: 1. Measuring preferences for housing [J] . *Environment and Planning A*, 2011, 14 (5): 681 – 698.

[147] Stephen M. Theory and estimation in the economics of housing demand [J] . *Journal of Urban Economics*, 1981, 10: 95 – 116.

[148] Stephen M. , Susan M. , Watcher. The Role of Speculation in Real Estate Cycles [J] . *Journal of Real Estate Literature*, 2005: 143 – 164.

[149] Thibodeau T. G. Housing price indexes from the 1974 – 1983 SIMSA an-

nual housing surveys [J]. *Real Estate Economics*, 1989, 17 (1): 100 – 117.

[150] Thompson C. L., Johnson B. Buyer Willingness to Pay for Irrigation Systems: Evidence from the 2011 Nebraska Farm Real Estate Market Survey [J]. 2011.

[151] Titman S. Urban land prices under uncertainty [J]. *The American Economic Review*, 1985, 75 (3): 505 – 514.

[152] Topel R., Rosen S. Housing investment in the United States [J]. *The Journal of Political Economy*, 1988: 718 – 740.

[153] Treadway A. B. On Rational Entrepreneurial Behaviour and the Demand for Investment [J]. *The Review of Economic Studies Publication Info*, 1969 (4): 227 – 239.

[154] Tsunao O. Housing Investment and Residential Land Supply in Japan: An Asset Market Approach [J] *Japanese and International Economies*, 11 (1), 1997: 27 – 54.

[155] Wallace N. E., Meese R. A. The construction of residential housing price indices: a comparison of repeat-sales, hedonic-regression, and hybrid approaches [J]. *The Journal of Real Estate Finance and Economics*, 1997, 14 (1 – 2): 51 – 73.

[156] Wang F. T., Zorn P. M. Estimating house price growth with repeat sales data: what's the aim of the game? [J]. *Journal of Housing Economics*, 1997, 6 (2): 93 – 118.

[157] Wang H. The Effect of Price Fluctuations on Family Property Allocation and People's Life Quality—The Empirical Evidence from the Yangtze River and Zhujiang Delta Region [J]. *South China Journal of Economics*, 2009, 12: 003.

[158] Wang K., Zhou Y., Chan S. H., Chau K. W. Over-Confidence and Cycles in Real Estate Markets: Cases in Hong Kong and Asia [J]. *International Real Estate Review*, 2003 (3): 93 – 108.

[159] Wang S. Y. State misallocation and housing prices: Theory and evidence from China [J]. *The American Economic Review*, 2011, 101 (5): 2081 – 2107.

［160］Wang Y. P. , Shao L. , Murie A. , et al. The maturation of the neo-liberal housing market in urban China ［J］. *Housing Studies*, 2012, 27 (3): 343 – 359.

［161］Whelan K. *Housing inventories and prices: what's next for the US housing market?* ［R］. University College Dublin, 2009.

［162］Xiao Q. , Park D. Seoul housing prices and the role of speculation ［J］. *Empirical Economics*, 2010, 38 (3): 619 – 644.

［163］Yinger J. Cash in your face: The cost of racial and ethnic discrimination in housing ［J］. *Journal of Urban Economics*, 1997, 42 (3): 339 – 365.

［164］Yiu C. Y. , Tam C. S. Housing price gradient with two workplaces—An empirical study in Hong Kong ［J］. *Regional Science and Urban Economics*, 2007, 37 (3): 413 – 429.

［165］Yong C. , Clapp J. M. , Tirtiroglu D. Hedonic Analysis of Price Elasticity of Housing Demand: The Case of Housing Market in Shenzhen ［J］. *Urban Studies*, 2011, 2: 011.

［166］Zhang L. , Peng Y. , Chen Y. , et al. Game analysis of Real estate enterprise to implement green marketing ［C］. Information Management, Innovation Management and Industrial Engineering (ICIII), 2012 International Conference on. IEEE, 2012 (3): 348 – 351.